房地产企业法律疑难复杂问题系列丛书

房地产企业破产重整
疑难复杂问题解析

山东利得清算事务有限公司
山东泰祥律师事务所　主编

中国政法大学出版社

2025·北京

图书在版编目（CIP）数据

房地产企业破产重整疑难复杂问题解析 / 山东利得清算事务有限公司, 山东泰祥律师事务所主编. -- 北京：中国政法大学出版社, 2025.3. -- ISBN 978-7-5764-2023-4

Ⅰ. D922.291.924

中国国家版本馆 CIP 数据核字第 2025GG2400 号

书　名	房地产企业破产重整疑难复杂问题解析 FANGDICHAN QIYE POCHAN CHONGZHENG YINAN FUZA WENTI JIEXI
出版者	中国政法大学出版社
地　址	北京市海淀区西土城路 25 号
邮　箱	bianjishi07public@163.com
网　址	http://www.cuplpress.com (网络实名：中国政法大学出版社)
电　话	010-58908466(第七编辑部) 010-58908334(邮购部)
承　印	固安华明印业有限公司
开　本	720mm×960mm　1/16
印　张	19.75
字　数	314 千字
版　次	2025 年 3 月第 1 版
印　次	2025 年 3 月第 1 次印刷
定　价	88.00 元

序　言

　　房地产领域烂尾项目频现，不仅损害了购房者及相关权利人的切身利益，也对金融和社会和谐稳定造成了巨大压力。根据中央政治局会议精神，房地产要按照市场化、法治化原则统筹推进。市场化就是对符合条件的项目，或者说可以采取市场化措施完善条件的项目给予融资支持，推进项目建设交付。法治化就是推动资不抵债的项目进入司法处置程序，该破产的破产，该重组的重组。在此背景下，房地产企业破产重整成为化解债务危机和实现保交楼的重要路径之一。

　　山东利得清算所办理近20起房地产破产重整案，始终追求政治效果、法律效果和社会效果相统一，办理的多起案件在省内外有较大影响力。2020年6月，我们团队编写出版了《房地产企业破产重整操作指引》一书，得到了业内人士、房地产破产从业者、政府负责城建工作等相关人员的一致好评，入选"当当网法律图书热销书榜"。

　　博达公司开发的沧州市三里家园项目2011年开工建设，2014年项目停工，2018年该公司被宣告破产，时间跨度长，群众反映强烈，社会影响巨大。2021年11月30日，河北省沧州市新华区政府成立三里家园工作专班，通过《房地产企业破产重整操作指引》一书与我们取得了联系。12月4日，新华区区委、区政府有关负责同志赴济南对我们团队进行了考察。12月6日，我们团队跨省加入三里家园破产重整案清算组。12月7日，正式开展工作，重新拟定了三里家园重整工作方案。2022年2月27日，召开第三次债权人会议表决新的重整计划草案。2024年4月29日，法院裁定批准通过重整计划，并按国务院督察要求的时间交付了3124套拆迁房和消费性购房，该案件作为

"府院联动"典型案例被评为2022年度河北省十大法治事件。

之后，通过加入政府清算组担任管理人，在沧州市区两级党委、政府的坚强领导和市区两级法院大力支持下，两年多的时间，先后完成了四起大型房地产企业破产重整案。除三里家园项目外，还有沧州市安居房地产开发有限公司、沧州九乐房地产开发有限公司以及沧州市华兴置业房地产开发有限公司重整案，以上四起案件，烂尾时间长，拆迁户、购房户等各类债权人群体复杂、人数众多，利益难以平衡。目前，已成功解决了安居公司1100多购房户长达十年的办证难问题，九乐项目南区1-5#楼总计658套房屋全部交付，华兴公司已经向全部消费性购房户交付了房屋。

沧州市委、市政府高度重视烂尾项目保交房工作。三里家园项目处置和破产推进工作领导小组始终坚持党的领导，强化组织保障，小组由市政府主要负责同志担任组长。主要领导善于决策，勇于担当，为项目重点问题解决起到了关键作用。三里家园清算组组长由项目辖区区长担任，副组长由市住建局局长担任，清算组成员也由市直各相关部门主要负责人担任。

该四起重整案清算组管理人和政府工作专班双轨并行且与律师团队合署办公的工作模式让我深有感触，主要领导甚至住在专班，随时与管理人团队保持高效对接。其中，三里家园、安居、九乐购房户均分担了共益债务和续建费用，为了争取购房户的理解与同意，在最终方案形成过程中专班主要领导全程参与接访，亲自解答老百姓的疑问，经历了数不清的答疑和座谈，办事处和社区工作人员甚至挨家挨户做工作，其间付出了难以想象的艰辛和努力。

在关键法律问题上，市区两级法院也是随时与工作专班对接，共同对管理人提出的问题进行研判，以坚持人民至上为宗旨，研究解决问题的路径，切实保障群众合法权益。市区两级公安部门也高度重视专班移交的犯罪线索，抽调精干力量，对嫌疑人非法吸收公众存款、债权虚假申报、寻衅滋事等涉嫌刑事犯罪立案侦查。

因《企业破产法》颁布时很少有房地产企业破产，现行《企业破产法》对于房地产企业破产的特有法律问题基本没有涉及，案件办理过程中遇到许多存在争议的法律问题亟须与学术界和实务界共同探讨。因此决定在《房地产企业破产重整操作指引》一书的基础上，再撰写一本房地产企业破产重整的参考性书籍。该书重点围绕政府工作专班及清算组管理人模式在房地产企业破产解疑保交楼中发挥的巨大作用、破产程序中引进共益债务续建并由债权人分担式清偿、债务人财产不足以覆盖烂尾项目续建费用由购房户自行分担等问题，对我们实操中形成的一系列保交房工作经验进行总结，对关联的法律问题进行法理解读，以期能够抛砖引玉。

本书第一编的主要内容是，对应破尽破房地产企业的识别以及房地产企业破产对程序以及管理人选择问题、烂尾项目出现哪些问题方能推动进入破产程序、指定清算组担任管理人的必要性、破产清算和破产重整哪一程序更利于完成保交房以及房地产企业预重整在实践中遇到的问题。同时，对清算组管理人内部分工和责任划分作出界定，也对办理房地产企业烂尾项目重整中发现的"交付难"和"办证难"等问题进行了总结。

第二编主要依据《企业破产法》及相关司法解释，结合各地法院关于房地产企业特有债权衍生诉讼判例，对《企业破产法》第一百一十三条所列举债权种类范围之外房地产企业破产特有的权利进行梳理和法理阐述。例如，拆迁（征收）补偿权、消费性购房债权、建设工程债权、抵账房债权等特有的权利，其清偿顺位如何进行排序，至今尚无法律和司法解释予以明确，由此导致权利人清偿权益的此消彼长，引发各种利益冲突。该编以笔者团队在河北省沧州市办理的四起房地产企业重整案为例，通过对重整计划中拆迁（征收）补偿权的取回、消费性购房优先权的请求权范围、烂尾项目续建费用分担、借入共益债务的分担式清偿等问题的梳理解析，为解决当前白名单之外的房地产企业保交楼工作的一些热点难点问题，提出了法理解读和实操方案。对于烂尾项目而言，是否顺利启动项目续建并将房屋建成交付给购房户，根本问题还是续建资金的筹措问题。如何推动烂尾项目续建？破产程序中消费性购房户的身份如何确定？其优先权利究竟是及于房地产企业的所有破产财产（包括续建后的部分）还是仅及于其破产受理时在建房屋的现状？这些问题在实务中亟须解决。2023年4月20日，最高人民法院公布并实施了《商品房消费者批复》，对于该批复在破产程序中如何理解和适用，我们以博达公司、九乐公司和华兴公司重整案为例，深入探讨消费性购房户权利性质及其请求权的范围，为当下房地产企业"破产""重整""续建""保交房"实务操作提供鲜活案例。

第三编主要阐述如何确保房地产企业能顺利执行重整计划，重整计划中常见的需要法院协助执行的相关事项，重整计划监管的深度和广度，重整计划不能顺利执行的挽救措施以及未依法申报债权在重整计划执行阶段如何处理等。为了让读者更好地理解案件办理过程中关于共益债务、续建费用分担方案以及重整计划通过的艰难过程，我们将两个项目中管理人与购房户之间的问答录等作为本书附录，以更加具体和形象的方式展现笔者团队的执业过程，希望能给面临同样问题的政府烂尾楼工作专班以及相关管理人同行提供参考。

本书在编写过程中与资深破产法官、原山东省威海市中级人民法院民二庭马树芳庭长共同探讨，部分章节共同撰写。由于团队多年来偏重于实务操作，对操作经验上升归纳到理论高度尚觉多有不足，希望所有参与破产重整保交楼的领导、专家、同行以及社会各界朋友多给予批评指正。

另，若此书能契合当前在全国推行推动的保交楼工作顺利进行有益有利，当算尽了我们一份绵薄之力。

2024 年 7 月 5 日

郑　琳

缩略语

缩略语	全称
《民法典》	《中华人民共和国民法典》
《合同法》	《中华人民共和国合同法》1999 年 10 月 1 日实施，于 2021 年 1 月 1 日失效
《企业破产法（试行）》	《中华人民共和国企业破产法（试行）》
《企业破产法》	《中华人民共和国企业破产法》
《公司法》	《中华人民共和国公司法》
《税收征管法》	《中华人民共和国税收征收管理法》
《行政强制法》	《中华人民共和国行政强制法》
《消费者权益保护法》	《中华人民共和国消费者权益保护法》
《商标法》	《中华人民共和国商标法》
《物权法》	《中华人民共和国物权法》
《民事诉讼法》	《中华人民共和国民事诉讼法》
《契税法》	《中华人民共和国契税法》
《海商法》	《中华人民共和国海商法》
《民用航空法》	《中华人民共和国民用航空法》
《专利法》	《中华人民共和国专利法》
《立法法》	《中华人民共和国立法法》
《征收补偿条例》	《国有土地上房屋征收与补偿条例》
《拆迁管理条例》	《城市房屋拆迁管理条例》

缩略语	全称
《土地增值税暂行条例》	《中华人民共和国土地增值税暂行条例》
《建工优先权批复》	《最高人民法院关于建设工程价款优先受偿权问题的批复》2021年1月1日已废止
《商品房消费者批复》	《最高人民法院关于商品房消费者权利保护问题的批复》
《税务机关债权确认之诉批复》	《最高人民法院关于税务机关就破产企业欠缴税款产生的滞纳金提起的债权确认之诉应否受理问题的批复》
《商品房司法解释》	《最高人民法院关于审理商品房买卖合同纠纷案件适用法律若干问题的解释》
《民事诉讼法解释》	《最高人民法院关于适用〈中华人民共和国民事诉讼法〉的解释》
《破产案件指定管理人的规定》	《最高人民法院关于审理企业破产案件指定管理人的规定》
《破产案件确定管理人报酬的规定》	《最高人民法院关于审理企业破产案件确定管理人报酬的规定》
《破产案件若干问题规定》	《最高人民法院〈关于审理企业破产案件若干问题的规定〉》
《破产法司法解释二》	《最高人民法院关于适用〈中华人民共和国企业破产法〉若干问题的规定（二）》
《破产法司法解释三》	《最高人民法院关于适用〈中华人民共和国企业破产法〉若干问题的规定（三）》
《建设工程施工司法解释一》	《最高人民法院关于审理建设工程施工合同纠纷案件适用法律问题的解释（一）》
《执行异议和复议的规定》	《最高人民法院关于人民法院办理执行异议和复议案件若干问题的规定》
《网络司法拍卖若干问题规定》	《最高人民法院关于人民法院网络司法拍卖若干问题的规定》
《涉疫情民事案件指导意见二》	《最高人民法院关于依法妥善审理涉新冠肺炎疫情民事案件若干问题的指导意见（二）》
《九民会议纪要》	第九次《全国法院民商事审判工作会议纪要》
《破产审判会议纪要》	《全国法院破产审判工作会议纪要》

缩略语	全称
利得清算公司	山东利得清算事务有限公司
安居公司	沧州市安居房地产开发有限公司
九乐公司	沧州九乐房地产开发有限公司
华兴公司	沧州市华兴置业房地产开发有限公司
博达公司	北京博达房地产开发有限公司
广信公司	威海广信房地产开发有限责任公司

目 录

第三编　重整计划执行中的相关问题

第一编

应破尽破房地产企业的识别及破产管理人的选择

　　本编主要内容围绕如何理解和落实住建部提出的"一项目一策"展开，具体包括烂尾项目出现哪些问题方能推动进入破产程序、指定清算组担任管理人的必要性、破产清算和破产重整哪一程序更利于完成保交房以及房地产企业预重整在实践中遇到的问题。同时，对清算组管理人内部分工和责任划分作出界定，也对办理房地产烂尾项目重整中发现的"难办证"和"难交付"等问题进行了总结。

第一章
应破尽破房地产企业的快速识别及破产程序选择

第一节　正确理解烂尾项目的"一法官"环节

日前召开的国务院新闻办公室新闻发布会上,住房城乡建设部副部长董建国介绍了有关情况,将以"一项目一策"对保交房工作做好分类处置,指导各地实行"一项目一方案一专班一银行一审计一法官"的处置模式。会议指出,对于符合条件的项目,纳入"白名单"给予融资支持,保障项目建设交付;对于资不抵债的项目,加快推进项目开发企业破产重组或清算,按照最高人民法院关于债务清偿的顺位规定,优先保障购房人合法权益。如何贯彻住建部提出的"一项目一方案一专班一银行一审计一法官"模式,关键是其中的最后环节"一法官"。"一法官"显然不是大家通常理解的给原告、被告处理普通民事纠纷的一法官,而是处理少则几百人多则成千上万人,有时还有可能包含拆迁户、购房户等特别债权人的破产案件中的"一法官"。而且,"一法官"也不是仅指向一个具体办案法官,而是指向破产清算或重整程序,同时也是强调保交房的这一最后关口。从"一审计"环节如何过渡到"一法官"环节,如何有效快速启动也是关键。

笔者团队办理的大量房地产企业破产重整案件中,项目烂尾时间均达十年甚至更长,政府在此期间实施的救济措施或行政干预手段效果并不明显,最终都是通过破产重整才盘活了楼盘。但是,由于前期非司法救济时间过长,烂尾项目停滞时间过久,各种问题和矛盾愈加复杂尖锐,大幅增加了后续重整程序盘活楼盘的难度。对于应当或只能通过破重整才能盘活的烂尾项目，如何尽快推动进入司法程序，需要前期参与烂尾项目的工作专班根据掌握的项目情况作出快速判断，从而快速决定是否需要推动进入"一法官"环节。

目前，为了保交房工作的快速推进，很多地区都开始组织对烂尾项目进行审计。因实践中存在房地产企业多年不建账、只提供外账或不配合交账，甚至人去楼空的情形，审计很难在短时间内充分查清房地产企业资产和债务的真实情况。如果单独依靠审计房地产企业是否资不抵债来判断能否推动其进入破产程序，不但耗时很长，而且数据不一定准确。笔者办理的房地产企业重整案件，有的项目在法院受理破产前根据企业提供的账目审计结果是资能抵债，但进入破产程序后，管理人重新清产核资后往往都是资不抵债甚至会严重资不抵债。所以，在目前保交房大背景下，不建议以资不抵债作为推动房地产企业进入破产程序的标准，况且《企业破产法》第二条第一款明确规定："企业法人不能清偿到期债务，并且资产不足以清偿全部债务或者明显缺乏清偿能力的，依照本法规定清理债务。""资不抵债"是经济学上的概念，并不是《企业破产法》规定的法院受理破产案件的立案条件，"不能清偿到期债务"才是法院受理破产案件的法定条件。财务上已经"资不抵债"的企业属于"不能清偿到期债务"的严重情形，当然符合破产立案条件。但如果以"资不抵债"为标准，自然缩小了房地产企业进入破产程序的范围，导致一些烂尾项目成为"漏网之鱼"，不能有效化解保交房问题。笔者通过对办理的房地产企业重整案件进行梳理发现，凡是烂尾项目都存在以上问题，继续进行审计、实施行政干预或资金扶持也很难确保向购房户交付房屋，应当及时协调法院推动进入破产程序。

第二节　出现哪些问题应当及时推动进入破产程序

一、房地产企业主要资产均被抵押、多轮查封，银行账户被冻结

烂尾项目出现资金问题的原因有很多，但企业一般会先将主要资产抵押给银行获得贷款，再通过企业间拆借、高利贷，甚至非法集资等方式融资。当资金链断裂时，诉讼便接踵而至，原本已经抵押给银行的房产土地又会被多个债权人申请法院查封。无论是抵押还是查封，所涉房产将无法变现，企

业回流资金几乎为零。企业一旦进入诉讼，征信将受影响，融资也更加困难，拖欠的工程款也不能得到解决，烂尾项目会处于长期停工的状态，而若想要将抵押、查封的资产解除限制并盘活的有效途径就只有破产重整。《企业破产法》第十九条规定："人民法院受理破产申请后，有关债务人财产的保全措施应当解除，执行程序应当中止。"房地产企业进入破产程序后，管理人可依法向各执行法院申请中止对破产企业的执行程序，解除对破产企业资产查封和账户的冻结。在笔者团队办理的博达公司破产重整案中，管理人在重整程序中联系了十多家法院解除房产查封 320 条，包括三宗土地的查封，重整计划通过后向法院申请涤除了 4 项在建工程抵押。否则，即使房屋建成，房地产企业也无法向购房户交付房屋。

二、房地产企业被列入工商黑名单、失信被执行人、征信黑名单或开发资质过期

破产企业信用修复主要是指对工商信用、司法信用、纳税信用、金融信用的修复。工商信用修复是指消除企业的不良工商公示信息，包括将企业移出经营异常名录、严重违法失信名单。停工多年的烂尾项目，房地产企业也往往持久停业，加上不及时进行工商报备、因欠税被行政处罚等，很容易就被列入工商黑名单，公示为经营异常企业。工商信用修复一般是在法院批准重整计划后，股权按重整计划过户给重整投资人，重整后的企业领取新的营业执照后，按要求填写移除经营异常相关材料，由新的法定代表人签字报市场监督管理局移除工商黑名单。

司法信用修复是指将企业移出失信被执行人名单，删除案件执行信息。项目停滞后，抵押权人、施工方、借款方及供货商都会加快诉讼进程、查封资产，进入执行阶段后企业会被列入失信被执行人，并在全国法院执行案件信息网上予以公示。企业被列入失信被执行人后，所有银行都不能为其办理贷款。《最高人民法院关于公布失信被执行人名单信息的若干规定》第十条第一款第五项规定，因审判监督或破产程序，人民法院依法裁定对失信被执行人中止执行的，应当在三个工作日内删除失信信息。依据该条规定，管理人可以申请执行法院删除破产企业的失信被执行人信息，从而使重整后的企业恢复各项经营活动。博达公司破产重整案中，在法院裁定批准重整计划后，我们逐一联系执行法官申请删除博达公司失信被执行人信息 50 余次。如果没有破产程序及相关法律依据作为保障，企业根本没有渠道移除失信被执行人信息，企业基本就无法恢复正常经营。

纳税信用修复是指消除税收部门对企业的负面记录。烂尾楼所涉房地产企业一般都存在欠税和大额滞纳金，税务部门因此将其列入黑名单。企业进入破产程序后，纳税信用也会影响企业的综合信用评估和贷款申请。在企业进入破产程序后，税务部门已经将企业欠缴的所有税款本金和滞纳金等进行了申报，在重整计划债权清偿方案中已经作出了清偿安排。在法院批准重整计划后，债务人就可以向税务部门申请移除纳税黑名单。如果不进入破产程序，纳税信用修复的唯一途径就是缴纳所有欠税以及滞纳金等，才可以申请移除黑名单。

金融信用修复是指修复中国人民银行和商业银行对企业的不良征信记录。银行征信是对企业的信用状况的综合评价，不仅涉及企业因贷款逾期产生的不良征信，还包括前述的工商黑名单、失信被执行人和纳税黑名单都纳入统一的银行征信，所以破产企业对信用修复时，最困难的也是金融信用的修复。国家发展改革委、最高人民法院、财政部等部门联合发布的《关于推动和保障管理人在破产程序中依法履职进一步优化营商环境的意见》中规定，支持重整企业金融信用修复。人民法院裁定批准重整计划或重整计划执行完毕后，重整企业或管理人可以凭人民法院出具的相应裁定书，申请在金融信用信息基础数据库中添加相关信息，及时反映企业重整情况。鼓励金融机构对重整后企业的合理融资需求参照正常企业依法依规予以审批，进一步做好重整企业的信用修复。（人民银行、银保监会、证监会等按职责分工负责）各地对于重整企业的金融信用修复也在此基础上进行了积极探索，由政府协调与征信管理机关、金融机构召开联席会议，通过添加重整企业信息备注逐步修复重整企业金融信用。有的法院与金融机构还联合出台指导意见，如陕西省高级人民法院、中国人民银行西安分行、中国银行保险监督管理委员会陕西监管局、中国证券监督管理委员会陕西监管局、陕西省地方金融监督管理局共同发布了《关于强化企业破产程序金融支持的意见》，其中规定人民法院裁定批准重整计划后，债务企业可以根据金融信用信息基础数据库管理的规定，向人民银行征信中心及其各级征信查询服务机构提出添加信息主体声明的申请，及时反映企业重整、和解情况。鼓励金融机构对重整、和解后的企业的合理融资需求参照正常企业依法依规予以审批，不宜单一、机械地依赖金融信用信息基础数据库中企业重整前的贷款记录作出信贷决策，进一步做好重整、和解企业的融资支持，探索开展重整、和解企业信用救助，助力企业重建良好信用。广东省潮州市中级人民法院联合金融机构印发的《关于加强企业破产程序金融支持的意见》，由沈阳市发展改革委、沈阳市中级人民法院会同税务局等部门联合印发的《沈阳市破产重整、和解企业信用修复管理办法（试行）》等，都鼓励金融机构帮助企业重建信用。

无论是庭外和解、重组，还是企业能通过政府或其他途径与主要债权人达成和解，企业在没有进入破产程序前都无法有效修复各类信用，这直接影响企业恢复经营。企业也会因欠缴税款及工商黑名单而无法办理资质年检及续期，所有烂尾项目基本都存在开发资质过期的情况，开发资质续期需要先行修复工商信用、司法信用和金融信用。若有一项没有修复失信信息，开发资质就无法续期或重新办理。房地产企业没有开发资质，施工许可证就不能办理，这些因素往往环环相扣，相互影响。所以，当企业存在这些信用问题时，自救的可能几乎为零。

三、企业被行政罚款、欠缴税款并产生大量滞纳金

笔者在山东省办理的房地产企业重整案件，烂尾项目虽然停滞，但是手续相对齐全，巨额行政处罚也很少见。但河北省在特殊背景下很多开发项目"先上车后补票""没拆迁就开始售楼""楼房已封顶还没办土地证"等现象普遍存在，各个环节违法违规现象比较突出。烂尾项目要恢复续建，首先需要办理复工手续，而办理手续前必须补缴罚款。许多烂尾楼项目往往在停工前就已经欠缴税款并产生巨额税务行政罚款和滞纳金，只要企业不进入破产程序，滞纳金就不会停止计算。对于濒临破产或本身已经资不抵债的房地产企业无疑是雪上加霜。要解决这样的矛盾，只能引导具备破产条件的企业进入破产程序，将巨额行政处罚、税务行政罚款及滞纳金纳入破产程序中清偿。最高人民法院《破产审判会议纪要》第28条规定，"破产债权的清偿原则和顺序。对于法律没有明确规定清偿顺序的债权，人民法院可以按照人身损害赔偿债权优先于财产性债权、私法债权优先于公法债权、补偿性债权优先于惩罚性债权的原则合理确定清偿顺序。因债务人侵权行为造成的人身损害赔偿，可以参照企业破产法第一百一十三条第一款第一项规定的顺序清偿，但

其中涉及的惩罚性赔偿除外。破产财产依照企业破产法第一百一十三条规定的顺序清偿后仍有剩余的，可依次用于清偿破产受理前产生的民事惩罚性赔偿金、行政罚款、刑事罚金等惩罚性债权"。因此，行政罚款在破产程序中为劣后债权，在债务人资产尚不足以清偿普通债权的情况下，劣后债权不再进行清偿。

对于超出应缴税款总额的滞纳金是否可以认定为普通债权问题，《税务机关债权确认之诉批复》中明确，法院受理破产前的税款滞纳金为普通债权。目前，已有法院认为税务机关加收滞纳金系依法强制纳税人履行纳税义务的行为，应当适用《行政强制法》关于罚款或滞纳金不得超出金钱给付义务数额的规定，况且税款滞纳金与其他行政惩罚性罚款并无本质区别。因此，对于超出税款总额的滞纳金建议不予认定为破产债权。

当房地产企业在项目烂尾停滞后又面临大量行政罚款、滞纳金时，只能引导企业通过破产程序清偿债权，只有进入破产程序才可将行政罚款列为破产债权并按重整计划进行清偿，避开凡是将项目合法化就必须缴纳行政罚款的情况，从而保障将融到的有限资金优先用于续建。在博达公司破产重整案中，依法确定的行政罚款类劣后债权就高达 7000 余万元。如果该项目没有进入破产重整，解决巨额行政罚款也是违建烂尾项目复工面临的大难题。

四、购房户较多且涉及回迁业主，债权债务复杂，债权识别难度大

房地产企业破产案件最为复杂的问题主要是各类特有债权的清偿顺位。房地产企业特有的拆迁、消费性购房以及以房抵账类债权的保护和争议。本书第二编将专编论述。房地产企业因涉及拆迁户、消费购房户的生存权保障和社会稳定等各种社会问题，债权顺位排序导致各组债权人清偿权益的此消彼长，会引起各种利益冲突。笔者办理的房地产企业重整案中，同一房产出现多项权利冲突，涉及竞合于该标的上的物权、债权、担保等多重法律关系。在商品房预售制度下，烂尾楼一般会涉及大批购房业主，虽然楼盘停工不能按期交房属于开发商违约，但业主深知起诉房地产企业判决解除合同、退还房款后，房地产企业并无偿还能力。因此，大部分业主不会选择起诉，转而向相关部门投诉或集体上访。这些上访人中，有些并非真实购房人，而是以房屋买卖及网签形式提供担保的民间借贷人，也有不少是购买抵账房的。因烂尾项目普遍存在的各种权利冲突和各项债权识别较为复杂，在项目没有进

入破产程序的情况下，国企盲目托管或垫资会面临诸多风险，一是项目建成后房屋出现了多重权利主张时，行政权力无法对债权进行权利识别，仍然没有办法交付房屋；二是托管或垫资失败，进入破产程序后，该项资金不具有优先性。对于申请使用保交楼资金的，在实践中也存在同样的风险，虽然最高人民法院发布的《关于房地产白名单项目采取保全执行措施有关问题的通知（法〔2024〕154号）》中明确，"人民法院在冻结或者扣划房地产企业及相关企业银行账户资金时，应当注意审查甄别。对金融机构为支持白名单项目建设施工提供的新增贷款、发放的并购贷款等账户及其资金，不得因本项目续建工作之外的原因采取冻结、扣划措施"。但仍面临同样的问题，白名单房地产企业在新增贷款不能完全完成项目建设的情况下或企业经营持续恶化而最终进入破产程序的，破产之前的借款仍然不具有优先性。

笔者认为，在烂尾项目存在上述四类问题的情况下，无须审计资产是否能够清偿债务，这种情况下单纯供给资金已经无法完成保交房，应尽快推动烂尾楼项目进入破产程序。通过破产程序核定债权，厘清各类债权基础法律关系、性质及顺位，同时引进后续建设资金推动复工复产。在破产程序中，一揽子解决查封冻结、抵押权注销、移除各类失信等，最好是把进入破产重整程序的房地产企业也作为许可进入白名单的一个类别，这样能更好地贯彻住建部提出的"一项目一方案一专班一银行一审计一法官"模式，依法依规完成保交楼、保稳定、保民生任务。

第三节　保交房的程序选择：破产重整还是破产清算

一、清算程序中，若资产拍卖流拍，项目会再次停滞

正常清算程序中，在债权申报结束后，管理人会根据财产调查的情况制定财产变价方案，提交债权人会议表决。对于房地产企业而言，破产财产主要是在建工程，管理人在变价方案中一般会将债务人的破产财产打包拍卖，即将未完工楼盘以现状整体出售。受让方投资完成项目续建后，以变现资金向债权人进行清偿。但是，这种处置方式只适合没有购房户或购房户较少的、面积不大、规模较小的房地产项目。早些年在江浙一带，房地产市场火热的时期，确有通过破产清算程序将烂尾项目附带购房户权益整体拍卖成功的，

即把整个在建工程都作为拍卖的标的，把购房户的房产建成交付作为竞拍条件。但对于购房户较多、规模较大、情况复杂的烂尾项目，如果通过整体拍卖，在当前的房地产整体萎靡的形势下根本无法成交。在破产清算程序中，将项目分割后出售续建也不可取，因为房地产项目在前期整体规划后开发，分期开发的土地一般都共用配套设施。如果将烂尾或尚未开发的部分予以出售，就需要变更规划和开发主体，不仅程序烦琐、审批难度大，开发成本也将大幅增加，高额开发成本会让意向买受人在考虑投资回报率后最终放弃。另，因房地产交易会产生大量税费，如通过拍卖方式，买方还要先行缴纳巨额税费并办理过户。买受人还会考虑后续建设的主体是否能完成手续变更，在规划、用地手续、资质等方面是否会受阻。这些手续办理耗时很长且非常烦琐。清算程序采用单纯拍卖资产的方式不但耗费时间长且流拍的可能性大，流拍后项目又会陷入长时间停滞。目前，从国家层面到地方，保交房都是硬性任务，有期限要求，烂尾项目进入破产程序后，在保交房压力下通过清算拍卖资产方式根本行不通。

二、房地产企业清算也要当作重整办理

《企业破产法》规定了破产程序的三种子程序，即重整、清算、和解，俗称破产三驾马车，因为停滞烂尾项目根本不存在和解的可能性，实践中几乎没有适用，暂不讨论。在决定将烂尾项目推入破产程序时，会面临到底是申请破产重整还是破产清算的问题。在某次房地产企业破产论坛中，一位法官提到一句话笔者至今仍在思索，即房地产企业破产，清算案件也要当重整来办理。尽管不是非常规范的法言法语，但给笔者很深的触动和启示——清算也要当重整来办理。笔者团队出版的《房地产企业破产重整操作指引》一书也曾对房地产企业破产重整不宜轻易转入破产清算更不能宣告债务人破产进行了简短的论述。房地产企业的破产，相比之下清算程序总体上不适宜烂尾项目的快速救赎。这不仅从烂尾项目盘活的技术层面考虑，还有一些社会层面的考量，与我们当前强调的"保交房"政策是一致的。

三、特大疑难复杂案件先以清算立案后再转入重整

虽然破产清算程序并不适宜房地产企业破产，但并不能就此而得出结论，为了完成保交楼目标，房地产企业破产就一概以破产重整立案。《企业破产

法》第七十九条规定："债务人或者管理人应当自人民法院裁定债务人重整之日起六个月内，同时向人民法院和债权人会议提交重整计划草案。前款规定的期限届满，经债务人或者管理人请求，有正当理由的，人民法院可以裁定延期三个月。债务人或者管理人未按期提出重整计划草案的，人民法院应当裁定终止重整程序，并宣告债务人破产。"根据本条规定，重整是有严格期限限制的。特大疑难复杂的房地产烂尾项目，在目前房地产市场普遍不景气的大环境下，在《企业破产法》所规定的法定重整最长期限内很难顺利招募重整方并提交重整计划草案，对于很多房地产破产案件来说，六个月的重整期限完成清产核资并摸清家底也有一定难度。如果在法定的期限内招募不到重整方，按照《企业破产法》的规定，法院应当裁定终止重整程序并宣告债务人破产。宣告债务人破产就转入了清算程序，最高人民法院《破产案件若干问题规定》第三十三条规定，"债务人自破产宣告之日起停止生产经营活动。为债权人利益确有必要继续生产经营的，须经人民法院许可"。债务人被宣告破产后，迫于保交房压力，法院仍会批准继续开展营业，但是企业被宣告破产后部分信用修复会受影响，信用修复问题又会间接影响正常开展生产经营。

2018 年最高人民法院印发的《破产审判会议纪要》第 24 条规定，"破产宣告的程序及转换限制。相关主体向人民法院提出宣告破产申请的，人民法院应当自收到申请之日起七日内作出破产宣告裁定并进行公告。债务人被宣告破产后，不得再转入重整程序或和解程序"。从该条规定可以看出，破产宣告是不可逆的，即债务人一旦被宣告破产转入清算就再无通过重整程序挽救的可能性，最终主体必须注销。通过上述规定可以看出，先立案清算再转重整程序的路径完全畅通，但是先立案重整到期不能完成的话，就面临被宣告破产转入清算的境地，再回转到重整就没有路径了。如果转入清算程序时所有在建工程都已经完成竣工验收，程序的转换对项目造成的不利影响尚能克服。如项目未完工的，转入破产清算程序继续生产经营会存在诸多障碍，尤其是在没有向拆迁户或购房户交付房屋的情况下。为避免在法定的重整期内不能完成重整被宣告破产转入清算，在推动烂尾项目破产立案时，要根据破产企业的具体情况分类推进、谨慎选择。

笔者认为，对于在立案前底数比较清楚、意向重整投资人已经有着落的房地产企业，可以直接申请立案破产重整，对于债权人数众多且债权债务异常复杂，尚没有比较确切重整投资人的烂尾项目，建议先申请立案破产清算。《企业破产法》第七条第一款、第二款规定，"债务人有本法第二条规定的情形，可以向人民法院提出重整、和解或者破产清算申请。债务人不能清偿到期债务，债权人可以向人民法院提出对债务人进行重整或者破产清算的申请"。第七十条第二款规定，"债权人申请对债务人进行破产清算的，在人民法院受理破产申请后、宣告债务人破产前，债务人或者出资额占债务人注册资本十分之一以上的出资人，可以向人民法院申请重整"。实质上，先立案清算只是做技术处理，是为寻找投资人争取时间，因《企业破产法》对清算案件并没有法定审理期限限制，自法院受理清算案件之日起至法院宣告债务人破产期间，可以加紧推进清产核资的同时寻找投资人，也可以经法院批准或债权人决议进行复工复产。在招募到重整投资人后再由债务人或股东向法院申请转入重整程序。在实践中，债务人申请通常理解为法定代表人代表公司提出，如债务人、股东和法定代表人均不提出清算转重整的，基于债权人利益最大化，在债权人会议同意的情况下，管理人可以向法院提出转入重整程序。在实践中，很多破产案件都是管理人以债务人名义向法院申请清算转重整。但需要注意的是，清算期间管理人不能向法院递交宣告债务人破产的申请。

笔者前几年办理的山东乳山维多利亚海湾旅游开发股份有限责任公司破产案，法院综合考量了该案的资产体量、疑难复杂程度和重整投资人寻找难度等，先立案破产清算。该案立案后，恰逢三年新冠疫情对旅游业造成巨大冲击，导致长期未能寻找到合适的投资人，该案件一直处于清算但未宣告破产阶段。直至疫情结束后，在有重整投资人交纳保证金的情况下，法院遂裁定该案转入重整程序，最终重整成功。在实践中，很多破产案件直接以重整程序立案，但由于很难在法定的九个月最长期限内找到重整方，故无法向法院递交重整计划草案。毕竟《企业破产法》第七十九条第三款所规定的是债务人或者管理人未按期提出重整计划草案的，人民法院应当裁定终止重整程序，并宣告债务人破产。但迫于保交房或维稳压力等，法院也没有终止房地产企业重整程序而宣告破产，破产重整程序也一直处于无法律依据而无期限的拖延状态。若重整程序出现上述情况的，为避免程序违法带来风险，建议管理人将继续重整作为议案，按一般表决事项提交债权人会议，由债权人决定是否需要进行程序转换，如此处理，既避免了程序违法，也符合民法中当事人意思自治的原则。

四、房地产企业重整价值识别

严格意义上讲，立案破产重整或破产清算要依法对重整企业进行重整价值识别，2009 年最高人民法院发布的《关于正确审理企业破产案件为维护市场经济秩序提供司法保障若干问题的意见》中指出，"对于虽然已经出现破产原因或者有明显丧失清偿能力可能，但符合国家产业结构调整政策、仍具发展前景的企业，人民法院要充分发挥破产重整和破产和解程序的作用，对其进行积极有效的挽救"。由此也可以看出，最高人民法院对需要挽救的企业是有具体要求的，要符合国家产业结构调整且仍具有发展前景，要有充分的理由说明企业具有挽救价值和重整必要性。通常破产企业重整价值识别以会计学思维而言，主要是"成本效益原则"，就是一项活动的收益必须大于其成本。但基于"社会控制理论"的原则，有必要在维护社会稳定、避免造成社会混乱、无序状态的前提下对企业的相关行为进行规制，[1]那么，在目前保交房的大背景下，对房地产企业重整价值的识别更应当以社会控制理论为原则。把房屋建好交付购房户就是重整价值，不应当再机械地从行业发展前景等做判断，重整程序更有利于给老百姓完成保交房就走重整。先立案清算，等有重整投资人后再及时转入重整，是避免短时间内招募不到重整方而被宣告破产后给生产经营可能造成实质性障碍的一种策略。所以，不能纠结于同一个烂尾项目一会清算一会重整而缺少法律上的严肃性等问题。以烂尾项目盘活为目的的房地产企业重整，法院更应听取属地政府的意见。房地产企业破产重整应当作为特殊时期保交房以解决复杂社会矛盾的重要司法途径和法律手段看待，重整价值识别就是以更利于保交房为标准，完成保交房历史任务后，最终根据行业发展，房地产企业再清算退出市场是下一步的问题。

---

〔1〕 朱峰、胡子豪：《企业破产重整价值的识别和判断体系》，载国浩律师事务所微信公众号（微信号：grandall），最后访问日期：2024 年 10 月 20 日。

第二章
房地产企业的预重整

将烂尾项目推动进入破产程序时，法院对受理的房地产企业破产重整案，会担心在法定的六个月内（特殊情况延长三个月）无法重整成功。由于各地营商环境对法院的考核要求等，很多地方法院都会提出先让烂尾项目进行预重整，由债务人先向法院进行预重整备案，那么什么是预重整？由于现行法律未确立预重整制度，因此有必要将预重整有关问题进行分析。

第一节　预重整的有关规定

预重整制度是舶来品，最早产生于美国破产实务中"Pre-packaged Reor-ganization"的做法，其优势在于提供了平等、自由、宽松的谈判环境，法院的作用相对消极，各方对立情绪较少，对企业的负面影响较小，可以提高重整成功率，最终实现庭外重组与庭内重整的衔接和融合。其自在美国实践中产生并获得其破产法承认以来即因其扬长避短的比较优势广受青睐，并对其他国家的破产法产生了广泛的影响。近年来，预重整制度也受到我国学界和实务界的关注，特别是最高人民法院通过司法文件引入"预重整"并要求各地法院积极探索该制度以来，一时间预重整成为破产界的热点和焦点。[1]联

---

〔1〕　参见胡利玲：《预重整的目的、法律地位与性质——基于对我国预重整地方实践的反思》，载《东方论坛》2021 年第 4 期；何心月：《我国破产预重整实践的现状与出路》，载《华东政法大学学报》2022 年第 5 期。

合国国际贸易法委员会制定的《破产法立法指南》，在总结、分析各国预重整的立法规定和实施经验后，也对预重整制度作出了规定[1]。

就我国企业破产制度而言，预重整并非严格意义上的法律概念，我国现行的《企业破产法》及相关的司法解释中并没有关于预重整制度的明确规定，在全国范围内的法院司法文件中也都只是统筹指导性意见。有的是单独出台预重整审判规范性文件，也有的是在其出台的破产案件审判规范性文件中单独列明了预重整的相关内容。各地文件中对于此程序的称谓也不尽相同，大多以预重整为名，也有部分以破产庭外和解、庭外重组等为名。

2018年最高人民法院印发的《破产审判会议纪要》第22条规定："探索推行庭外重组与庭内重整制度的衔接。在企业进入重整程序之前，可以先由债权人与债务人、出资人等利害关系人通过庭外商业谈判，拟定重组方案。重整程序启动后，可以重组方案为依据拟定重整计划草案提交人民法院依法审查批准。"2019年，国家发展和改革委员会、最高人民法院等13部门联合发布的《加快完善市场主体退出制度改革方案》中明确，"市场主体达到法定破产条件，应当依法通过破产程序进行清理，或推动利益相关方庭外协议重组，以尽快盘活存量资产，释放资源要素。对陷入财务困境但仍具有经营价值和再生希望的企业，支持债权人、债务人及利益相关方利用破产重整或庭外协议重组等方式，推动企业债务、股权结构和业务重组，恢复生产经营。对丧失经营价值和再生无望的企业，要及时通过破产程序实现市场出清"，"研究建立预重整制度，实现庭外重组制度、预重整制度与破产重整制度的有效衔接，强化庭外重组的公信力和约束力，明确预重整的法律地位和制度内容"。2021年，国务院发布了《关于开展营商环境创新试点工作的意见》，指出，"推行破产预重整制度，建立健全企业破产重整信用修复机制，允许债权人等推荐选任破产管理人。建立健全司法重整的府院联动机制，提高市场重组、出清的质量和效率"。2019年11月8日，最高人民法院公布的《九民会议纪要》第115条规定，"【庭外重组协议效力在重整程序中的延伸】继续完善庭外重组与庭内重整的衔接机制，降低制度性成本，提高破产制度效率。人民法院受理重整申请前，债务人和部分债权人已经达成的有关协议与重整

---

[1]　王欣新：《建立市场化法治化的预重整制度》，载《政法论丛》2021年第6期。

程序中制作的重整计划草案内容一致的，有关债权人对该协议的同意视为对该重整计划草案表决的同意。但重整计划草案对协议内容进行了修改并对有关债权人有不利影响，或者与有关债权人重大利益相关的，受到影响的债权人有权按照企业破产法的规定对重整计划草案重新进行表决"。

因目前关于预重整制度并没有全国统一规范性文件，各地法院关于预重整规范性文件所制定的程序性规则并不完全相同。尽管司法实践对于预重整的操作流程也都处在探索阶段，但各地法院对于预重整核心理念的把控是较为统一的。

第二节　预重整的特点

一、庭外和解

庭外和解是预重整制度的核心理念，即在法院正式受理债务人破产重整之前，先由债务人、债权人和投资人共同就债务人重组事宜达到基本一致意见后，再由法院正式受理债务人破产重整，以正式程序对债务人、债权人和投资人所达成的庭外和解重组方案予以法律层面上的确认，使其具备破产法上的约束力。其中，"庭外"强调整个预重整程序均是在法院受理案件之外，即原则上该案件尚没有正式进入法院审理阶段，法院也不应该过多参与预重整案件的进程。一般法院也仅是掌握预重整案件的开始与结束，而"和解"则强调预重整程序应是债务人、债权人与投资人共同推动促进的结果，不能由某一方的意志强加于另一方。

二、债务人主导

预重整程序既然是没有正式进入法院审判阶段，则显然法院并不是预重整阶段的主导者。目前普遍认为，债务人本身才是在预重整阶段起到主导地位的主体。债务人在预重整中的主导地位，主要体现在以下三个方面：

（一）预重整的启动主体

依据《企业破产法》的相关规定，若债务人具备破产的条件，债务人及债权人均有权向法院申请债务人破产，并且在执行转破产的案件中，虽然进入破产是在法院内部程序间的流转，但仍然需征询执行案件的申请执行人的同意。即申请执行的债权人实际就是破产案件的启动主体。但预重整案件不同，预重整案件本质上是债务人与债权人之间进行调解的程序，若债务人为被动参与预重整，则不可能进行所谓的庭外和解。因此，预重整程序都是由债务人主动申请启动。甚至有些法院出台的预重整规范性文件中就明文规定，预重整程序必须由债务人申请。

（二）临时管理人的选任

在正式破产程序中，管理人必须由法院经法定程序自适格的中介机构中进行选任。但在预重整阶段，法院尚没有实质性介入，自然也不存在由法院直接指定管理人的问题。在预重整阶段，一般将管理人称为临时管理人，目前通常的做法都是由债务人与债权人共同推荐。虽然临时管理人也要经过法院的认可，但本质上临时管理人是属于受债务人委托进行与破产程序相关的工作。各地的规范文件同时还要求临时管理人要有主要债权人的推荐，因为预重整阶段的核心是要促成债务人与债权人之间的和解，若主要债权人对管理人的工作不予认可，债务人与债权人就很难在管理人工作的基础上协商达成一致意见。

（三）重整投资人招募

是否有投资人愿意参与债务人重整以及投资人的投资方案如何，这是破产重整案件能否顺利重整成功的关键因素。所谓的预重整程序，本质上就是债务人在具备重整成功的价值及可能性的前提下，提前对正式破产重整进行一些程序的预演，即是在债务人启动预重整程序之前，就应当具备重整成功的可能性，自然也就要求已经有了意向重整方且意向重整投资人对债务人有着明确的投资意向和初步的投资方案。因此，在预重整阶段，重整投资人应当由债务人自己选定。理论上讲，在预重整阶段不存在公开招募重整投资人的问题，债权人、临时管理人与法院也不应当干预债务人自己选定重整投资人。当然，债权人有权与预重整阶段的重整投资人所提出的重整方案投票是否同意。

第三节　与正式破产程序的衔接

预重整程序，说到底终究还是要为正式破产重整程序服务的，若债务人经过预重整程序后最终无法过渡至正式破产重整程序，则整个预重整程序将无意义。因此，预重整程序的最终成果必将是债务人成功破产重整且大幅提高破产重整程序的效率与成果，预重整程序与正式破产重整程序的有效衔接才能保证预重整向重整成功有效过渡。

一、管理人身份的延续

在法院指定破产管理人的问题上，《破产案件指定管理人的规定》明确规定，人民法院一般应当按照管理人名册所列名单采取轮候、抽签、摇号等随机方式公开指定管理人。这是法院指定管理人的原则性规定。但预重整案件中，临时管理人并非由人民法院按照上述规定而指定的，而是由债务人和债权人进行推荐后确定的。临时管理人在预重整阶段已经对债务人清产核资及债权人的债权审查等做了大量的基础工作，在预重整转为正式重整后若更换管理人，将对整个重整程序产生巨大的阻碍，预重整阶段的大量工作将失去意义。因此，大多数法院的预重整工作指引性文件中都规定了法院可以直接将预重整阶段的临时管理人指定为正式重整后的管理人。由于管理人为预重整阶段的临时管理人直接转正而来，其也应当符合《破产案件指定管理人的规定》中关于中介机构胜任管理人的相关条件。

二、清产核资和债权审查成果的延续

在预重整阶段，临时管理人的主要工作就是对债务人的资产进行清产核资以及对债权人所申报的债权进行审查。在清产核资方面，需要聘请审计机构和评估机构分别对债务人进行财务审计和资产评估，但因法院尚没有正式受理债务人破产，中介机构无法由法院或管理人进行选定，只能由债务人直接进行委托，审计与评估结果顺延至正式破产程序当中。对于破产债权的审查，虽然预重整阶段法院尚没有正式受理债务人破产，但临时管理人依然应当按照法院受理债务人破产后的债权审查标准进行认定，其债权审查结果也延续至法院正式受理破产后。在预重整阶段法院尚没有受理债务人破产，法院无法以破产债权确认之诉对于债务人衍生诉讼进行集中管辖，因此若债权人对于管理人所审查认定的债权结果有异议，无法在预重整阶段向法院提起债权确认之诉，只能在法院正式受理债务人破产后再行向法院提起诉讼。

三、重整计划草案及对其表决效力的延续

预重整本质上系债务人与债权人之间的庭外和解程序，其核心目的就是

债务人要通过引进重整方，就破产债权的清偿与债权人（至少为主要债权人）基本达成一致。这就要求在预重整阶段，需要形成重整计划草案并提交债权人进行表决。预重整阶段的重整计划草案原则上应当延续至正式重整阶段，包括重整投资人、重整计划的核心内容以及债权人对重整计划的表决意见。需要注意的是，在预重整阶段，并非一定要严格达到《企业破产法》中关于债权人会议表决通过重整计划的同意比例，若主要债权人能够同意预重整阶段的重整计划草案，则证明该重整计划具备一定的可行性，法院便可以正式受理破产重整，在正式重整中推动重整计划草案表决通过。且预重整阶段的重整计划草案在法院正式受理债务人破产后也并非一律不得有任何变动，若在正式重整阶段对预重整中的重整计划草案进行调整，原则上不得影响已经投票表决同意的债权人的权益，否则该部分债权人应当对重整计划重新进行表决。

第四节 预重整程序的争议

近几年来，各地法院都在陆续推进破产预重整制度的探索，取得了一定的成果，但在预重整实践操作中，还是出现了诸多较大的争议，主要有以下几点：

一、预重整制度的适用性

预重整制度虽然在解决破产重整制度本身在时间效率和成功率上的缺陷取得了一定的效果，是一种正向的探索与尝试，但目前部分法院在运用预重整制度的过程中有走向另一极端的趋势，其中比较明显的就是预重整制度的适用性问题。

目前，有部分地方法院对于符合《企业破产法》所规定的法院受理债务人破产重整条件的企业，不予直接受理破产重整，均强行要求必须先进行预重整程序，待预重整程序基本成功或有明显效果后法院再行受理正式破产重整。此种做法既是对预重整制度死板僵硬地理解，也极大地损害了债务人和债权人的合法权益。一方面，预重整制度只是为了提高破产重整的效率和成功率的一种补充，是正式破产重整的辅助而非必要前提，强行将预重整作为正式破产重整的前提是对两个程序理解的本末倒置。另一方面，并非所有具备破产条件的企业债务人都能预先找到意向重整投资人或能预先与主要债权人就债务清偿达成一致，也并非所有具备破产条件的企业债务人都愿意配合走破产程序。在目前对于预重整制度的普遍认知不具备前述几个条件的情况下，预重整制度是很难顺利实施的。债务人本来具备《企业破产法》第二条所规定的法院受理债务人破产的条件，而法院仅以无法进行预重整而不予受理，尤其是在债务人不配合时债权人根本无法启动预重整程序，这有可能致使债权人损失进一步扩大，由此带来不确定的法律风险。

二、预重整制度的对抗性

破产制度本身的一个关键特性就是其可以对抗个案的执行，将债务人所有的债务纳入统一公平清偿，即《企业破产法》第十九条所规定的"人民法院受理破产申请后，有关债务人财产的保全措施应当解除，执行程序应当中止"。而对于具备破产条件的企业而言，在进入破产程序前基本已诉讼缠身，企业的资产都处在抵押或法院查封状态，甚至部分资产正被法院执行或拍卖，在此情况下，法院受理债务人破产可以中止法院执行程序对债务人资产的处置，最大化对债权人进行公平清偿。

破产程序的上述对抗性是法律直接赋予的，但预重整并没有这种对查封保全和执行的对抗效力。预重整制度本质上是脱离于《企业破产法》之外的非正式制度，其本身并无法律和司法解释等全国适用性的法律依据，其更不具备《企业破产法》第十九条所规定的对抗效力。在预重整的实践操作中，各地法院基本都是以当地中级人民法院所出台的预重整工作指引等文件来操作实施的。而中级人民法院的文件也最多可以限制其辖区内的基层法院，根本无法阻却外地法院对债务人资产的执行程序，甚至因破产法官和执行法官的出发点不同，即便是同一市区的法院，也会因为预重整并无法定的对抗执行的效力而继续对预重整企业采取执行措施。如若在预重整阶段债务人的资产仍在继续被法院执行，实质上就是个别债权人通过执行程序来获得全额清偿，那么其他债权人不可能在预重整阶段就任何破产债权的清偿方案达成协议，预重整制度就将失去其存在的价值。

更有甚者，因预重整不具备对抗执行的效力，预重整还有可能会加速债务人的资产流失，从而对债务人成功重整起到反效果。在通常情况下，对于债务人是否要进入破产程序，债权人对于其实现债权的心态是完全不同的。

在债务人进入破产程序前，债权人肯定会尽最大努力从债务人处获得其债权的最大清偿，对于其应得利益不会轻言放弃，如能获得现金清偿绝不会轻易同意以物抵债。但在债务人进入破产程序后，债权人的债权能够实现多少，何时能够得到清偿都将成为极不确定的问题，因此很多破产案件在法院正式受理债务人破产前对很多债权人都采取保密，待法院正式受理债务人破产后，债务人所有财产便可以统一进行分配清偿。而若债务人进入预重整程序又不能阻却法院对债务人财产的执行，则是相当于明确告知债权人债务人马上要进入破产程序，债权人则会立即通过执行程序获得清偿，否则被执行的财产就将纳入债务人财产范畴进行统一分配。笔者经历的一起预重整案件便是如此情形，债务人的核心资产正在法院执行程序中，债务人申请破产重整，其目的就是阻却对其核心资产的拍卖程序，通过重整方案以其他清偿方式清偿债权人的债权。法院以预重整方式立案，立案时该执行程序正处于第一轮拍卖程序中，临时管理人第一时间向拍卖法院发函告知其债务人已进入预重整程序，要求其停止对债务人资产的拍卖程序，但执行法官明确回复，预重整程序不具备中止执行的法律效力，其不同意中止对债务人资产的执行程序，并且，当执行法院将债务人预重整程序告知申请执行人时，金融机构在对债务人财产第一轮拍卖流拍后便第一时间同意法院以物抵债，并要求执行法院出具以物抵债裁定书。其实，金融机构并不喜欢以物抵债的方式来清偿债权，其一般是在法院多次拍卖仍流拍后才会考虑以物抵债。但在本案中，因债权人知道债务人即将进入破产程序，而一旦进入破产程序，其债权的清偿将产生诸多不确定性，因此便在第一时间同意以物抵债清偿其债权，这也使得债务人在法院正式受理破产时缺失了一块核心资产。

三、预重整程序的合法性

预重整程序是在法定破产重整程序之前的债务人与债权人之间的和解自治程序，其本身并不受《企业破产法》的制约，但要想让预重整程序实现其作为正式破产重整的辅助或预演程序，提高正式破产重整程序的效率和成功率，其与正式破产重整程序必然要进行有效衔接，甚至在某种程度上相当于其后的正式破产重整程序是将预重整程序直接吸收合并。这就产生了一个问题，即在预重整程序中未按照《企业破产法》所规定的程序操作，能否可以直接合并进正式破产程序中，若予以直接合并，是否会出现程序违反《企业破产法》之嫌疑，其中最为突出的一点就是，法院在正式受理债务人破产后，是否需要重新指定债权人申报债权期限。

《企业破产法》第四十五条规定："人民法院受理破产申请后，应当确定债权人申报债权的期限。债权申报期限自人民法院发布受理破产申请公告之日起计算，最短不得少于三十日，最长不得超过三个月。"该条明确规定了债权申报期限应由法院确定并发布公告。但在预重整程序中，法院尚没有正式受理破产案件，就不可能由法院来对外发布任何有关债务人的公告，即无法以法院的名义对外确定债权申报期限并发布债权申报公告。在实际操作中，都是由临时管理人自行确定债权申报期限并向债权人发出债权申报通知的。在预重整程序转为正式重整程序后，是否还需要法院另行指定债权申报期限并发布债权申报公告，不同法院对此理解不同。有的认为，预重整阶段临时管理人已经发出了债权申报通知，债权人也据此向临时管理人申报债权，临时管理人也对债权人所申报的债权进行了审查，甚至都以此为基础制作了重整计划草案并已进行了初步表决，若法院正式受理债务人破产后再行重新指定债权申报期限，则可能会导致债权人、债权数额等与预重整阶段产生较大的变化，进而可能推翻预重整阶段的各项工作成果，预重整程序将失去其存在的意义。另有人认为，预重整制度虽为一种创新与探索，但其本质上并没有法律或司法解释的依据来源，在此情况下应谨慎把握创新与探索的界限，预重整程序不得有违《企业破产法》中对于破产程序的一些根本性的规定，而法院确定并公告债权申报期限便是破产程序中的一项根本性的规定。首先，《企业破产法》第四十五条对法院确定债权申报期限时用词为"应当"，应理解为债权申报期限只能由法院确定并且法院也必须予以确定。其次，法院发布的公告被视为具有推定的通知效力，对于债务人已知的债权人，应当直接通知其债务人破产并申报债权，但对于未知联系方式的债权人，法院或管理人均无法实现对其直接通知，但通过法院的公告，即可推定为所有债权人被告知债务人破产程序和债权申报信息，而管理人的通知或公告显然并不具备推定通知送达的法律效力。最后，破产重整中的诸多问题都与法院确定并公告债权申报期限息息相关。例如，《企业破产法》第五十六条规定，"在人民法院确定的债权申报期限内，债权人未申报债权的，可以在破产财产最后分配前补充申报；但是，此前已进行的分配，不再对其补充分配。为审查和确认补充申报债权的费用,由补充申报人承担"。这里明确规定了未在法院确定期限内申报债权应当如何补充申报债权,以及在破产清算程序中所面临的不利后果,即补充申报之前已经进行的分配其不得参与分配。再如,《企业破产法》第九十二条第二款规定,"债权人未依照本法规定申报债权的,在重整计划执行期间不得行使权利;在重整计划执行完毕后,可以按照重整计划规定的同类债权的清偿条件行使权利"。若有债权人在预重整阶段未申报债权,且重整计划已经被法院裁定批准执行,则此时债权人提出异议,主张法院未公告债权申报期限,其并不知道债务人破产和申报债权相关事宜,此时是否还能依据《企业破产法》第九十二条来阻却其参与重整计划所规定的债权清偿分配,若可以适用,债权人则必然主张重整程序及法院批准重整计划程序违反《企业破产法》的规定,涉嫌程序违法;若不能适用,同意此类债权人参与重整计划的分配,则整个重整计划制定的数据基础将土崩瓦解,整个重整计划将面临无法继续执行的风险。

在目前的预重整实践操作中,持上述前者观点的法院,在预重整程序转为正式重整程序后法院不再确定新的债权申报期限,直接以管理人在预重整期间确定的债权申报期限及债权审查结果为准。持上述后者观点的法院,在预重整程序转为正式重整程序后,法院另行确定并公告一个债权申报期限。笔者倾向于后一种观点和做法,毕竟在目前预重整制度没有普适性法律依据的情况下,明确违反《企业破产法》的根本性规定,容易给整个重整程序合法性带来巨大不确定的隐患。至于与预重整阶段债权审查工作衔接的问题,笔者提出以下四点建议:第一,法院正式立案后确定最短的债权申报期(30天);第二,在预重整阶段便确定债权申报与审查原则,明确法院正式受理债务人破产后债权申报与审查原则与预重整阶段一致;第三,法院正式发布债权申报公告时明确告知债权人在预重整阶段已经申报债权的不必再行申报债权,效力等同于法院确定的债权申报期内申报债权;第四,预重整阶段及法院受理破产后确定的债权申报期内债权人申报债权均采用前后统一的利息计算截止日(因在预重整阶段尚不确定法院正式受理债务人破产之日,故此处建议使用法院受理债务人预重整之日,至于其与法院正式受理破产之日间的利息问题,建议可以在重整计划草案中以债权调整的方式进行调整说明)。

四、预重整阶段重整计划草案表决的效力性

在预重整阶段，临时管理人根据债务人、投资人和债权人的协商意见拟定预重整计划草案，并提交债权人表决。债权人在预重整阶段投票同意预重整计划草案的，在法院正式受理债务人破产后，正式重整计划未有调整或正式重整计划虽有调整，但所调整的内容不影响其在预重整计划草案中所确定的权利时，其对预重整计划草案的投票效力自然延伸为其对正式重整计划的意见，这一点在各地预重整操作中是较为共识的意见，《九民会议纪要》第115条规定的"庭外重组协议效力在重整程序中的延伸"与以上观点的内涵也是一致的。但对于在预重整阶段便已经经债权人表决通过的预重整计划草案，法院是否可以直接认定该预重整计划草案等同于符合《企业破产法》表决通过的重整计划草案，是否可以在受理债务人破产的同时直接裁定确认预重整阶段表决通过的重整计划草案。例如，《威海市中级人民法院关于审理预重整案件的操作指引（试行）》[1]规定，"债务人应在通过自主谈判达成预重整方案后，向人民法院申请破产重整，并同时请求裁定批准根据该预重整方案形成的重整计划草案"，该条规定对笔者上述疑问持肯定态度，部分基层法院也依据此条在法院正式受理债务人破产的同时直接裁定批准预重整阶段通过的预重整计划草案。但是，这种做法确实有待商榷，一方面，法院在正式受理债务人破产之时尚没有确定并公告债权申报期，那么在预重整阶段参与投票的是否就是全部的债权人，在债权人不确定的情况下，投同意票的债权人人数及债权额比例是否满足《企业破产法》第八十四条所规定的重整计划草案表决通过的条件，另一方面，对重整计划草案的表决是债权人会议的核心职权之一，《企业破产法》中关于债权人会议召集、通知、主持、表决程序都有着详尽明确的规定。在预重整阶段，虽然债权人对于预重整计划草案表达了意见，但预重整阶段尚不存在正式债权人会议这一机构，更不能说是经债权人会议表决通过。在未经正式债权人会议表决的情况下，法院若直接裁定批准预重整计划草案，难免事后有对此不满的债权人据此主张预重整计划草案程序违法而无效。

结合前一个问题，笔者认为，法院正式受理债务人破产时，在确定了最

---

[1] 该文件来源于法信网，检索日期：2024年11月29日。

短的债权申报期后，直接确定在较短的时间内召开第一次债权人会议，在此次债权人会议上直接正式表决由预重整计划草案转为正式重整计划草案，但需明确在预重整阶段已经投票同意预重整计划草案的，本次会议自动视为同意，不再参与表决。但若在法院正式受理债务人破产后因客观情况变化而导致正式重整计划草案较预重整计划草案有所调整，且调整内容影响了已投同意票债权人权益的，受影响的债权人有权重新参与重整计划草案的投票表决。

第五节　房地产企业预重整的特点与实务中的问题

房地产企业因涉及烂尾工程续建、购房消费者保护、多重权利竞合等因素，使其破产程序与一般工业企业破产不同，有着其自身独特性，而房地产企业预重整自然也有着与一般企业预重整程序不同之处。

一、购房业主人数众多

房地产企业的主营业务就是房地产开发与销售，而当房地产企业濒临破产之时，其所开发的房产往往尚未建设完毕，大量购房者所购买的房产得不到交付，此时房地产企业进入破产程序势必将严重影响所有购房业主的权益。而对于购房业主群体而言，人数众多、来源分散、人员结构复杂、购房情况多样，是房地产企业破产中矛盾最多且最容易出现不稳定风险的群体。如何安抚广大购房业主的情绪，有效保障购房业主合法权益，预重整计划草案与购房业主沟通并获得支持将成为左右预重整程序能否成功的关键因素。考虑购房业主因为房产长期无法交付而必然对开发商极为不满，此时若在开发商的主导下很难与购房业主就预重整草案进行沟通，即便是临时管理人出面，在没有法院背书的情况下，也很难对购房业主产生一定的公信力。因此，对于房地产企业预重整案件，临时管理人在与购房业主沟通之时，建议政府主管部门和法院能够适度参与，加强对购房业主的疏导与解释，促进广大购房业主对预重整计划草案的理解与支持。

二、借入续建资金的共益债务性质认定及其法律风险

房地产企业在濒临破产之时所开发建设的房产一般都处于停工状态。考虑广大购房业主对续建复工和房产交付的急迫心情，第一时间续建复工能够

给予广大债权人和购房业主以充分的信心，也是房地产企业能否顺利重整成功的关键。由于房地产企业自身经营状况已困难重重，不可能再有资金启动工程续建复工，要想尽快续建复工，只能通过从外部借款引入资金来实现。依据《破产法司法解释三》的规定，"破产申请受理后，经债权人会议决议通过，或者第一次债权人会议召开前经人民法院许可，管理人或者自行管理的债务人可以为债务人继续营业而借款。提供借款的债权人主张参照《企业破产法》第四十二条第四项的规定优先于普通破产债权清偿的，人民法院应予支持，但其主张优先于此前已就债务人特定财产享有担保的债权清偿的，人民法院不予支持"。据此规定，在法院受理债务人破产后，管理人或者自行管理的债务人借款的，可以认定为《企业破产法》第四十二条第四项所规定的共益债务。对于破产企业对外借款而言，只有共益债务才能最大化保障出借方所出借资金的安全，出借方也才会无后顾之忧地出借款项。在预重整阶段，要想在第一时间续建复工，同样只能通过从外部引入借款来实现，但问题是在预重整时尚不存在经债权人会议决议通过或经人民法院许可的情形，也就是说，在预重整阶段的借款是不能依据上述司法解释的规定将借款定性为共益债务，如不给予借款以共益债务的法律地位保护，就没有人愿意向债务人出借款项。因此，部分地方法院也将在预重整程序中为债务人经营的借款有条件参照前述司法解释的规定将借款定性为共益债务。

《威海市中级人民法院关于审理预重整案件的操作指引（试行）》中规定，预重整期间，经临时债权人委员会批准，债务人可以为继续营业而借款。受理重整申请后，该借款可以参照《企业破产法》第四十二条第四项的规定清偿。此类规定虽为预重整期间的借款提供了保障，增强了预重整成功的可能性，但因共益债务在破产清偿中处于绝对优先的地位，此类规定存在较大争议。首先，此处的临时债权人委员会是指在预重整期间参照《企业破产法》中关于债权人委员会的相关规定而成立的预重整中的监督机构，但《破产法司法解释三》所规定的以共益债务进行借款需经债权人会议决议同意或在召开第一次债权人会议前经法院许可，而在预重整阶段仅以临时债权人委员会同意，是否明确有违《企业破产法》及司法解释中关于共益债务定性的规定存在争议。其次，在预重整阶段能够出借款项给债务人的也就只有预重整意向投资人，只有预重整意向投资人才对债务人的情况有较全面的了解，有着充足的投资信心，才会对其借出的款项的用途进行充分的监管。而意向投资人出借款项的目的是后续的重整，而并非只是单纯为了出借款项，预重整阶段的意向投资人并不一定就是最终的重整投资人，其投资方案不能获得大多数债权人满意或有投资条件更好的意向投资人时，预重整阶段的重整投资人最终可能无法成为正式的重整方。此时，在前期借入的款项没有充分的法律依据的情况下，正式重整方是否还同意认定为共益债务存在风险。最后，预重整程序的结果也并不是必然走向正式重整，预重整程序根据预重整工作的进展和结果，除法院最终正式受理债务人破产重整之外，预重整程序还有可能以债务人申请撤回预重整或法院最终决定不予受理债务人破产重整而发生变化。若在预重整期间债务人以共益债务的形式借款但最终法院又未能正式受理债务人破产重整，那这笔借款所谓的共益债务的法律性质将无法认定，出借人所出借的款项也将失去应有的保障，即便其后债务人再次进入破产程序，但因此前的预重整程序与其后的破产程序并非同一个连续的程序，此前预重整中所借的款项有可能不予认定为共益债务。

三、与房产相关联的权利审查与认定极为复杂

在房地产企业破产案件中，与房产相关的法律关系是种类最多且最复杂的，这里面包括购房人与房地产企业之间是真实购房关系还是让与担保等其他法律关系，购房人是否按合同约定向房地产企业支付了全部购房款，购房人的购房行为是否能认定为消费性购房且在破产程序中是否能享有优先保护的消费性购房权益，购房人的权益与抵押权和建设工程价款优先受偿权之间是否存在权利顺位冲突，购房业主是否应当分摊续建费用，以上诸多问题，目前无论在法律规定层面还是在审判实践层面都存在非常大的争议，都需要管理人进行反复查证、分析和论证后才能形成债权审查结论，很多民事权利需要经过多轮的司法诉讼后才能形成最终结论。在预重整阶段，一是临时管理人的职权有限，二是尚不能启动法院债权确认之诉程序，因此临时管理人很难在预重整中将所有房产相关的纠纷厘清并给予认定。但是，为了推动预重整程序成功，又必然要争取到广大购房业主群体的支持。因此，笔者认为，在房地产企业预重整阶段，对于复杂的房产相关纠纷临时管理人可以暂不给予直接认定结果，只在预重整计划草案中确认不同类别债权应享有之权利，购房业主可对预重整计划草案正常发表意见参与投票，待法院正式受理债务

人破产重整后，相关房产纠纷可以继续依法审查、认定和诉讼。在相关债权的性质最终确认后，依据重整计划所规定的该类债权享有权利。

我国现行《企业破产法》的规定有着诸多不完善之处，基层破产业务从业者一直在呼吁能够尽快对现行《企业破产法》进行修改，在《企业破产法》暂未修改的情况下，如何创新解决破产审判实践的诸多困局，是破产审判实践的探索方向。预重整制度便是近年来基层探索实践取得的较大成果，但同时预重整在实践中也伴随着诸多争议和不确定性，若最高人民法院以司法解释的形式给预重整制度确立基本规则，各地法院再以基本规则为基础进行细化落实，才能有效推动预重整制度健康有序发展。基于上述论述，笔者以切身经验认为，房地产企业购房户众多，债权特别疑难复杂的不适宜立案预重整，可以考虑先立破产清算再转破产重整。

第三章
房地产企业破产程序中的破产管理人选择

第一节　破产管理人的分类以及清算组管理人的渊源

一、破产管理人类型

《企业破产法》第十三条规定："人民法院裁定受理破产申请的，应当同时指定管理人。"第二十四条第一款规定："管理人可以由有关部门、机构的人员组成的清算组或者依法设立的律师事务所、会计师事务所、破产清算事务所等社会中介机构担任。"在烂尾项目进入破产程序后，真正接管破产企业和烂尾项目的是破产管理人，进入破产程序后真正操盘的是破产管理人，因此，烂尾项目能否盘活除了市场因素之外，管理人的专业素养以及勤勉尽责程度也是烂尾项目盘活的关键因素。

根据《企业破产法》的相关规定可将破产管理人分为两种类别，一种是清算组管理人，另一种是中介机构独立管理人。中介机构管理人属于完全市场化模式下的产物，清算组管理人是带有一定的政策性的组织形式。房地产企业的破产，需要解决复杂的社会矛盾，在现行《企业破产法》实施前，法律法规对陷入债务困境的非常态企业如何走出困境或退出市场缺乏有机衔接和有效融合，迫使破产审判不得不付诸解决衍生的社会问题。在此过程中，政府清算组一度成为破产程序运行的重要依赖，清算组在破产审判中曾发挥了不可替代的历史作用。在市场化破产的现行《企业破产法》实施阶段，诸多影响重大的破产案件依然沿袭着指定清算组担任管理人的行为惯性。最高人民法院于 2016 年 6 月 15 日发布的 10 起"人民法院关于依法审理破产案件推进供给侧结构性改革典型案例"中，两起破产案件选任的均是清算组管理人。另外，在北大方正集团有限公司重整案中，北京市第一中级人民法院指定北大方正集团有限公司清算组担任管理人。在海南航空控股股份有限公司重整案中，海南省高级人民法院指定海南航空控股股份有限公司清算组担任管理人。在力帆实业（集团）股份有限公司重整案中，重庆市第五中级人民法院指定力帆实业（集团）股份有限公司清算组担任管理人。在这些重整案件中，人民法院指定清算组担任管理人后，均在较短时间内快速完成了重整，取得了较好的社会效果和法律效果。

二、清算组管理人的渊源

1986 年施行的《企业破产法（试行）》具有鲜明的历史特点，仅适用于国有企业的破产。该法第二十四条第二款规定，"清算组成员由人民法院从企业上级主管部门、政府财政部门等有关部门和专业人员中指定。清算组可以聘任必要的工作人员"。2002 年最高人民法院《破产案件若干问题规定》第四十八条规定，"清算组成员可以从破产企业上级主管部门、清算中介机构以及会计、律师中产生，也可以从政府财政、工商管理、计委、经委、审计、税务、物价、劳动、社会保险、土地管理、国有资产管理、人事等部门中指定。人民银行分（支）行可以按照有关规定派人参加清算组"。清算组的职责包括接管破产企业，清理破产企业财产，编制财产明细表和资产负债表，编制债权债务清册，组织破产财产的评估、拍卖、变现、回收破产企业的财产，向破产企业的债务人、财产持有人依法行使财产权利，管理、处分破产财产，决定是否履行合同和在清算范围内进行经营活动，确认别除权、抵销权、取回权，进行破产财产的委托评估、拍卖及其他变现工作，提出并执行破产财产处理和分配方案，提交清算报告，代表破产企业参加诉讼和仲裁活动，办理企业注销登记等破产终结事宜等。

2007 年施行的《企业破产法》借鉴国外破产立法经验，确立破产管理人制度，从而取代了 1986 年《企业破产法（试行）》背景下的清算组制度，这是我国新破产法中的重大制度创新。但 2007 年施行的《企业破产法》第二十四条仍规定管理人可以由有关部门、机构的人员组成的清算组或者依法设立的律师事务所、会计师事务所、破产清算事务所等社会中介机构担任。《破产案件指定管理人的规定》第十九条规定，"清算组为管理人的，人民法院可以从政府有关部门、编入管理人名册的社会中介机构、金融资产管理公司中指定清算组成员，人民银行及金融监督管理机构可以按照有关法律和行政法规的规定派人参加清算组"。在符合一定条件下，法院仍可以指定由政府有关部门、编入管理人名册的社会中介机构的人员组成的清算组担任管理人，有些地方法院也作出了细化，如江苏省高级人民法院就明确了"对职工债权压力较大、职工情绪激烈的案件和债权人数量众多、矛盾可能激化的案件，要与政府部门协调沟通，从政府有关部门中指定清算组成员，以清算组作为管理人。同时，指定编入管理人名册的社会中介机构参加清算组"。

三、房地产企业破产案件指定清算组担任破产管理人呈增长趋势

2021年，世界银行停止发布营商环境报告，原因除数据透明化、公众度以及评价指标主要来自英美法系国家等原因外，最主要的是经过二十年世界银行对评价指标的追踪。世界银行认为评价指标过于注重市场化，开始注重政府与市场的二元互动。当前，房地产市场下行，与房地产有关的经济纠纷和社会矛盾层出不穷，对于进入破产程序的房地产企业而言，仅依靠市场化运行和法院居中裁判已经无法处理错综复杂的社会矛盾，而在保交房严峻形势下更加特别突出政府介入的作用。

在2007年《企业破产法》实施时，尚很少有房地产企业破产，《企业破产法》对房地产企业进入破产程序后特有的法律问题基本没有涉及，各地法院以及管理人办理房地产企业破产案件都是从保障民生和维护社会稳定等大局出发摸索前行的。至今最高人民法院也没有出台与房地产企业破产相关的司法解释。政府具有管理社会各项事务的权力和职责，行政权具有强大的社会资源支配能力，而且相较于司法权而言具有主动性，政府的超强管控能力和主动作为与中介机构的专业能力相结合，再加之法院的依法裁判，可以依法高效地化解房地产企业破产程序中的所有法律问题和社会问题，乃至经济问题。因此，在现行《企业破产法》框架下，对于进入破产程序的房地产企业，重新回归由政府各相关部门及中介机构组成的清算组担任破产管理人，能更好地解决房地产企业进入破产程序后带来的大量衍生社会问题。

从最高人民法院全国企业破产重整案件信息网上查询，房地产企业进入破产程序后，法院指定清算组为管理人的案件数量明显上升，从这一趋势来

看，各地法院也充分认识到政府部门参加清算组的优势。

第二节　房地产企业破产指定清算组担任管理人的优势

笔者团队分别以清算事务所身份独立担任管理人和以成员身份参加清算组管理人，办理了大量房地产重整案件，通过两种执业方式的切身经验比较，笔者认为房地产企业更适合由政府各相关部门组成的清算组担任破产管理人。

一、优势之一：破产前工作专班转为清算组管理人，相关工作可无缝衔接且有法可依

当房地产企业陷入困局后，属地政府及相关部门面对保民生、保稳定以及保交楼压力等，大多会提前介入，予以一定的干预和救助，在行政权力干预无效后才会进入破产程序。近年来，存在烂尾项目较多的城市必定有党委、政府牵头，由住房和城乡建设、自然资源和规划、审计、税务、公安等部门成立的"烂尾楼"工作专班甚至是一项目一专班，烂尾项目较少的地区就成立一个大专班。烂尾项目在进入破产程序之前，工作专班几乎穷尽所有工作方法，对项目进行大量的摸底调查并实施一些救助措施，相关的资产负债、抵押查封、主要债务等都进行登记和梳理。工作专班为了解决购房户办证等问题，甚至连购房户的买卖合同以及交款情况都做登记，只是无法按《企业破产法》的规定进行债权审查，无法利用《企业破产法》规定的解除查封中止执行等措施释放资产。工作专班对烂尾项目存在的主要问题和矛盾都比较清楚，专班领导基本都是地方党委或政府主要负责人，甚至包括"五大班子"领导。在政府工作专班全面介入的烂尾项目进入破产程序后，政府部门的职责并不能因房地产企业进入破产程序而结束，恰恰相反，在房地产企业进入破产程序后，其项目规划调整、复工审批、权证办理、公共服务配套供给、税费调整、信访维稳等一系列社会衍生问题均离不开甚至严重依赖于地方政府，需要政府各部门为破产程序提供便利。在进入破产程序后，如果专班成员直接转换为清算组成员，由法院直接指定为管理人，从工作延续性来看要远比单独另行指定一家中介机构独立担任管理人更容易推动进入破产程序后的相关工作。

以笔者团队在河北省沧州市加入清算组负责安居公司重整案为例可以说明这一问题。该项目在破产之前尚没有完成土地征收，购房户买房后长达十年无法办理产权证。政府在该项目进入破产程序前就组成了工作专班，为了解决土地招标、拍卖、挂牌（以下简称招拍挂）问题，通过债权人将该项目土地摘牌的资金募集到位，已存入到资金方和项目所在地办事处建立的共管账户中。只因出借人提出其资金进入濒临破产的企业没有任何保障，要求法院受理该企业破产重整并将借款列为共益债务，由此导致项目迟迟无法推进。在区政府的协调下，经债权人申请，法院受理了安居公司破产重整，工作专班直接转换为清算组，由区政府向法院递交了清算组成立的相关文件，法院指定清算组作为安居公司管理人，原工作专班负责领导直接担任清算组组长。该项目进入破产程序后，清算组在原专班的工作基础上重新完善了土地征收协议，短时间内推动了原开发项目占用的国有土地挂牌交易。经债权人会议依法表决通过，该项目土地摘牌借入的资金作为共益债务。第一次债权人会议后管理人交纳了土地出让金，顺利完成土地摘牌，在省委巡视要求的整改时间点前取得了土地所有权证，实现了破产前专班的工作成果与破产程序的完美衔接。

另外一种情形是，有的烂尾项目破产前虽然成立工作专班，但在项目进入破产程序后，法院指定中介机构独立担任管理人，政府继续保留相关部门组成的专班全面配合中介机构的工作。为了做到工作的无缝对接，专班甚至与法院指定的律师事务所或清算所合署办公。笔者团队担任管理人的九乐公司重整案就是采用这种方式，政府成立的工作专班一直与管理人、律师团队合署办公直至重整计划通过，但是这种情况的工作推进机制与政府各部门组成的清算组直接作为管理人还是有所区别的。在政府各部门组成的专班没有转换为清算组的情况下，专班在整个破产程序中配合法院和管理人的工作应定位为司法程序中的"行政配套"。这种"行政配套"没有任何法律法规作为行为实施的约束和依据，"行政配套"又往往处于"过"或"不及"的状态，有时候还会出现本应当由政府解决的社会问题推给法院和管理人。另外，由于工作专班对破产案件相关事项作出的决策不属于管理人内部决策，需要转换为管理人的意志才可以推行。担任管理人的中介机构在有些事项上有可能会选择性地执行或不执行。笔者认为，对于一些简单的没有重大衍生社会问题的破产案件，在破产程序中采用行政配套式的服务甚至于没有行政配套都可以进行市场化破产，但对于房地产企业破产来说，行政配套式的服务远不如由各相关部门主要领导担任清算组成员履职更加到位。

二、优势之二：清算组管理人可更好地进行维稳预判和风险处置

房地产企业破产案与其他类别的企业破产有明显的区别，一是利益群体众多，影响范围广。二是破产债权金额高且结构复杂。作为资金密集型行业，破产债权金额高且各群体之间法律关系错综复杂，产生诸多法律问题。例如，名为买房实为借贷的认定、以房抵债后向社会转让房产的购房户认定、股东或高管与公司大额资金往来的关系认定等。三是因涉及民生或重大财产利益，各方诉求强烈，极易形成群体性社会矛盾，出现信访、维权等群体性事件。笔者团队作为成员加入清算组管理人的博达公司重整案的三里家园项目，是国务院大督查和省委多轮巡视要求整改的项目。2013 年 10 月至 2017 年 4 月，项目回迁户、施工方等各方利益群体多次到区市、赴省进京大规模上访。2018 年，各商品房购房户、大债权人等各类利益群体分别通过微信群、电话等手段聚集串联上访。诸如，三里家园项目这种群访维权等大量群体性事件频发的情况，如果管理人仅由中介机构组成，其对风险的预判以及应对能力都会明显不足。信访维稳是按照"属地管理、分级负责，谁主管、谁负责"的原则管理，对于已进入破产程序的房地产企业来说，司法权的介入可能会在一定程度上缓和社会矛盾，同时也可能会因为司法权和行政权衔接不畅或信息隔离而激化矛盾。如果仅指定中介机构担任管理人，属地政府和中介机构之间信息互通、维稳和处理突发事件等协同机制很难保持高效畅通，对破产推进中各关键节点可能存在的社会稳定风险不能做到及时研判。

三、优势之三：清算组管理人可确保房地产企业破产程序中行政权不缺位

在房地产企业破产案件中，房地产企业因其行业特性，从土地的招拍挂到规划审批、再到商品房的买卖、备案、登记，牵涉规划、住建、环保、国土、消防、人防、水电、财税等多个政府部门或公用事业单位，行政权力对房地产企业及其项目开发进行全过程规制。很多烂尾项目在进入破产程序之前，实质就是行政权管理不到位甚至缺失造成的，绝大多数烂尾项目在进入破产程序后都存在停滞的在建工程，也有项目已全部建设完毕，但因建设手续不齐全、建设程序不规范导致项目未完成验收、达不到交付条件或权证无

法办理等问题，需要管理人对在建工程复工续建、手续完善等进行评估，对恢复施工的可行性、必要性进行调查和论证。结合市场行情、购房人意愿、投资强度及潜在投资人态度、复建工程量等考量后，决定复工复建的，需要按程序完成项目相关报建报批手续。然而，工程项目建设报批环节多、链条长、部门多，各部门之间审批事项往往互为前置、相互牵制。以一般招拍挂出让土地类型的审批流程为例，在项目立项用地规划许可阶段，涉及的行政权力事项包括企业投资项目备案、建设用地预审与选址意见、建设用地规划许可、环评审批、社会稳定风险评估，涉及的部门包括政法委、发展改革委、自然资源和规划、生态环境保护等部门。在建设工程许可阶段，涉及的行政权力事项包括建设工程规划许可、施工图文件审查、建筑工程施工许可、人防工程建设审批、城镇污水排入排水管网许可等多达数十项，涉及行政职能部门十余家。在竣工验收阶段，包含各部门的联合验收及竣工备案。在常规情况下，房地产开发项目从土地出让到验收阶段涉及的行政性事项至少达到几十项，这还未包含拆迁安置、预售许可、产权证办理等阶段涉及的行政事项，其中部门行政审批事项还可能涉及跨层级审批。破产企业复工续建活动与行政部门关联度高、交互性强，尤其是对于违法建筑的处置和手续补正程序复杂、难度较大，已完全超出了法院和管理人的职责范围，必须依靠综合行政执法、住房和城乡建设、自然资源和规划、人防、消防等相关部门，对违法建筑进行价值识别，采取区别对待，尽最大可能帮助消除违法性后再行处置，最大限度维护债权人利益[1]。对于违建行为导致建设项目无法通过验收的，或属于实质性违法建筑且无法通过补正实现合法化的，同样依赖行政机关及时参与破产程序，就违法建筑的认定和处理提出明确意见。因房地产企业独有的行业特点，烂尾楼进入破产程序后各项工作推进仍需要政府各部门的协助与配合，所以包含住建、自然资源与规划等政府各相关部门和中介机构组成的清算组担任管理人，在当下保交楼大背景下是房地产企业进入司法程序得以顺利推进的重要保障。

三里家园项目73万平方米27栋住宅楼，原仅有4栋住宅楼及沿街商业开发手续齐全，其余住宅，除土地证之外，建设用地规划许可、建设工程规划

〔1〕 柳燕：《从管理人视角探析房地产企业破产中构建"府院联动"机制的路径》，载贵达律师事务所微信公众号（微信号：guida-law-firm），最后访问日期：2023年4月11日。

许可、建设工程施工许可、商品房预售许可全是在市直职能部门通力配合下陆续补办的。上述补办各项手续工作专业性强、内容繁杂，因三里家园项目是市住建、自然资源和规划、城管等政府各相关主管部门主要领导担任清算组成员，清算组组长由项目所在地区长担任，副组长由市住建局局长担任。很多手续补办时，清算组管理人通过召开内部会议先予以协商讨论，在方案可行的基础上再由区政府行文报市政府予以解决。从三里家园项目来看，特大疑难复杂房地产企业破产只能指定政府各部门组成的清算组担任破产管理人，清算组作为行政权和司法权紧密配合的载体，通过清算组这一法定组织形式最大化地发挥司法权和行政权的主观能动性，共同完成烂尾项目复工复产等破产程序中一系列衍生的社会问题。

四、优势之四：清算组管理人是房地产企业破产"府院联动"的具象化和强力执行者

企业破产往往涉及三大方面问题：法律问题、经济问题和社会问题。法律问题在破产程序中由管理人、债务人或债权人提出，最终由法院裁判，但由于法院的被动性特点和职权所限，经济问题和社会问题依靠法院自身力量则无法完全解决，而解决这两大问题却是政府的强项。政府可以通过政策调控、招商引资、国企参与等方式协调解决破产企业的经济问题。企业破产衍生的社会问题，更加需要政府的介入，也是政府本身职责所在，本书对此多有论述，在此不再赘述。因我国法律尚未明确规定政府在企业破产程序中的职责。在《企业破产法》颁布实施后，一直存在政府部门与司法机关在破产程序中的协调困难问题，长期未能得到有效解决。为解决破产程序衍生的社会问题，"府院联动"便应运而生。笔者从宏观和微观两个角度分析当下府院联动的大致情况以及在有保交房巨大压力的烂尾项目破产中府院联动的作用。

国务院 2019 年 10 月公布的《优化营商环境条例》第三十三条第二款规定，"县级以上地方人民政府应当根据需要建立企业破产工作协调机制，协调解决企业破产过程中涉及的有关问题"。该条例以行政法规的方式直接将企业破产过程中涉及的有关问题规定为政府的法定职责。《最高人民法院关于依法开展破产案件审理积极稳妥推进破产企业救治和清算工作的通知》规定，"要在地方党委领导下，积极与政府建立'府院企业破产工作统一协调机制'。协调机制要统筹企业破产重整和清算相关工作，妥善解决企业破产过程中出现

的各种问题"。从各地发布的府院联动机制文件来看，绝大多数是设立由地方政府分管领导、法院主要领导、政府部门分管负责人组成府院联动议事机构，议事机构设立联络处或办公室，负责日常运行工作。各地负责府院联动机制日常运行工作的机构各有不同，如《江苏省人民政府办公厅关于建立企业破产处置协调联动机制的通知》载明，由省政府分管领导担任总召集人，相关省领导、省法院主要负责同志担任副总召集人，省检察院、省发展改革委、省工业和信息化厅、省公安厅、省司法厅、省财政厅、省人力资源社会保障厅、省自然资源厅、省住房城乡建设厅、省国资委等单位分管负责同志为成员，协调联动机制办公室设在省法院。另，江西省企业破产府院联动机制领导小组办公室设在省法院，贵州省的府院联动机制领导小组办公室分别设在省法院和省发展改革委，也有些城市府院联动机制领导小组办公室设在司法行政部门。由于省级法院不受理破产案件，因此省级府院联动一般都明确了各部门在府院联动中承担的部门职责，但基本都是用"加大协调"等字眼，几乎没有可操作的具体事务。地市级府院联动文件也是具体操作办法较少，原则性规定较多。从笔者团队办理的近二十起房地产企业重整案的切身感受来看，每件房地产企业重整案办理过程中遇到的困难和需要解决的问题，从当地的府院联动文件中几乎找不到任何可以解决的依据，偶尔能找到相对应的条款。拿着文件到政务大厅办事窗口要求按府院联动文件明确规定办理时，窗口一概答复文件没有法律效力不能参照。

还有一种"府院联动"形式是，政府与法院为协调个案而形成的"一案一议"甚至"一事一议"。个案性的府院联动也算是量身定制型的府院联动，此种府院联动有一定程度的紧密性，在房地产企业破产维稳和一系列衍生社会问题的处理上可以起到一定的作用，但其建立和运行在很大程度上受制于人与人之间以及以人为代表的机构与机构之间的协调。不论是松散型府院联动还是紧密型府院联动，最大的问题就是职责与责任不明确。

《企业破产法》实施后，府院联动发挥的作用大小，只有具体办案人员才有体会。基层法院办理房地产企业破产案件的可能是一般法官，但是遇到的需要行政机关解决的难题估计所在地政府主要负责人都难以协调，因为很多城市所在的区级行政审批权几乎都收归到了市直各部门，在这种情况下基层的府院联动根本不起作用，更不要说解决问题了，如果烂尾项目所在区主要领导作为清算组长，情况就会根本不同。笔者团队办理的沧州市新华区三里家园项目，由区长担任清算组长，2021 年 9 月起建立了日调度、周报告制度，畅通了党委、政府与各方利益群体的沟通渠道，达成了对解决房地遗留问题的高度共识，为解决遗留问题提供了有力的组织和制度保障。

2020 年，珠海市颁布了《珠海市"烂尾楼"整治处理办法》，明确由自然资源行政主管部门负责烂尾项目处置的政策研究和项目落实监督指导，协调解决项目推进工作中涉及市级部门审查审批监管事项，市区各相关职能部门分工负责具体工作。根据现行规划、建筑安全、生态红线和市场需求，采取项目续建或者拆除重建以及政府收回等方式处理，烂尾项目债权债务采取重整、和解、破产清算方式依法清理。针对房地产企业的特点，凡是存在停工在建或手续不全的，拆迁户、购房户等债权人众多，债台高筑情形的烂尾项目，由中介机构担任管理人则无法实现寻找投资、项目复建、化解信访矛盾等工作任务，明确应当参照政策性破产模式由政府各部门组成清算组担任管理人，清算组各成员单位各司其职选派人员，协调和解决烂尾项目复建中遇到的问题。

通过上述分析，结合我们的执业经验，笔者认为，府院联动的主要职能是协调和决策，但从协调和决策到最后产生实际效果，仍然存在"最后一公里"，而清算组担任管理人恰恰填补了这个空白，成为最有效率和最有执行力的强力执行者，使府院联动机制从"虚"到"实"，或者说，清算组担任管理人是府院联动机制的具象化，是府院联动机制的具体表现形式之一。

第三节　清算组管理人内部责任划分

本章第一节已经提到，清算组是由政府有关部门、机构以及社会中介机构作为成员组成，虽然对外作为管理人是一个整体，但内部成员的来源松散且复杂，如果各成员之间责任不清，工作中可能存在扯皮推诿，不能形成合力，影响管理人的正常履职。

一、清算组管理人应明确内部各成员的职责范围

虽然清算组管理人内部各成员的权力边界比较明确，但在实践中，政府、法院包括加入到清算组中的中介机构都会有模糊认识，清算组中的中介机构

可能认为项目由区长担任组长，所有事情都应请领导定夺。在笔者团队加入三里家园清算组管理人时，原清算组内部就没有任何职责划分。清算组管理人中的中介机构成员应当负责债权审查、制作重整计划草案、调查债务人财产状况等专业领域，清算组管理人中的政府部门成员负责处理破产案件衍生的大量社会问题以及有关涉行政权事务。为了更清楚地理顺这个问题，笔者从《企业破产法》规定的管理人的职责以及破产程序参与主体展开论述。首先，《企业破产法》第二十五条明确规定管理人履行下列职责，"接管债务人的财产、印章和账簿、文书等资料；调查债务人财产状况，制作财产状况报告；决定债务人的内部管理事务；决定债务人的日常开支和其他必要开支；在第一次债权人会议召开之前，决定继续或者停止债务人的营业；管理和处分债务人的财产；代表债务人参加诉讼、仲裁或者其他法律程序；提议召开债权人会议；人民法院认为管理人应当履行的其他职责"。其次，从破产程序参与主体来看，主要有法院、破产管理人、债权人和债务人，《企业破产法》作为特别法，规定了四类参与主体，并没有明文规定政府各部门的职责，虽然一直倡导修改《企业破产法》时加入政府的责任，但截至目前，政府根本不是《企业破产法》上的参与主体。最后，《企业破产法》本身就规定了两种类型管理人，换言之，在单独指定中介机构独立担任管理人的情况下，这些职责是由指定的中介机构来独立完成的，清算组管理人中增加了政府各相关部门委派的工作人员，显然不是来代替中介机构履行《企业破产法》第二十五条规定的管理人职责。

另，《企业破产法》在规定清算组担任管理人制度的同时，《破产案件确定管理人报酬的规定》第十五条规定，"清算组中有关政府部门派出的工作人员参与工作的不收取报酬。其他机构或人员的报酬根据履行职责的情况确定"。也就是说，司法解释明确规定政府各部门委派到清算组的工作人员不收取报酬。从该规定来看，最高人民法院显然认为政府各部门委派到清算组的人员履行的是行政职责，当然不应该收取报酬。

很多烂尾项目也会涉及相关政府部门债权人，房地产企业进入破产程序后，部分承担行政管理职能的部门可能同时是债权人，各部门债权类别和性质情形复杂，部分债权性质和优先性没有法律依据，在相关部门委派主要负责人员担任清算组成员的情形下，行政权力介入债权审查的倾向性就会出现。

为预防债权审查出现行政权对司法权的干涉，也避免清算组内部责任不清，法院指定清算组担任管理人的，应当要求清算组提交明确的成员内部分工。

二、清算组管理人应明确履职不当造成损害的赔偿责任主体

《企业破产法》第一百三十条规定，"管理人未依照本法规定勤勉尽责，忠实执行职务的，人民法院可以依法处以罚款；给债权人、债务人或者第三人造成损失的，依法承担赔偿责任"。《企业破产法》第十一章对所有的参与主体都规定了法律责任，对导致原企业破产的高管、债务人、债务人的相关人员以及管理人都有相应的处罚或赔偿责任。对指定中介机构独立担任管理人的，对管理人履职不当在破产程序中给债权人、债务人或者第三人造成损失的，因管理人履职给债权人造成损失承担的是民事赔偿责任，债权人直接起诉法院指定担任管理人的中介机构即可。在清算组管理人模式下，清算组其实就是个临时组织，各相关部门委派人员是负责行政协调事务和处理维护稳定等破产衍生的社会问题，其不当履职承担的应当是行政法上的相关责任。清算组管理人出现履职不当承担赔偿责任的，显然不能由政府委派到清算组管理人的工作人员承担，更不能涉及其委派的各政府相关机构。债权人仍应当直接起诉清算组中的中介机构，要求其承担损害赔偿责任。在有两家中介机构的情况下，损害行为非常明确是其中一家机构实施的，可以起诉一家，分不清责任主体的都列为被告承担连带责任，如果两家中介机构之间有内部职责划分的，在共同向债权人赔偿损失后再互相按约定进行追偿。

三、清算组管理人内部分工或职责划分应当向法院备案或公示

笔者团队曾作为政府顾问对某破产项目清算组内部分工文件进行把关。法院选任的担任管理人的律师所提交的管理人与债务人印章使用、管理人报销、管理人内部决策系列制度等都缺少明确分工，责任不清，管理人发文和用印都需要提交政府委派担任清算组成员的多名区领导签字，最后导致管理人内部程序烦琐冗杂无法运转，更有甚者，在管理人报销制度中出现直接让行政领导越俎代庖行使司法权的情形。管理人内部报销制度居然规定：管理人执行职务费用，日常工作费用，留守人员、聘用人员、律师工作团队人员的工资及补贴等费用的支出由经办人报管理人副组长等委派到清算组中的相关领导签字后报销入账。发生上述费用之外的费用以及借支共益债等，须报

经管理人组长同意，必要时提交管理人会议决定。该规定中的律师工作团队费用及补贴，《企业破产法》规定属于管理人报酬范畴，河北省高级人民法院印发的《破产案件审理规程》第三十五条也规定，管理人经人民法院许可，聘请本专业的其他社会中介机构或人员协助履行职责的，所需费用从管理人报酬中支付；聘用企业经营管理人员或聘请非本专业的其他社会中介机构或人员处理重大诉讼、仲裁、执行、审计等专业性较强的工作，经债权人会议同意，上述费用可以列入破产费用。律师工作团队人员工资属于管理人报酬中应当列支的项目，管理人报酬支付应依据2007年《破产案件确定管理人报酬的规定》执行，由审理破产案件的人民法院确定或依据法院批准的重整计划执行，根本就不应当出现在管理人内部报销制度中。依据《破产法司法解释三》第二条为继续营业借款产生的共益债应当提交债权人会议表决，或在第一次债权人会议前经人民法院批准，其他共益债也应当符合《企业破产法》第四十二条规定的几种情形才可以作为费用列支，以清算组管理人内部文件的形式来规范管理人报酬的支出以及借支共益债，严重混淆了行政权与司法权的边界。

很多行政领导并不太清楚清算组管理人履职的深度和广度，如有些事项签字权等，委派到清算组的行政领导根本分不清哪些该签字哪些不该签，有些清算组中的中介机构会一股脑地把所有的单据都交给领导签字。笔者认为，对于破产程序中发生的破产费用，担任清算组组长或副组长的政府委派人员签字报销把关确有必要，但需要明确哪些是破产费用，应严格按照《企业破产法》以及各法院出台的破产案件办理规程或指引等执行。但对于重整计划通过之前企业开展的营业事务，需要拨付工程款或材料款的，由具体经办人、企业留守负责人员以及法院指定的破产项目负责人签字即可，作为行政机关委派人员本质上还是应当履行行政职责，不适宜直接参与破产企业具体营业事务中，但申请的国家保交楼资金有特别要求的除外。

笔者团队加入三里家园清算组管理人后，第一时间就整理了一份管理人内部分工以及职责划分制度，并向法院备案。在以后参与的多个清算组担任管理人的破产案件中一直沿用，最基本的内容是明确了损害赔偿责任主体等。（详见附录一：清算组管理人内部分工及职责划分）

第四节　房地产企业申请破产重整的主体及法院立案的具体要求

《企业破产法》对申请破产重整的条件及主体有明确规定，根据申请主体的不同可以分为由债务人申请及债权人申请，不同申请主体提交的资料、审查的标准并不相同。

一、债权人申请破产重整

依据《企业破产法》第七条的规定，债务人不能清偿到期债务，债权人可以向人民法院提出对债务人进行重整或破产清算的申请。对于债权人向法院申请重整的条件较为宽松，即只要债务人不能清偿到期债务，债权人就可以向法院提出申请。至于债务人实质上是否具备破产条件，法院根据债务人提供的证据予以审查。《企业破产法》之所以没有要求债权人提交企业资不抵债或丧失清偿能力的具体证据，主要考虑债权人通常无法对债务人的资产状况、债务情况全面了解，如果设置的条件过于严苛，实践中将缺乏操作性。对于债权人来说，只要持有债务人不能清偿到期债务的证据就可以向法院申请启动破产重整程序，但为了提高破产重整受理的成功率，债权人应当尽可能地去了解债务人的资产状况以便判断债务人是否已具备破产条件。债权人申请对债务人破产重整需要提供以下证据：一是证明对债务人享有债权；二是债权已届清偿期；三是债务人不能清偿到期债务。在实践中，债权人作为申请人要证明对债务人享有到期债权，一般需要向法院提交裁判其债权的生效法律文书，如果只提供合同、借据或其他证据的，法院可能会认为双方的债权债务存在争议而不予受理。即使没有法院生效法律文书，至少也应提供债务人签章的债务确认函、双方关于债务的对账单等。关于债务人不能清偿到期债务的证据，可以向法院提供债权人作为申请执行人、债务人作为被执行人的终本裁定，终本原因为债务人无财产可供执行或财产无法变现等。为了进一步证明债务人不能清偿到期债务，可以通过执行信息公开网及中国裁判文书网查询债务人作为被执行人的其他终本案件，一同作为证据提交给受理法院以增强说服力。

债权人申请重整时需要向法院提交：破产重整申请书、债务人工商基本信息、证明债权成立的证据（生效判决书、调解书）、证明债务人具备破产条件的证据（债务人不能清偿到期债务的终本裁定书）、申请人身份证明等材料。申请人为自然人的，应当提交申请人的身份证复印件；申请人为法人的，应当提供申请人的营业执照复印件、法定代表人身份证明、法定代表人身份证复印件及授权委托书。

债权人申请破产清算时提交的资料与申请破产重整时基本一致，但申请书的内容有所不同。在申请破产清算时，事实与理由部分陈述企业具备破产条件的事实即可，但在申请破产重整时，除表述具备破产条件外，还需要进一步论证债权人认为破产企业具有重整价值的理由，对于房地产企业而言，一般围绕现有项目的开发潜力及市场前景、现有资产的增值及重整后的社会效果等方面进行识别和判断。

二、债务人申请破产重整

随着近年来房地产企业破产案件的增多，通过重整程序来挽救企业的方式被逐渐认可，债务人申请破产重整的情形也日益增多。但为了防止企业通过破产程序来"逃废债"，法院对债务人申请破产重整的审查较债权人更严格，要求提交的资料更多。

债务人申请破产重整有两种方式，一是依据《企业破产法》第七条，在具备破产条件时直接向人民法院提出重整的申请。二是在债权人申请债务人破产清算，法院受理但未宣告破产前，依据《企业破产法》第七十条向人民法院提出重整申请。后者，申请主体还包括出资额占债务人注册资本十分之一以上的出资人。

债务人在提出申请时需要提交证明其已经具备破产条件的证据，即丧失清偿能力或财务上已经资不抵债的证据，还需要提供申请破产重整已经过公司内部决策程序的证据。依据《公司法》的规定，对有限责任公司合并、分立、解散、清算作出决议的机构为股东会，因此债务人申请破产重整的应当经过股东会决议。《企业破产法》第八条规定，债务人提出申请的，还应当向人民法院提交财产状况说明、债务清册、债权清册、有关财务会计报告、职工安置预案及职工工资的支付和社会保险费用的缴纳情况。法院通常要求债务人提供审计报告以便了解债务人的资产及负债情况，以判断债务人能否清偿到期债务或已经资不抵债。如果债务人确实无法提供的，可以提供自制的财务报表、详细的财产情况说明及资产明细。在财产状况说明后面最好附上房屋销控表,可以反映出楼盘的出售、网签情况。债务人最好能将涉诉案件、执行案件整理明细一并提交给受理法院,以便承办法官对债务人的负债情况有更好地了解。

除上述资料外,债务人还应当向法院提交重整可行性分析报告,尤其是债权人提出破产清算申请后,债务人应当证明其具有重整价值,进入重整程序更有利于资产的保值增值、有利于保护有开发前景的企业、有利于债权人获得更多清偿。房地产企业一般都有土地、在建房屋等重要资产,具有较大的开发价值,在重整可行性方面比较容易得到法院及政府的认可。

债务人申请破产重整应当向法院提供:(1)债务人破产重整申请书;(2)企业主体资格证明文件(营业执照复印件、法定代表人身份证明及身份证复印件);(3)授权委托书及受托人身份证明文件(法定代表人提交的则不需要);(4)法定代表人及主要负责人名单;(5)职工工资及缴纳社保情况、职工安置方案;(6)审计报告或公司财产情况说明、固定资产明细表;(7)公司开设银行账户明细;(8)公司债权债务明细表及说明;(9)同意破产重整的股东会决议等材料。

债务人申请破产清算需提交的资料与上述清单一致,对应的第(1)项为破产清算申请书,第(9)项为同意破产清算的股东会决议。申请破产清算相对更简单,无须进行重整可行性分析,但在实践中很少会直接对房地产企业进行破产清算。先申请破产清算再转入破产重整程序也是为了给复杂疑难破产案件争取较为灵活的时间,避免在规定期限内不能提交重整计划草案而导致重整失败,但要注意与法院、政府间的协调,需要在法院作出破产宣告前转入重整程序。

三、债务人申请预重整

法院对受理房地产企业破产重整案件都担心在法定的六个月内(特殊延长三个月)无法重整成功,受营商环境考核等因素的影响,一般都要求先进行预重整,由债务人先向法院进行预重整备案,债务人向法院申请预重整应当提交预重整申请书、企业主体资格证明文件(营业执照复印件、法定代表人身份证明及身份证复印件)、授权委托书及受托人身份证明文件(法定代表人提交的则不需要)、法定代表人及主要负责人名单、职工工资及缴纳社保情况、职工安置方案、审计报告或公司财产情况说明、固定资产明细表、公司开设银行账户明细、公司债权债务明细表及说明、同意破产重整的股东会决议、选任临时管理人报告、临时管理人推荐信（债务人及债权人推荐）等材料。

四、新修订的《公司法》施行后对于债务人申请破产重整的影响

2023年12月29日公布的《公司法》已于2024年7月1日生效，本次修订中增加了关于职工权益保障的内容。其中，第十七条第三款规定，"公司研究决定改制、解散、申请破产以及经营方面的重大问题、制定重要的规章制度时，应当听取公司工会的意见，并通过职工代表大会或者其他形式听取职工的意见和建议"。《公司法》修订之前，债务人一般只需要向法院提供同意进入破产程序的股东会决议以证明申请破产已经过公司内部决策程序。《公司法》修订之后，公司作为债务人申请破产就应当听取工会及职工的意见。法院在审查受理破产重整申请时可能会将听取工会及职工意见作为债务人申请破产前的必经程序。虽然修订后的《公司法》用的是"听取意见"而非取得工会或职工的同意，但在目前充分保障职工权益的大环境下，如果职工不同意进入破产重整时，政府可能出于维稳而不支持公司进入破产程序，法院也因此而迟迟不受理债务人的申请。在房地产企业破产受理中应当不存在上述障碍，因房地产企业不属于劳动密集型企业，一般职工较少，尤其是对于停滞多年的烂尾项目，职工大部分已经离职，留守很少职工，工资早已经停发多年，其对于烂尾项目进入破产程序基本不会反对。

第五节　对"难办证"和"难交付"项目的总结与思考

一、土地成本上涨导致重整开发成本超过开盘销售价，进而导致"难办证"

2008年，河北省提出"三年大变样"战略规划，很多房地产项目都没有经过招拍挂程序获取土地使用权，政府因缺乏人力、物力和财力进行土地收储，遂鼓励企业参与一二级联动，门槛设置不高，很多实力不强的小企业与城中村签订拆迁安置补偿协议后就开始拆迁，边建边卖边办土地证。2010年左右，河北省沧州市开始启动拆迁的项目，很多小区当年售价均在每平方米

4000 元至 5000 元左右甚至更低，项目启动时的地价每亩均价在 90 万元至 120 万元左右。由于土地成本一直上升，很多项目建好后购房户已入住多年，土地使用权仍然由于多种原因没有挂牌出让，有的虽挂牌出让，但开发商不参与竞拍或已没有能力参与竞拍。截至 2022 年左右，土地成本大多上涨到每亩 450 万元至 550 万元，至少上涨了 3 倍，楼面价已达每平方米 3800 元（容积率按 2.0 计算），配套费也从几百元每平方米上涨到上千元每平方米，建安成本即使按照每平方米 1500 元这一较低的数额来计算，由于长期停工造成的质量问题需要大量返工修复，建安成本大多超过了每平方米 2000 元，地价款和建安成本的总和已经远超出当年的卖价。有的项目因中间烂尾迟迟不能交房而产生违约金、民间借贷高额利息以及政府相关部门行政处罚产生的巨额罚款及滞纳金等，且很多项目开发商还存在挤占、挪用房屋销售款的情况，在这种情况下，开发商已经完全没有能力也无意愿参与土地竞买并补办土地证。手续不全的烂尾项目还不符合使用国家出台的保交楼政策资金。在土地成本持续上涨、开发商完全躺平的情况下，因房屋无法交付导致购房户通过信访方式维权。每个区域只要有两三个停滞的烂尾项目，购房户此起彼伏的涉众性上访或信访，不仅严重影响区域的稳定和经济平稳发展，而且常年不能解决又被省级政府巡视或中央信访督导等列为限期整改项目，到期整改不到位还有相关的责任追究机制。解决烂尾项目成了基层政府社会治理能力的重要考验，问题项目较多、涉众信访频繁的区县，党委、政府"保民生、保交付"工作压力巨大。

二、"难交付"项目存在的"问题"难以摸清

在项目烂尾后，房地产企业不能向购房户交付房屋，肯定存在大量异常经营问题。笔者把"难交付"项目存在的问题大致进行了一下分类，第一类与信用信息相关，如失信被执行人、经营异常名单、执行程序中冻结查封详细信息等。第二类与资产相关，可售房屋、已售房屋以及抵押资产的具体情况关联等。第三类与负债的具体情况、欠税以及欠付的工程款等具体数额有关。第一类问题可以从有关机关进行查询，数据也相当准确，查清此类问题没有障碍。关键是第二类和第三类问题，即资产和负债的具体情况。笔者团队在 2020 年出版的《房地产企业破产重整操作指引》一书第一编第一章烂尾项目存在的普遍问题以及行政权治理"烂尾"的局限性中已经提过，许多具体问题的查明都需要调取企业账目，企业是否配合以及配合的程度决定了查明问题的深度和广度。从实践经验来看，"难交付"项目的资产和负债从企业的常规审计中几乎无从判断，如果企业能把所有账外账全部交出审计，也无法作出正确判断。比如，大量的以房抵债，房地产企业都按销售处理，财务基本按预收房款或营业收入记账，从账面来看所有房产都已售罄。还有很多房地产企业为了避税，销售收入都在体外循环。在没有进入破产程序前，所有存在烂尾项目的房地产企业都不承认自己已经资不抵债，对于负债全都讳莫如深或轻描淡写，已经起诉的负债可以通过中国裁判文书网查询，未起诉且账簿也未做记载的基本查不清。几乎所有负债都有争议，债权人认为的欠款数额和房地产企业承认的数额都有较大差异，不进入破产程序资产和负债基本摸不清。如果单纯依靠行政权的介入和审计，想准确掌握存在的问题就更难了。

三、对非破产程序中与"难交付"项目有关的刑事追责启动难

2024 年 4 月 30 日，国务院新闻办公室举行的国务院政策例行吹风会上，住房城乡建设部就如何做好下一步工作，强调法治化就是推动资不抵债的项目进入司法处置程序，该破产的破产，该重组的重组。处置中要把维护购房人合法权益摆到首要位置。在这个过程中，要坚决依法查处各类违法违规行为，不让违法违规者"金蝉脱壳"，不让损害群众利益的行为蒙混过关。

在破产程序中，管理人可以全面接管审计账目，发现犯罪线索依法应当向公安机关移送，但是对于没有进入破产程序的难交付项目，启动刑事追究非常难。在实践中，房地产企业存在各种情形的挪用或侵占购房销售款的情况，挪用资金和职务侵占犯罪属于典型的企业内部犯罪，具体经手的内部人员都不会主动提交犯罪事实和线索。在"难交付"的房地产开发项目中，购房户把购房款打入房地产企业的实际控制人或财务人员的个人银行卡中成了司空见惯的做法，大量购房款都没有打入房地产企业的资金监管账户或公司账户，数亿的资金进入体外循环，有的开发商还有内账，有的连内账都没有。在不进入破产程序的情况下，房地产企业也不会主动配合相关部门审计，在房地产企业不交账不配合审计的情况下，发现犯罪线索很难。众所周知，刑事案件启动追查机制要依靠报案，报案线索基本要达到刑事立案标准，而要提供达到刑事立案标准的问题线索必须从账簿上下手，并且需要在深入查账

的情况下才能发现，在相关责任人尚未被刑事立案侦查的情况下，公安机关并没有权力对一个企业的账目进行深度审计，所以就会出现没有深度审计就找不出犯罪线索，没有犯罪线索就不可能立案，不立案就没有相关机关可以随意调取企业账目进行审计的怪圈。

有些开发项目多年烂尾不能交付房屋，虽然看起来民愤很大，但购房户更多的就是质疑政府如何进行监管，很难主动作为报案主体要求公安机关立案，因刑事控告是一个复杂且充满挑战的过程，控告人往往会考虑多种因素不愿意到公安机关做报案笔录，没有报案主体也是启动刑事追责的难点，使得职务侵占刑事犯罪被控告的概率大幅降低。

四、房地产项目推动破产立案难

据不完全统计，2020—2023年全国房地产企业破产重整数量分别为408家、343家、308家、233家，呈逐年递减之势，2023年全国法院受理的房地产企业破产案件数量与2020年相比基本减少了接近一半，破产案件受理数量大幅降低可能与2022年下半年中央提出的全国范围内开展的保交楼专项贷款有关，全国范围内大量停滞烂尾项目都获得了保交楼专项贷款，基本依靠贷款进行了复工复产，很多项目已经完成了保交房目标。但是，截至目前，存在保交楼专项贷资金已经全部投入使用建设仍没有完成交房任务的项目，若在近一年时间内经营情况持续恶化，仍面临不能交付房屋的巨大风险。住房城乡建设部强调对穷尽手段仍然无法交房的，该走司法途径的要走司法途径，在司法处置中同样要把保护好购房人合法权益摆在首要位置。对需要进行司法处置的项目，地方人民法院将及时受理相关案件，提高司法处置效率。从目前来看，房地产项目推动破产重整立案受理机制还是不够畅通。

第二编

房地产特有债权的争议与保护

　　本编主要依据《企业破产法》及相关司法解释，以笔者团队办理的房地产企业重整案为例，结合各地法院关于房地产企业特有债权衍生诉讼判例，对房地产企业破产中的特有债权进行梳理和法理阐述。《企业破产法》第一百一十三条对破产财产的清偿顺位给予了明确排序，即有财产担保债权、破产费用、共益债务、职工债权、税款债权、普通债权，但房地产企业破产债权种类远超上述列举范围，如拆迁（征收）补偿权、消费性购房债权、建设工程债权、抵账房债权等特有的债权，其清偿顺位如何进行排序，至今尚无法律和司法解释予以明确，由此导致债权人清偿权益的此消彼长，引发各种利益冲突。以笔者团队在河北省沧州市办理的四起房地产企业重整案为例，通过对重整计划中拆迁（征收）补偿权的取回、消费性购房优先权的请求权范围、烂尾项目续建费用分担、借入共益债务的分担性清偿等问题的梳理解析，为解决当前白名单之外的房地产企业保交楼工作的一些热点难点问题，提出了法理解读和实操方案。

第四章
破产程序中共益债务认定及清偿

第一节　共益债务的范围认定及其清偿方式

一、共益债务范围及清偿方式的法律规定与理论模型

《企业破产法》第四十二条规定，"人民法院受理破产申请后发生的下列债务，为共益债务：（一）因管理人或者债务人请求对方当事人履行双方均未履行完毕的合同所产生的债务；（二）债务人财产受无因管理所产生的债务；（三）因债务人不当得利所产生的债务；（四）为债务人继续营业而应支付的劳动报酬和社会保险费用以及由此产生的其他债务；（五）管理人或者相关人员执行职务致人损害所产生的债务；（六）债务人财产致人损害所产生的债务"。第四十三条第一款规定："破产费用和共益债务由债务人财产随时清偿。"

根据上述规定，可以描画共益债务的理论模型，即共益债务具有以下特点。

（一）共益债务发生于破产程序开始后

这是法律明确规定的时间要件，即以法院受理破产申请为起点而产生的债务，该标准是否具有绝对性，目前尚有争议，后文将单独讨论，在此不做赘述。

（二）共益债务系为债权人的共同利益而产生

为债权人共同利益而负债是共益债务的实质要件。若债务虽然发生在破

产程序开始之后，但并非为债权人的共同利益而仅为个别债权人的利益时，不能作为共益债务。

（三）共益债务由破产财产随时清偿

"随时"意味着该清偿行为独立于重整计划、和解协议、破产财产分配方案，可以"随时""优先"地清偿，这是共益债务的清偿要件。

从共益债务的上述法律规定和理论模型来看，共益债务的范围和清偿方式比较明确，而且《破产法司法解释二》对《企业破产法》第四十二条进行了细化和补充。其中，第四条关于因分割共有财产导致其他共有人损害产生的债务可以作为共益债务是对《企业破产法》第四十二条第六项的细化；第三十条、第三十一条、第三十三条是对《企业破产法》第四十二条第五项的细化；第十一条关于因撤销以明显不合理价格进行的交易后债务人应返还受让人的价款可以作为共益债务清偿，是对《企业破产法》第四十二条的补充，《企业破产法》对破产撤销权的后果未作出规定，司法解释根据民法撤销权的基本原理，对破产撤销权的后果作出了解释；第三十六条、第三十七条、第三十八条既是对《企业破产法》第十八条破产解除权中所有权保留合同的解除后果的细化，也是对《企业破产法》第四十二条共益债务范围的补充。同时，第三十三条还对管理人或者相关人员在执行职务过程中致人损害产生的共益债务的"随时"清偿，进行了细化规定。

《破产法司法解释三》第二条第一款规定，"破产申请受理后，经债权人会议决议通过，或者第一次债权人会议召开前经人民法院许可，管理人或者自行管理的债务人可以为债务人继续营业而借款。提供借款的债权人主张参照企业破产法第四十二条第四项的规定优先于普通破产债权清偿的，人民法院应予支持，但其主张优先于此前已就债务人特定财产享有担保的债权清偿的，人民法院不予支持"。该条款是对《企业破产法》第四十二条第四项的细化，要理解这一点，可以从《企业破产法》第四十二条第四项规定的几个关键词入手，该项规定"为债务人继续营业而应支付的劳动报酬和社会保险费用以及由此产生的其他债务"，关键词就是"为债务人的继续营业""由此产生的其他债务"。"由此"的"此"指向的是"为债务人的继续营业"，即在破产申请受理后，为了债权人的共同利益而继续营业产生的债务。具体而言，其中之一就是借款——既符合共益债务的构成要件，也符合《企业破产法》

第四十二条第四项的文义。

该司法解释的出台，进一步明确了破产申请受理后，为债权人共同利益继续营业而借款的属性，为房地产企业重整融资提供了法律保障，打消了投资人的疑虑。目前，最常见的是，房地产企业进入破产程序后，债务人或破产管理人为了维持项目持续经营或续建，依据《企业破产法》第四十二条第四项和《破产法司法解释三》第二条的规定向投资人借款，借入流动资金恢复项目建设，续建完成并变现后，以共益债务属性用货币或其他方式优先清偿投资人本息，这种投资方式，业界俗称共益债投资，房地产企业重整中已经形成了典型的共益债续建模式。

二、实务中共益债务认定及清偿方式的争议

尽管共益债务在法律规定层面和理论层面清晰且明确，但现实生活纷繁复杂，新情况、新问题层出不穷，实务界对共益债务在司法实务中的认识仍存在争议。从程序特点来看，因《企业破产法》包括重整、和解、清算三个子程序，三个子程序中均可产生共益债务，但是共益债务在这三个子程序中又存在一定的区别，和解程序在司法实践当中案例较少暂不讨论，清算程序从法院受理至清算终结始终由管理人履行职责，一般情况下发生的共益债务认定争议也不大，但在重整程序中共益债务的情形就比较复杂。同时，因破产企业所属行业性质、经营状况、重整方案的差异，共益债务的清偿方式也存在诸多争议。

（一）预重整中共益债务认定

如前所述，共益债务时间要件就是发生于破产程序开始后，在法律规定层面，发生在受理破产日之前的债务不能作为共益债务。目前，全国法院都在推动预重整程序，因预重整属于法院正式受理破产重整的庭外程序，那么为债权人共同利益而产生的借款是否可以认定为共益债务，实践中存在争议。目前，从相关法院的裁判来看，国内对预重整阶段为生产经营而产生的债务作为共益债务基本持肯定态度。

参考案例：浙江省余姚市人民法院（2021）浙0281破30号　余姚××投资有限公司破产程序案〔1〕

【基本案情】

××投资有限公司（以下简称××公司或债务人）成立于2014年2月20日，注册资本为10 000万元，主要从事房地产开发业务。债务人开发的余姚某一期项目（以下简称某项目）占地面积14.73公顷，规划建筑面积20.95万平方米。项目涵盖工业与商业用地，由五大地块构成，其中，工业1号、工业2号和商业2号地块（合称"已动工地块"）已动工建设，主体架构已基本完工，且已对外销售；商业1号和商业3号地块（合称"未动工地块"）尚未动工开发，尚未对外销售。因项目开发资金周转困难，某项目自2016年底全面停工，在停工前某项目已对外预售，涉及购房人140余户，涉及债权金额5.3亿元。

2020年12月9日，余姚市人民法院立案庭立案审查发现××公司在该院涉诉案件较多，深陷债务困境，明显缺乏清偿能力，在征得部分购房人同意下，决定对××公司启动诉讼程序转破产程序。余姚市人民法院于2021年1月11日作出（2020）浙0281破申72号裁定书，受理××公司预重整申请。

【裁判理由】

2021年1月7日，债权人提出对××公司进行预重整的申请。余姚市人民法院经审查认为，××公司的主要资产系某项目土地使用权和在建工程，某项目尚未竣工且已处于停工状态，其明显缺乏清偿能力，已引起众多购房业主和施工单位诉讼维权，涉及区域社会稳定。鉴于××公司仍具有重整价值、重整可行性，余姚市政府也已专门成立××公司清算组以推动、帮扶××公司预重整工作。余姚市人民法院于2021年1月11日作出（2020）浙0281破申72号裁定书，受理××公司预重整申请。在余姚市人民法院的监督、指导下，管理人积极推进预重整相关工作，包括债权申报与审查、购房人信息登记与梳理、财产状况调查、资产审计与评估、在建工程质量检测鉴定、与债权人及投资

---

〔1〕《余姚××投资有限公司破产程序案》，载 https://rmfyalk. court. gov. cn/dist/view/content. html? id = k4fu2IurrAdsOwlXPQWfy8wzm4G2k5niqAVdEsGL4tQ% 253D&lib = ck&qw = % E4% BD% 99% E5% A7%9A，最后访问日期：2024年11月15日。

人沟通谈判、预重整计划论证与制定、债权人会议组织召开等。2021 年 11 月 26 日，××公司向余姚市人民法院提出申请，称××公司预重整债权人会议按照债权分类对《××公司预重整计划草案》进行了分组表决，各债权人表决组以及出资人组均高票表决通过了预重整计划，××公司已具备重整条件，请求法院受理××公司的破产重整申请。余姚市人民法院经审查于 2021 年 11 月 29 日裁定受理了××公司的破产重整申请。

根据预重整计划的规定，在重整计划草案未做实质性修改的情况下，投票同意的债权人和出资人对预重整计划的表决效力延续至破产重整程序，无须重复投票。除对债权数据进行相应更新外，××公司管理人依据预重整计划制定了重整计划草案。经管理人申请，余姚市人民法院于 2022 年 1 月 17 日作出裁定，批准××公司重整计划，终止××公司重整程序。××公司重整计划核心内容如下：××公司开发的某项目将由投资人提供 2 亿元共益债务借款以完成续建和销售，鉴于投资人具有相关产业背景，同时由其全面负责已动工地块的工程续建、工程管理和销售。重整投资人提供的续建资金属于共益债务，应优先清偿。鉴于该等共益债务有利于已动工地块在建工程的维护、保值和增值等因素，且在先的有财产担保债权人和建设工程价款优先权人已出具向投资人让渡债权优先性的承诺函，因此重整计划赋予该共益债务借款"超级优先性"。在某项目竣工验收后，将优先向 140 余户购房人交付房产。对于共益债务借款本息，将以项目销售回款优先清偿，销售回款不足清偿的，将以待售项目优先抵债给投资人。在共益债务清偿完毕后，以现金或以房抵债的方式清偿有财产担保债权和建设工程价款优先权；职工债权和税款债权，全额现金清偿；在清偿前述优先债权后，剩余部分将用于清偿普通债权，如剩余部分不足以清偿全部普通债权的，将按债权比例清偿。

【裁判要旨】

为提高重整效率和成功率，强化预重整与重整程序的衔接，在尊重债权人意思自治的原则下，应允许债权人对预重整计划的表决效力延续至重整程序，避免重复表决。

为推进"保交楼、稳民生"工作，在房地产企业破产案件中，可以通过共益债务融资等市场化的方式筹集资金开展烂尾项目续建，为保障共益债务借款资金安全，在在先的有财产担保债权人、建设工程价款优先权人同意，债权人会议表决通过的情况下，可以赋予共益债务借款"超级优先权"，即优先于有财产担保债权和建设工程价款受偿，并可以由具有相关产业背景的共益债务投资人一揽子负责某项目工程续建、工程管理和项目销售。

为保障购房人合法权益，维护社会稳定，在房地产企业破产案件中，对于不符合商品房消费者的真实购房人，管理人可以通过选择继续履行与购房人的商品房买卖合同，或者以交付房产作为清偿方式的措施，在项目续建完工后依法向购房人交房。

在上述案例中，因预重整各表决组同意投资人提供的 2 亿元借款作为共益债务且债权人同意其表决效力延续至重整程序，实际上将预重整程序中的表决、重整方案等内容完整"迁移"至重整程序，因此预重整程序中的借款变成了重整程序中的借款。所以，严格地讲，案涉借款已经不是该预重整程序中的借款，而是被"迁移"为重整程序中的借款，当然符合《破产法司法解释三》[1]第二条的规定。如果没有上述案例中的程序"迁移"，预重整程序中的借款应该如何认定呢？《九民会议纪要》第 115 条规定，"【庭外重组协议效力在重整程序中的延伸】继续完善庭外重组与庭内重整的衔接机制，降低制度性成本，提高破产制度效率。人民法院受理重整申请前，债务人和部分债权人已经达成的有关协议与重整程序中制作的重整计划草案内容一致的，有关债权人对该协议的同意视为对该重整计划草案表决的同意。但重整计划草案对协议内容进行了修改并对有关债权人有不利影响，或者与有关债权人重大利益相关的，受到影响的债权人有权按照企业破产法的规定对重整计划草案重新进行表决"。该条规定了庭外重组协议效力在重整程序中的延伸，但因庭外重组协议不适用多数决，因此该延伸的效力仅约束达成协议的"债务人和部分债权人"，仅产生部分"迁移"。因此，预重整程序中的借款能否作为共益债务仍需要在重整程序中由债权人会议决定，只是与债务人达成协议的部分债权人不再需要重复表决而已。如此，虽然借款发生在破产申请受理前，但经债权人会议决定后，则符合意思自治原则和《企业破产法》及司法解释的规定。

---

〔1〕 本书中案例发生在不同时段，为确保法律适用的准确性，书中所使用的司法解释为案件审理时有效的司法解释，为行文方便，以下不一一标注修改时间。

（二）重整计划执行阶段的共益债务认定

在实践中，如果重整计划正常执行完毕尚不会出现争议，但在重整失败时，争议较多。例如，重整方投入的生产经营资金、在重整计划执行阶段为生产经营对外欠付的债务应否作为共益债务以及如何清偿存在很大争议。笔者团队担任管理人的重整房地产企业的烂尾项目，目前尚没有因重整计划执行失败而转入破产清算的案例，但是出现了在重整计划延期阶段建设单位起诉重整企业欠付工程款的案例，即在重整计划执行阶段债务人与建设单位签订了施工合同，工程已经全部完工，尚欠 3000 多万元的工程款未支付，由此成诉。目前，在重整计划执行阶段为生产经营而对外欠付的债务是否为共益债务，《企业破产法》及相关司法解释没有明确规定，由此带来了实践中的争议和困惑。但是，问题已经出现，在没有明确规定的情况下，案件仍然需要处理，问题仍需解决，该问题需讨论的内容较多，笔者在下一节专门予以讨论。

（三）借入的共益债务难以"随时"清偿

虽然《企业破产法》明确规定共益债务由债务人财产随时清偿，但目前在房地产市场极度低迷的情况下，烂尾项目建成后仍然未能销售的情形普遍存在，通常烂尾项目后续续建资金动辄数亿，小楼盘也得几千万才能续建竣工验收。前期共益债务投入启动生产经营后，如果房地产项目本身不具备造血功能，后续所有建设资金都要依靠共益债务投资人或重整方的投入，烂尾项目面临再次停滞的风险就会加大。本章第三节举例的安居公司重整案件，该项目最大的特点就是债务人进入破产程序后所有资产存在变现难，该案件在重整计划通过后，对外销售房产回流资金不足 300 万元，但该债务人进入破产程序后借入的土地出让金款、办理土地证缴纳的税费以及后续商业楼的续建需投入资金约 1 亿元，重整后销售回流的现金对比整个项目投入而言实在是杯水车薪，任何一个理智的投资人在预见项目房产建成后也难以销售的情况下，都会考虑投资回收风险问题，那么破产案件通过市场化招募投资人的路径就很难行得通。所以，共益债务分担清偿方案就尤为重要，如安居公司的重整计划要提前作出安排作通购房户的工作，对购地成本及后续验收配套等费用交纳时间作出约定，在法院批准重整计划后购房户办证前或办理网签时要按重整计划补交相关款项，否则当前大环境下烂尾停滞项目的救赎就会走入死胡同，但是做通购房户的工作，让其在原来交纳购房款的基础上再补交一部分款项也是一项极其艰难复杂的工作，处理不好可能会成为新的信访引爆点。我们结合实操案例在本章第三节对此问题进行具体阐述。

第二节　重整计划执行阶段共益债务认定的法理逻辑

在法律规定不明确的情况下，我们应当根据立法目的、立法原则以及现有规定的体系解释提出一个解决方案。笔者认为，填补这一法律"漏洞"，应当遵循以下原则：

一、风险分担原则

商事交易存在商业风险，任何参与者作为"理性人"，理应对交易风险有充分认知，但这种认知的范围也应有一定的边界，其承担的风险应当限定在这个范围之内。对于破产受理前的债权人，其交易发生在债务人破产前，其对交易风险的承担范围也应限定在破产受理前。

二、意思自治原则

该原则是民法的基本原则，而民事诉讼是民事活动在诉讼程序中的延续，自然遵循意思自治原则。破产程序作为民事诉讼的特殊程序，当然也适用意思自治原则。特别是重整程序与和解程序充分体现了该原则。

三、最大利益原则

最大利益原则是《美国破产法》第11章规定的一项原则，我国《企业破产法》借鉴了这一原则，体现在《企业破产法》第八十七条第二款第三项规定，按照重整计划草案，普通债权所获得的清偿比例，不低于其在重整计划草案被提请批准时依照破产清算程序所能获得的清偿比例。"这一原则听起来好像是要实现债权人利益的最大化，其实却是名不副实的。因为其所谓的债权人'最大利益'，是在重整程序中能够获得清算价值，而这实实在在是债权人在破产程序中本来就应当能够实现的最低利益，也是法律保护的底线，如果连这一点利益都实现不了，重整计划对债权人来说就只剩下损害了，根本没有适用重整制度的必要，债权人真正的最大利益应当是其利益在重整程序中没有受到损害，即不受不利影响。所以，这一原则称为债权人最低利益保障原则，才能反映出其真实含义，才不会让债权人因看到原则的名称而产生美丽的、不切实际的幻想"。[1]

四、利益平衡原则

赵炳昊博士在《债务的世界——美国破产法史》译后记提到："当代世界各国破产法的立法理念和出发点早已不再是债权人的收账工具，而是以公平保障债务人和债权人的利益为价值取向。……正如美国联邦最高法院在 2008 年的一个判决中指出：'联邦破产法的第十一章就是要在债务人要求重组债务与债权人要求赔偿财产价值最大化之间寻求平衡。'"[2]重整计划的制定就是各方利益主体沟通、博弈、妥协的结果，在各方同意重整计划或符合法定批准条件的情况下，各方利益也达到了平衡。

根据以上原则，我们展开如下分析：

第一，一个破产企业在破产前，其正常交易的债权人仅能对该笔交易风险作出判断，在进入破产程序且重整计划批准后，债权人对重整计划规定的清偿率具有期待权，经法院批准的重整计划如同生效判决，债权人的实体权利（清偿额）已经锁定，只待进入执行程序。因此，债权人的商业风险预判义务应限定在破产受理前（至多延伸至重整计划批准之时），至于重整计划执行失败的风险不能由债务人破产前的债权人承担。在重整计划执行期间，债务人由非正常企业向正常企业过渡，可以称为"准正常企业"，如重整成功，在此期间的交易产生的利益归属于重整后的债务人，如果重整失败，风险转嫁给破产前的债权人，也有违权利义务对等原则。从《九民会议纪要》第113 条规定的重整计划执行期间的衍生诉讼管辖和诉讼代表人来看，重整计划执行期间的债务人也属于"准正常企业"。

第二，在重整计划讨论、表决过程中，如果债权人考虑为了使债务人快速获得众多经营业务合作客户以确保重整计划执行成功，而同意重整计划执行期间产生的债务可以作为共益债务，并在重整计划中予以规定，则属于债权人意思自治范畴，法院自当尊重债权人的选择，依法予以批准。否则，不能据此原则进行认定。

---

〔1〕 王欣新：《重整制度理论与实务新论》，载《法律适用》2012 年第 11 期。
〔2〕 ［美］小戴维·A. 斯基尔：《债务的世界——美国破产法史》，赵炳昊译，中国法制出版社2010 年版，第 177 页。

第三，正如王欣新教授所言，最大利益原则实际是债权人在破产程序中能够实现的最低利益，在债权人已经承担破产前的商业风险且仅能在破产程序中实现最低利益的情况下，如果重整失败，再让债权人承担重整失败的风险，再次消减"最低利益"，则有违最大利益原则和期待利益。

第四，重整计划的制定建立在清算分析的基础上，即在假定清算状态下分析清偿率，重整计划的通过和批准实际是重整各方利益主体的利益平衡，这是债务人基于清算分析的"第一次破产"。当重整失败时，债务人实际上进入了"第二次破产"。重整期间与债务人交易的债权人有义务知晓其交易对象处于重整期间并对有关风险进行预判。债务人两次破产相关联的债权人在风险预见、期待利益、知情权、债权分组、清偿顺位等方面均存在很大区别，应当区别对待。

第五，从现行法律和司法解释规定来看，关于共益债务的规定主要是《企业破产法》第四十二条、《破产法司法解释二》和《破产法司法解释三》第二条。这些条文形成一个基本体系，囊括共益债务的所有类型，结合本章第一节对共益债务特征的分析，要从共益债务的实质要件，即是否"共益"进行判断。

据此，结论如下：

经批准的重整计划规定计划执行阶段为生产经营对外欠付的债务作为共益债务的，根据意思自治原则，应当认定为共益债务，除此之外，不能认定为共益债务。但为保证重整计划执行成功，或保障债权人利益，可通过重整方提供担保、加强管理人的监督等方式处理。同时，如果重整失败，转入清算程序后，根据最大利益原则，"第一次破产"的债权人应当先于"第二次破产"的债权人清偿。另外，值得一提的是，重整阶段的借款与《破产法司法解释三》第二条规定的借款性质不同，前者是"准正常企业"的自主交易行为，后者是重整计划制定和批准之前向债务人"输血"且经过债权人会议决议通过或法院批准的行为，或者说两者的决策机关不同、所处程序环节不同、交易目的不同，因而其性质不同。

第三节 "分担式清偿"替代"随时"清偿
——以安居公司重整案共益债务问题的处理为例

前面已经提到,"随时"清偿共益债务在房地产企业重整实务中基本不具有可操作性,为了解决这个难题,我们在工作中根据当事人意思自治原则,尝试采取"分担式清偿"方法清偿共益债务,即先由共益债务出资人出资支付续建应付的费用,然后由债权人按照一定比例分担。从形式上看,好像债权人承担了共益债务而不是债务人,但实际上是因债务人缺少现金流而无法续建烂尾项目,共益债务出资人出资后项目得以续建成功,债务人财产得到增值,债务人财产中包含共益债务,分配时应当扣除该部分共益债务并向出资人清偿,债权人分担的共益债务无非是将项目建成后应当扣除的共益债务提前扣除并分担到每个债权人。

安居公司重整案在法院受理破产前开发销售的房产没有取得土地使用权,进入破产程序后管理人先引进共益债务,以借入的款项拍得土地,相当于找出资人先垫付土地出让金,在重整计划中再明确各组债权人按照各自应承担的比例分担清偿。下面以笔者作为管理人的一起案例作具体阐述。

一、安居公司重整案背景

安居公司开发的石山新天地项目(以下简称"石山新天地")是在河北省"三年大变样"时代背景下启动的。"石山新天地"位于河北省沧州市新华区,2010 年 5 月,由安居公司与中国化学第十三建设工程有限公司(以下简称十三化建公司)合作开发。2012 年,安居公司接手实施,2012 年底完成了十三化建公司 4.27 公顷用地的地上建筑物拆除工作,并于 2013 年初开工建设。上述建筑物所占用的土地使用权为十三化建公司所有,安居公司尚未取得土地使用权。因安居公司资金链断裂,导致部分工程烂尾,涉及购房户共 956 户,其中,住宅楼对外出售 514 套,商业楼对外出售 442 户,大部分住宅类购房户已经入住,商业楼、办公楼尚未建成。该项目因没有取得土地使用权无法办理产权登记,被列入河北省委巡视沧州"回头看"整改问题之一。

2022 年 2 月 22 日,沧州市新华区人民法院受理安居公司债权人提交的破产重整申请，指定安居公司清算组为破产管理人，项目正式进入破产重整程序。在破产重整程序中管理人通过引进共益债务的方式筹集资金，重新参与土地竞拍并补办了土地证，最终通过与债权人之间反复沟通和耐心讲解说服，让购房户债权人合理地分担了部分购地成本及达到竣工验收的配套费用，根据河北省自然资源厅《关于加快化解国有土地上已售城镇住宅不动产登记历史遗留问题的通知》的规定，通过房地产解疑程序补办了各项手续，2023 年 9 月底，解决了上千户购房户长达十年的"办证难"问题。

二、管理人开展的相关工作

(一) 安居公司清产核资的具体情况

1. 资产情况

安居公司自 2007 年成立以来，主要的经营业务为其开发的沧州市新华区永济路以南、长芦大道以西"石山新天地"。

"石山新天地"已共建设高层住宅楼 2 栋（5#、7#）、商业楼 2 栋（3#、4#）、办公楼 1 栋（3-1#）。5#住宅楼地下 1、2 层为储藏室，地上 1-2 层为底商，3-32 层为住宅，共计住宅 180 套，底商 4 套，储藏室 126 个，建筑面积 19 916.94 平方米；7#住宅楼地下 1、2 层为储藏室，地上 1-2 层部分为底商、部分为住宅，3-32 层为住宅，共计住宅 372 套，底商 10 套，储藏室 379 个，建筑面积 49 623.88 平方米；3#商业楼地下 1 层为设备用房，建筑面积为 11 554.47 平方米；4#商业楼地下 1 层现部分用作经商，部分为设备间，建筑面积为 27 784.19 平方米；3-1#办公楼地下 1 层为车库，建筑面积为 29 528.08 平方米。

截至破产受理日，5#住宅楼、7#住宅楼、4#商业楼已竣工并对外销售，3#商业楼、3-1#办公楼尚未竣工。上述建筑所占用的土地为十三化建公司所有，而安居公司尚未取得土地使用权。上述资产经评估，清算价值为 4 亿元左右。

2. 债权审查情况

(1) 非购房类债权的审查情况。确认债权总额为 593 194 844.34 元。其中，认定建筑工程优先权的数额为 54 219 088.50 元；确认购买住宅类诚意金优先权的数额为 2 180 296 元；确认税款债权的数额为 32 039 241.33 元；确认普通债权的数额为 504 756 218.46 元。另，认定的劣后债权 3 家，劣后债权总额为 2 218 120.30 元。

（2）购房类债权的审查情况。对于申报回迁安置债权的债权人，经管理人初步审查认定成立的共 1 家债权人，回迁安置面积为 29 528.08 平方米，为 3-1#办公楼，办公楼竣工评估价值为 160 518 765.97 元。

对于申报购买住宅商品房的债权人，认定消费性购房债权人 520 家，优先权（购房本金）的数额为 199 878 544.40 元，普通债权的数额为 29 678 357.50 元。其中，对于购买 5#及 7#住宅楼且其已付款比例不低于房款总额的 50% 的债权人，认定其房产可按破产重整申请被法院依法裁定受理时的现状予以保护，涉及房产 471 套，建筑面积为 51 871.04 平方米；对于购买 5#及 7#住宅楼且其已付款低于房款的 50% 且未交付的债权人，以及 6#和 8#住宅楼的所有债权人，认定需退还购房款，涉及的债权人有 52 家，认定的需退还购房本金共计 7 041 280 元，普通债权为 2 343 244.44 元；另有审查认定购买储藏室共计 372 个，认定收款金额为 13 488 176 元。暂缓认定的 23 家，不予认定的 5 家。对于申报购买 5#及 7#底商的债权人，房产已交付且已付款不低于房款的 50% 的债权人，认定其房产可按破产重整申请被法院依法裁定受理时的现状予以保护，涉及债权人 2 家，涉及房产 2 套，建筑面积为 314 平方米；不予确认的债权人有 9 家，涉及房产 11 套，建筑面积为 2662.75 平方米。

对于购买 4#商业楼商铺且已经交付的债权人，认定其房产可按破产重整申请被法院依法裁定受理时的现状予以保护，涉及债权共 263 家，涉及 5071.97 平方米，认定的购房款为 44 251 043.01 元，认定普通债权为 24 145 308.59 元；认定解除合同的债权共计 10 069 524.64 元，为普通债权。不予确认的 1 家。

安居公司已经严重资不抵债，普通债权清偿率经核算为 17% 左右。房产类债权人仅能按照破产时的现状予以保护，即没有土地使用权，不能办理不动产证书的状态。

（二）第一次债权人会议表决通过借入共益债务交纳土地出让金的决议事项

在很多烂尾重整项目中，因共益债务的借入会相应调整清偿顺序。由于各方当事人均最大化保全自己的利益，造成多方诉求难以协调平衡，推动重整的第一个障碍就是引入共益债务问题难以突破。要解决参与土地竞拍的资金问题，首先要明确管理人在进入破产程序中借入的补交土地出让金的款项是否可以列为共益债务。

2018 年 5 月，沧州市公共资产交易中心挂牌以拍卖的方式出让安居公司已经占用建设的 CTP-1810 号地块，安居公司在交纳保证金后没有参与竞拍，全部保证金被没收后再无力解决土地问题。在管理人接管安居公司后，要解决"办证难"必须先取得土地使用权。在第一次债权人会议前经梳理相关的资产和负债，安居公司已经严重资不抵债，公司账面已经没有任何可以支配的流动资金，竞拍土地的款项依据《企业破产法》只能通过引进共益债务的方式筹集资金。

2022 年 6 月 10 日，安居公司重整案第一次债权人会议召开，管理人制定了安居公司财产管理方案。因安居公司所开发的"石山新天地"尚未取得土地使用权，各类手续缺失。为快速推进重整程序，管理人拟根据项目需要，对外借款进行土地竞拍等事项，以完善"石山新天地"手续，增加"石山新天地"的资产价值，维护广大债权人的利益。对外借款的利息不高于年利率 10%，具体利率由管理人会同债权人委员会与借款人协商。以上借款的本金和利息将作为安居公司重整案中的共益债务优先清偿。以引进共益债务的方式完成土地拍卖作为一般表决事项提交债权人会议表决。因购房户担心分担购地成本，投票的人数和代表的债权额均刚过半数，财产管理方案勉强通过债权人会议决议。

（三）引进共益债务后如何分摊购地成本的协商过程

1. 在第二次债权人会议之前与购房户就分担购地成本及竣工验收配套费用进行沟通

第一次债权人会议之后，以购房户为代表的债权人频繁通过信访等方式反映诉求，要求不分担拍卖土地应当分担的购地成本。购房户认为，购买房屋时的买价已经包含土地价值，购地的费用不应当由购房户承担。为避免频繁信访，管理人初步答复因安居公司债权申报刚结束，很多债权还没有审查完毕，资产和负债数额尚不清晰，且能否筹措到共益债务也是未知数，待精确的资产和负债数据统计完成后再议。2022 年 9 月，管理人招募重整投资人沧州泽易建筑安装有限公司引进资金 4000 万元，11 月安居公司竞得项目土地使用权。2022 年 12 月 21 日召开第二次债权人会议，因第二次债权人会议的核心是表决重整计划草案，关于购房户要分担购地成本及竣工验收的配套费用属于重整计划购房类债权人债权调整的重要内容，必须进行摊牌和沟通。因该问题非常专业复杂，购房户情绪激烈坚决不同意分担任何费用，单纯通过当面讲解效果甚微，在第二次债权会议之前，管理人内部经过反复研究决定以书面形式向每位债权人致书面信函，待其了解书面信函内容后再通过座谈交流。

2022年12月，管理人以不分担购地配套等费用将严重影响普通债权组清偿等多角度致信说明公平分担共益债务的合法性和必要性。为了能在重整程序中尽快办理产权证，管理人与重整方共同制定了重整计划草案，在提交债权人会议表决前，就债权人关注的分摊费用问题作出如下三项说明：

一是住宅购房户按实际购地成本及竣工验收配套应分摊的费用。在破产重整受理时，安居公司开发的房产项下占用的土地并没有经过挂牌出让取得土地使用权，城市配套费用也没有交纳。安居公司依法参与竞拍"石山新天地"所占用的土地，在取得土地证的基础上再补办各种规划建设、开工手续等，最终才能给购房户办理产权证书。竞拍成交取得的四地块，其中5#楼和7#楼总占地0.899公顷，在办理土地使用权证前需要按照每平方米148元补交城市配套费用，合计为7484.28万元。以上在办理产权证书前，需要分摊的上述费用平均为每平方米1162.20元，该费用依据破产法应当谁受益谁承担。

二是住宅购房户不分摊购地成本及配套费，普通债权清偿率将低于清算状态下的清偿率。住宅购房户多次向管理人表达在办理房产证书前不愿分摊任何费用。对于他们的诉求，管理人想尽一切办法尽可能地维护广大住宅购房户的利益，但必须确保不违反破产法的规定，重整计划草案不能侵害其他债权人的权益。在本案中，5#楼和7#楼在办证之前购地与需交纳的配套费以及契税如果全部由普通债权组分担，普通债权人的清偿率将从清算状态下的17.36%降为4.6%，严重侵害其他表决组利益。根据《企业破产法》第八十七条第二款第三项的规定，普通债权组的清偿比例不得低于破产清算状态下所获得的清偿比例，否则法院无法裁定批准，普通债权人也会以该重整计划草案违反破产法为由反对或投诉。

三是在破产法允许的范围内将购房户利益最大化。管理人在和购房户交流时，很多购房户表示"说什么就是不能涨钱"。管理人对此进行了解释，目前无法做到"不涨钱"，只能在不违反破产法的基础上"给大家涨最少的钱"；购房户购买房屋时直至沧州市新华区人民法院受理破产之日房屋项下的土地使用权仍属于十三化建公司所有，没有取得土地使用权证，即使购房户所交纳的购房款中已经包含土地费用，但是住宅的土地拍卖价格上涨了3倍，配套费也大幅上涨；根据评估公司的评估报告，购房户购买的安居公司的住宅在能办证的前提下评估均价为每平方米8252元，如果不能办证则住宅目前的评估均价仅为每平方米4094元；因为目前是重整程序，经管理人与重整方多方交涉，最终重整方同意将3#、3-1#楼投产建成后可得利润约2000万元全部用于补贴管理人确认的继续履行合同的购房户应分摊的购买土地及达到竣工验收时的配套费用，从按实际应分摊的每平方米1162.20元统一降为每平方米690元，因3#、3-1#楼续建尚需投入现金1亿元才能建成取得收益，在保证重整方不赔钱能经营且普通债权组重整状态下的清偿率也不低于清算状态下的清偿率、确保重整计划草案符合《企业破产法》第八十七条规定的情况下，法院才能裁定批准。

综上所述，管理人反复说明，如果重整计划草案不能被投票表决通过或不能被法院裁定批准，安居公司将被转入破产清算程序并将被依法宣告破产，重整失败，没有重整投资人对后续配套先行全额垫付，届时部分购房户即使交齐费用也不一定能顺利办理产权证书，且重整失败公司主体也要注销，所借共益债务还需要连本带息偿还给重整投资人。管理人严格按破产法规定的公平清偿原则，在清算程序中各组债权人依法分摊应当分摊的全部费用，住宅购房户应自行承担每平方米1162.20元购地以及竣工验收的配套费，才能给予办理产权证书。如果购房户希望早日取得房产证，安居公司重整计划草案必须投票通过。

购房类债权人在收到信函后对分担共益债务的对立情绪仍然激烈，有的购房户直接拒收管理人发出的信函，直至第二次债权人会议召开前，与购房户的沟通工作非常艰难，但是根据与购房户交流的心理预期，管理人与重整方反复协商，最终确定了购房类债权人应当分担的购地成本及竣工验收配套费用的具体标准。

2. 关于购房户分担的购地成本及竣工验收配套费用的具体调整方案

为保证安居公司重整计划的顺利推进和普通债权组的清偿比例实现，最终协商由重整方分担部分购地成本及竣工验收配套费用，安居公司重整计划将购房类债权人具体分担的购地成本及竣工验收配套费用作了以下具体调整：对于购买"石山新天地"5#、7#住宅楼中付款比例不低于50%的消费性购房人，按法院依法裁定受理破产重整时的房产现状予以优先保护，按土地实际成交价及现行政府相关部门收取配套费用的相关规定测算，应分摊的购买土地及达到竣工验收的配套费用为每平方米1162.20元，购房人本应按此标准补交购买土地及达到竣工验收的配套费用并按合同约定补齐房屋余款。考虑购房人的整体诉求，在不违反《企业破产法》且普通债权组清偿率不低于清算状态下的清偿率的前提下，重整方同意将购房人应承担的土地及达到竣工验收的配套费用每平方米由1162.20元减为最低每平方米590元。

考虑若重整计划草案表决时间过长，将导致重整方融资成本持续增加，鉴于此，购房人应承担的土地及达到竣工验收的配套费用将按如下方案调整：在2023年2月10日前投票同意本重整计划的购房人，在法院裁定批准重整计划后该购房人按照所购房产建筑面积每平方米590元交纳土地及达到竣工验收的配套费用后，凡购买储藏室的购房户按储藏室总价的20%予以返款，在办理产权证书补交上述费用时给予办理，未投同意票购买储藏室的不予返款。

在2023年2月10日前未投票同意的及在第二次债权人会议上尚未取得投票权的同类购房人则按照每平方米690元交纳土地及达到竣工验收的配套费用，剩余购买土地及达到竣工验收的配套费用由重整方自行承担。因该部分购房人利益已经获得了充分保护，其所享有的普通债权不再进行清偿。如果债权人会议表决未通过重整计划或法院未裁定批准重整计划，则上述债权人均应按照所购房产建筑面积每平方米1162.20元交纳土地及达到竣工验收的配套费用。如果购房人不交纳购房余款（如果存在余款）、土地及达到竣工验收的配套费用，则向购房人退还购房本金（抵顶房款的除外），其他损失按普通债权进行清偿。

对于购买"石山新天地"5#、7#住宅楼中付款比例低于50%的消费性购房人，向购房人全额退还购房本金，其他损失按普通债权进行清偿。重整方同意该部分购房人也可选择以已付款占原合同房屋总价的比例折算已付款购买原房屋的建筑面积，该部分面积可按照已付款不低于50%的债权人所享有的调整方案执行交纳购买土地及达到竣工验收的配套费用，超出已付款可购买面积的部分，再按优惠价每平方米 6900 元优先购买其原购买的房屋，其他损失就不再进行清偿。该部分购房人应当在重整计划裁定通过之日起两个月内，向安居公司提出书面选择，逾期按退款处理。

认定购买 5#、7#的底商按法院依法裁定受理破产重整申请时的房产现状予以优先保护的购房人，按土地实际成交价及现行政府相关部门收取配套费用的相关规定测算，平均每平方米建筑面积应分摊的购买土地及达到竣工验收的配套费为每平方米 1162.20 元，购房人应按此标准补交购买土地及达到竣工验收的配套费用并按合同约定补齐房屋余款。为维护购房人的利益，重整方同意将购房人应承担的土地及达到竣工验收的配套费用每平方米由 1162.20 元最低可减少为每平方米 590 元。如果重整计划草案表决时间过长，将导致重整方融资成本持续增加，鉴于此，购房人应承担的土地及达到竣工验收的配套费用将按如下方案调整：在 2023 年 2 月 10 日前投票同意本重整计划的购房人，在法院裁定批准重整计划后购房人按照所购房产建筑面积每平方米 590 元交纳土地及达到竣工验收的配套费用；在 2023 年 2 月 10 日前未投票同意的及在第二次债权人会议上尚未取得投票权的同类购房人则按照每平方米 690 元交纳土地及达到竣工验收的配套费用。剩余购买土地及达到竣工验收的配套费用由重整方自行承担。因该部分购房人利益已经获得了充分保护，其所享有的普通债权不再进行清偿。如果债权人会议表决未通过重整计划或法院未裁定通过重整计划，则上述债权人均应按照所购房产建筑面积每平方米 1162.20 元交纳土地及达到竣工验收的配套费用。如果购房人不交纳房屋余款（如果存在余款）、土地及达到竣工的配套费用，则以购房人购房本金及利息为债权总额，按普通债权进行清偿。购买"石山新天地"6#、8#住宅楼的消费性购房人及购买住宅诚意金（预售定金）的债权人，向其全额退还购房本金，其他损失按普通债权进行清偿。

对于认定购买"石山新天地"4#商业楼按破产重整申请被法院依法裁定受理时的房产现状予以优先保护的购房人，按土地实际成交价及现行政府相关部门收取配套费用的相关规定测算，平均每平方米建筑面积应分摊的购买土地及达到竣工验收的配套费用为每平方米 2914.18 元，购房人本应按此标准补交购买土地及达到竣工验收的配套费用并按合同约定补齐房屋余款。鉴于该部分购房人购买时的成交价格高于现在的评估市场价格，且其所购买的商铺属于内铺，无法单独区分并独立使用，只能进行整体经营，重整方同意该部分购房人所应承担的购买土地及达到竣工验收的配套费用由重整方自行处理。因该部分购房人利益已经获得了充分保护，其所享有的普通债权不再进行清偿。如果购房人不交纳房屋余款（如果存在余款），则以购房人购房本金及利息为债权总额，按普通债权进行清偿。

3. 经与购房户反复磋商各组最终高票通过《重整计划草案》

2022 年 12 月 21 日，安居公司第二次债权人会议召开后，直到 2023 年 1 月 31 日投票期结束，出席本次会议有表决权的优先债权组债权人共 724 家，其所代表的债权金额为 423 800 188.26 元，表决同意的债权人为 311 家，占出席会议的该组债权人数的 42.95%，其所代表的债权金额为 250 220 837.90 元，占该组债权总额的 59.04%。出席本次会议有表决权的普通债权组债权人共 733 家，其所代表的债权金额为 320 724 273.50 元，表决同意的债权人为 360 家，占出席会议的该组债权人数的 49.11%，其所代表的债权金额为 277 007 933.60 元，占该组债权总额的 86.36%。出席本次会议有表决权的税款债权组债权人共 1 家，其所代表的债权金额为 41 371 204.61 元，表决同意的债权人为 1 家，占出席会议的该组债权人数的 100%，其所代表的债权金额为 41 371 204.61 元，占该组债权总额的 100%。只有税款债权组表决通过了安居公司《重整计划草案》，其余优先债权组、普通债权组都没有通过。

投票结束后进入了二次磋商阶段，如果安居公司在磋商期还不能通过重整计划并且法院也未裁定批准，下一步就面临着结束重整程序转入破产清算。为了充分向购房户释明安居公司重整计划不通过的法律后果，管理人向表决不同意的购房户群体邮寄了《终止安居公司重整程序并转入破产清算程序的征询意见函》。之后，管理人陆续收到了 286 份征询意见函的回复，89 人不同意破产清算，167 人同意法院依法裁定批准重整计划，剩余 30 人未作选择，无一人同意破产清算。2022 年 12 月至 2023 年 2 月，在召开第二次债权人会议的基础上，经磋商和发放征求意见函，税款债权组、普通债权组、出资人组、有财产担保债权组最终高票通过《重整计划草案》。2023 年 2 月 13 日，5#、7#楼项目土地使用权证书办理完毕。2023 年 3 月 9 日，沧州市新华区人民法院裁定批准《安居公司重整计划》，破产重整工作顺利完成，进入《重整计划》执行阶段。2023 年 8 月通过《规划认定》完成规划许可，《检测报告》代替

《验收报告》完成工程验收。

　　该案中，将借入的共益债务作为债权人会议表决事项，打消了共益债务出资人的借款风险顾虑，但无法按照《企业破产法》规定由债务人财产"随时"清偿，管理人充分发挥意思自治原则的功能，通过大量的解释沟通说服工作，最终通过了上述"分担式清偿"共益债务的方案。

　　为了让读者更好地理解"分担式清偿"共益债务方案的形成和制定过程，笔者附安居公司重整案管理人与安居公司购房户之间沟通的问答录，以更加具体和形象的方式展现笔者的执业过程，希望能给面临同样问题的政府烂尾项目工作专班以及相关管理人同行作为参考。(详见附录二：管理人与购房户对分担共益债务（土地出让金费用）的问答录)

第五章
拆迁（征收）补偿权的权利属性及其行使

第一节　从拆迁到征收——城市化进程中的立法演变

1994 年 7 月 18 日，国务院发布《国务院关于深化城镇住房制度改革的决定》，指出城镇住房制度改革的基本内容是：把住房建设投资由国家、单位统包的体制改变为国家、单位、个人三者合理负担的体制；把各单位建设、分配、维修、管理住房的体制改变为社会化、专业化运行的体制；把住房实物福利分配的方式改变为以按劳分配为主的货币工资分配方式；建立以中低收入家庭为对象、具有社会保障性质的经济适用住房供应体系和以高收入家庭为对象的商品房供应体系；建立住房公积金制度；发展住房金融和住房保险，建立政策性和商业性并存的住房信贷体系；建立规范化的房地产交易市场和发展社会化的房屋维修、管理市场，逐步实现住房资金投入产出的良性循环，促进房地产业和相关产业的发展。从而拉开了中国住房供应的市场化序幕，也开始了中国城市化进程，城中村村改居，集体土地征收为国有土地。

1991 年 6 月 1 日，助推城市化进程的《拆迁管理条例》开始施行，该条例将"保障城市建设顺利进行"作为重要立法目的，自实施以来，对于规范房屋拆迁行为，保障建设项目的顺利进行等方面发挥了积极的作用。但是，随着各项改革的不断深化和市场经济的发展，条例的不少规定已经明显不适应形势的发展，甚至影响了社会稳定。比如，补偿标准过低导致房屋所有人对拆迁产生抵触情绪，极端的甚至出现"钉子户"；安置方式大多是产权调换，导致被拆迁人因对安置房屋地点等条件不满，不愿搬迁；将户口作为确定安置面积的标准，被一些人作为牟取不当利益的工具；等等。为了解决上述问题，加大对房屋所有人和使用人的保护力度，规范拆迁行政管理程序，2001年6月13日，国务院颁布了新的《拆迁管理条例》，废止了旧条例，规定拆迁人应当在房屋拆迁许可证确定的拆迁范围和拆迁期限内，实施房屋拆迁；拆迁人与被拆迁人应当依照本条例的规定，就补偿方式和补偿金额、安置用房面积和安置地点、搬迁期限、搬迁过渡方式和过渡期限等事项，订立拆迁补偿安置协议；拆迁补偿的方式可以实行货币补偿，也可以实行房屋产权调换。条例虽然规定了加强拆迁的行政管理，但条例规定的强制拆迁仍然带来了一系列社会问题，尤其是商业开发行为通过强制拆迁手段取得土地过程中，引发了与被拆迁人的大量冲突。

1991—2011年，经过二十年发展，"野蛮生长"的城市化进程进入了一个新阶段。2011年1月21日，国务院颁布《征收补偿条例》，废止了2001年的《拆迁管理条例》，不再由房地产企业作为拆迁人，为了公共利益需要，国有土地上的房屋由政府征收；原产权人由被拆迁人变为被征收人；签订的协议由拆迁补偿安置协议变为征收补偿协议，补偿方式可以选择货币补偿，也可以选择房屋产权调换；拆迁一词退出了历史舞台。《征收补偿条例》第二十一条第一款规定："被征收人可以选择货币补偿，也可以选择房屋产权调换。"实践中，产权调换方式一般包括三种：其一，被征收人与市、县级人民政府确定的政府房屋征收部门或者政府房屋征收部门委托的房屋征收实施单位（以下简称房屋征收部门）订立异地产权调换补偿安置协议，以政府存量现房交付被征收人；其二，被征收人与房屋征收部门订立以期房为标的物的房屋产权调换补偿协议，同时由房屋征收部门另行与房地产开发商签订委托代建房屋协议或者回购房屋协议以用于向被征收人换房，此种情形下存在两个法律关系，两个法律关系之标的物均为产权调换补偿房；其三，被征收人与用地开发商直接订立原地回迁的房屋产权调换补偿安置协议，政府一般在土地出让竞买文件中规定，出让土地需要配建多少面积的安置房。随着依法行政的推进，由用地开发商与被征收人直接订立征收补偿协议的情形将逐渐减少，终至不复存在，但此类协议目前在现实中仍然存在，成为房地产企业破产中的难题之一，也是本章讨论的范围。至于被征收人与房屋征收部门签订的房屋产权调换补偿协议，即使发生纠纷，也属于行政协议的范畴，应通过行政诉讼程序处理，本章不再论及。

无论强制拆迁的二十年，还是最近十年的征收历程，原房屋所有权人对补偿的争议一直不断，在房地产企业存续期间，当事人可以通过协商、调解、诉讼等方式解决争议，但房地产企业破产时，原房屋使用权人享有何种性质的权利、如何行使，成为困扰破产实务的一个问题。笔者结合司法判例，根据相关法律和司法解释的规定，在本章进行论述，提出一己之见。

第二节 拆迁（征收）补偿权的相关司法裁判观点和学术观点[1]

虽然法律对拆迁（征收）补偿权在破产程序中的属性规定不明确，但拆迁（征收）的纠纷一直存在，法院在司法实践中也不断探索，试图从现有法律规范中通过法律解释方法的运用找到恰当的法律依据，依法维护原房屋产权人的合法权益。实务界和学术界对拆迁（征收）补偿权的性质也有不同观点。本节根据从中国裁判文书网检索的相关案例，对其裁判理由和裁判观点进行了梳理，找出了具有代表性的裁判观点，以考察司法实务对待这一问题的态度，同时也对相关学术论文和著作进行了检索，梳理了学术界的学术观点。限于水平有限，梳理的裁判观点和学术观点未必全面，但可供参考。

一、司法裁判观点

（一）裁判观点1：拆迁（征收）补偿权在破产程序中具有一种期待物权的属性，应当优先于抵押权受偿[2]

案例1： 重庆市第五中级人民法院于2022年9月22日在其官网上发布了鑫鹏公司诉海翔公司普通破产债权确认纠纷案。在本案中法院认为，"被征收人享有的征收安置权不仅表现为财产请求权，更具有一种期待物权的属性，应当优先于抵押权受偿"，"房屋征收过程中，被征收人享有征收安置权是指

---

〔1〕 虽然《拆迁管理条例》已经废止，但因为现实中拆迁的遗留问题仍然存在，且《征收补偿条例》实施后也存在变相的拆迁，为表述方便，我们把拆迁或征收后的原房屋所有权人统称为"被拆迁（征收）人"，其权利统称为"拆迁（征收）补偿权"。

〔2〕《鑫鹏公司诉海翔公司普通破产债权确认纠纷案》，载 http://cq5zy. cqfygzfw. gov. cn/article/detail/2022/09/id/6921323. shtml，最后访问日期：2024年11月12日。

被征收人按照征收安置协议对房屋征收后享有的货币补偿或产权调换补偿权利。本案系确认破产程序中征收安置权与抵押权发生权利冲突时的受偿顺位纠纷，明确被征收人征收安置权优先于抵押权受偿，对类似权利确认具有一定的指引作用。土地征收、房屋拆迁补偿安置的基础和前提是社会公共利益的需要，以产权调换为补偿方式的征收补偿安置协议在性质上属于以物易物的互易合同，不同于一般的房屋买卖合同。在征收关系中，被征收房产通常为被征收人赖以生存和生产的基本物质条件，通过所有权调换形式取得安置房屋的被征收人丧失的是现有房屋的所有权，取得的是尚未建成房屋的相应权利，其权利能否实现直接影响其最基本的生存、居住、使用权，不仅表现为财产权，更具有一种期待物权的属性，故应受到特殊保护。在权利发生冲突时，按照破产债权的人身损害赔偿债权优先于财产性债权的清偿原则和顺序，征收安置权虽然不属于人身损害赔偿债权，但被征收人取得安置房产系以其原有房屋被征收为代价，对特定房产的权利涉及具有人身性质的生存权，故其权利性质应有别于包括抵押权在内的财产性债权，且考虑房屋征收往往涉及社会公共利益，被征收人服从公益的行为应予倡导和保护等因素，被征收人的征收安置权应优先于抵押权人享有的抵押权受偿"。

案例 2：山东省高级人民法院在烟台某典当有限责任公司因与被申请人杜某岩及一审被告烟台市某置业有限公司普通破产债权确认纠纷案中对拆迁安置权的优先顺位也进行了详细的论述[1]，山东省高级人民法院认为，"关于相关主体对案涉房屋享有的拆迁安置优先权与烟台某典当有限责任公司就该房屋享有的抵押权之间的权利顺位问题。《最高人民法院关于适用〈中华人民共和国民法典〉时间效力的若干规定》第一条第二款规定：民法典施行前的法律事实引起的民事纠纷案件，适用当时的法律、司法解释的规定，但是法律、司法解释另有规定的除外。引起本案纠纷的法律事实发生在民法典施行前，依法应当适用当时的法律、司法解释的规定。《商品房司法解释》（2003年）第七条规定：拆迁人与被拆迁人按照所有权调换形式订立拆迁补偿安置协议，明确约定拆迁人以位置、用途特定的房屋对被拆迁人予以补偿安置，如果拆迁人将该补偿安置房屋另行出卖给第三人，被拆迁人请求优先取得补

---

〔1〕 案例来源于中国裁判文书网，访问日期：2024 年 10 月 31 日。

偿安置房屋的，应予支持。根据该条规定可以看出，被拆迁人享有的优先取得补偿安置房屋的权益优先于其他买受人取得相关房屋的权益。2002 年《建工优先批复》第二条规定：消费者交付购买商品房的全部或者大部分款项后，承包人就该商品房享有的工程价款优先受偿权不得对抗买受人。第一条规定：人民法院在审理房地产纠纷案件和办理执行案件中，应当依照《中华人民共和国合同法》第二百八十六条的规定，认定建筑工程的承包人的优先受偿权优于抵押权和其他债权。该批复确定的权利顺位为建设工程价款优先受偿权优先于抵押权，而建设工程价款优先受偿权不能对抗已经支付全部或者大部分购房款的消费者。综合上述规定可以看出，被拆迁人享有的优先取得补偿安置房屋的权益优先于其他买受人取得该房屋的权益，其他买受人取得房屋的权益优先于建筑工程承包人的优先受偿权，建筑工程承包人的优先受偿权优先于抵押权和其他债权。具体到本案，根据上述规定，结合拆迁安置行为与典当、抵押行为发生时间的先后顺序等事实，可以认定烟台某典当有限责任公司就案涉房屋享有的抵押权不能对抗相关主体就该房屋享有的拆迁安置优先权"。

案例 3：最高人民法院在（2018）最高法民终 708 号中诚信托有限责任公司、易霞申请执行人执行异议之诉二审民事判决书中认为，[1]"按照《商品房司法解释》第七条第一款的规定也应保护易霞对案涉车位享有的权益。根据查明的事实，易霞以所有权调换形式签订《产权置换补偿协议》取得案涉车位属于拆迁安置的性质，中诚信托对此亦无异议，典雅地产将其另行抵押处置，亦不能损及易霞作为被拆迁人享有的权益"。

（二）裁判观点 2：拆迁（征收）人对回迁安置房屋享有特种债权[2]

案例 1：最高人民法院在（2023）最高法民终 278 号云南某公司、华夏银行玉溪支行等民事二审民事判决书中认为，"关于华夏银行玉溪支行的民事权益是否受到损害的问题。如前所述，华夏银行玉溪支行从金魔方公司承继的是基于商品房预售买卖合同及其登记备案产生的债权。而建投三公司与昆都公司签订的《回迁安置补偿协议》是以安置房屋与被拆迁房屋相互交换，转

---

〔1〕 案例来源于中国裁判文书网，访问日期：2024 年 11 月 13 日，该案为系列案件，裁判理由一致。

〔2〕 两起案例均来源于中国裁判文书网，访问日期：2024 年 11 月 13 日。

移房屋所有权的互易合同，是双方当事人约定拆迁人以其建造或购买的安置房屋与被拆迁人享有所有权的被拆迁房屋进行产权调换的协议。在《回迁安置补偿协议》中，建投三公司丧失的是现存的房屋所有权，而昆都公司提供的安置房屋是尚未建成的房屋，建投三公司失去的是其赖以生存的房屋所有权，而享有的是安置房屋所有权的期待权。在《回迁安置补偿协议》对案涉两商铺的位置、面积、用途已作特别约定的情况下，建投三公司对案涉两商铺的债权应视为一种特种债权，应受到优先保护。华夏银行玉溪支行基于商品房预售买卖合同及其登记备案对案涉两商铺享有的债权，并不具有对抗建投三公司享有的特种债权的优先性。基于华夏银行玉溪支行在 124 号案件中无独立请求权的第三人的诉讼地位，华夏银行玉溪支行无权在 124 号案件中针对案涉两商铺主张其拥有独立权利，其只能根据 124 号案件的裁判结果选择债权实现方式。当 124 号判决认定案涉两商铺归建投三公司所有时，华夏银行玉溪支行的债权实现方式也已确定，即在昆都公司不能履行其与金魔方公司签订的商品房预售合同按约定交付案涉两商铺的情况下，华夏银行玉溪支行从金魔方公司承继的对案涉两商铺的债权并未消灭，其可以依合同约定向昆都公司主张权利"。

案例 2：山东省烟台市中级人民法院在（2021）鲁 06 民终 497 号中国建设银行股份有限公司烟台西南河支行、烟台市福山区御花园置业有限公司破产债权确认纠纷二审民事判决书中认为，"拆迁人与被拆迁人按照所有权调换形式订立拆迁补偿安置协议，明确约定拆迁人以位置、用途特定的房屋对被拆迁人予以补偿安置，如果拆迁人将该补偿安置房屋另行出卖给第三人，被拆迁人请求优先取得补偿安置房屋的，应予支持。根据该条规定可知，在拆迁安置补偿协议对安置用房的位置、用途作出明确特别约定的情况下，该标的物具有了特定性，结合拆迁安置补偿协议的特殊性，按照对被拆迁人利益的侧重保护原则，被拆迁人对于特定房屋的债权应视为一种特种债权，也就是债权物权化，被拆迁人的此项权利是一种法定的债权上的优先权，其权利优先于其他购房消费者的权利"。

二、学术观点

理论界目前对拆迁（征收）补偿权的性质主要有特种债权优先权说、法定担保物权说两种学术观点。

（一）特种债权优先权[1]

2003 年 4 月 28 日，最高人民法院公布了《商品房司法解释》，其中第七条第一款规定，"拆迁人与被拆迁人按照所有权调换形式订立拆迁补偿安置协议，明确约定拆迁人以位置、用途特定的房屋对被拆迁人予以补偿安置，如果拆迁人将该补偿安置房屋另行出卖给第三人，被拆迁人请求优先取得补偿安置房屋的，应予支持"。最高人民法院民事审判第一庭编著了《最高人民法院关于审理商品房买卖合同纠纷案件司法解释的理解与适用》一书，特种债权优先权说来源于该书对上述条款的解释。

该说认为，如当事人在拆迁补偿安置协议中不仅对房屋的补偿方式、安置房屋面积、过渡期限等一般内容进行约定，而且对协议的标的物即安置用房的位置、用途也作了明确、特别约定的情况下，该标的物具有了特定性，结合拆迁补偿安置协议的特殊性，按照对被拆迁人利益的侧重保护原则，《商品房司法解释》（2003 年）将此种情况下被拆迁人对该特定房屋的债权视为一种特种债权，赋予物权的优先效力，称为特种债权优先权，也就是债权物权化。特种债权优先权特征为：1. 特种债权优先权是一种具有担保物权性质的特种债权，是独立的民事权利，具有对抗第三人的效力；2. 特种债权是一种法定的债权上的优先权，不是物权上的优先权，它打破了债权平等原则，赋予特种债权优先于一般债权取得的权利；3. 特殊债权是一种不需登记公示的优先权。

（二）法定担保物权说[2]

该说认为，拆迁补偿安置房屋优先权，其性质为一种法定的担保物权，它除具备担保物权法定性、对抗性、附随性、物上代位权等特征外，还有其独有的属性：一是拆迁补偿安置房屋优先权的法定性。除包括一般担保物权所要求的物权法定原则外，还包括其基于法律的规定而直接产生的特性。因此，它无须进行登记公示或占有公示。二是追及性。拆迁补偿安置房屋优先权，具有很强的追及性。当拆迁人将拆迁补偿安置房屋出售予第三人时，无

---

[1]　最高人民法院民事审判第一庭编著：《最高人民法院关于审理商品房买卖合同纠纷案件司法解释的理解与适用》，人民法院出版社 2003 年版，第 92 页。

[2]　参见陈业业：《论拆迁补偿安置房屋优先权》，载《亚太经济》2004 年第 6 期。

论拆迁人及第三人出于善意还是恶意，无论第三人是否已实际占有使用该房屋，也无论第三人是否已办理该房屋的所有权登记手续、领取权利证书，被拆迁人均可行使优先权，追回拆迁补偿安置房屋而归其所有。三是价值权属性。一般担保物权，如抵押权、留置权等均以支配标的物的交换价值为内容，即可从担保物的变价款中优先受偿。但拆迁补偿安置房屋优先权人无须对该房屋进行变价，可直接通过诉讼程序对抗拆迁人与任何第三人，直接宣告对拆迁补偿安置房屋享有所有权。

同时，该说还批评特种债权优先权说，"《商品房司法解释》（2003 年）第七条并非将被拆迁人对特定房屋的债权转化为物权，而只是对这一特定债权设定了一种履行担保，以优先权这一担保物权的方式来确保被拆迁人对拆迁人享有的这一特定债权的实现。可以说，这一特定债权是目的，而优先权是实现目的的手段，上述观点将债权与用于保障债权实现的担保物权混为一谈，并不妥当"。

三、对上述裁判观点和学术观点的评价

裁判观点 1 的三起案例对拆迁（征收）补偿权的属性表述不同，重庆市第五中级人民法院认定"更具有一种期待物权的属性"；山东省高级人民法院根据相关规定推导出各类债权的权利顺位分别是拆迁安置优先权、消费性购房债权、建筑工程价款优先债权、抵押权，但并未明确表述拆迁（征收）补偿权的属性；最高人民法院仅认为案涉标的物"属于拆迁安置的性质"，抵押不能损及被拆迁人享有的权益，也未明确拆迁（征收）补偿权的属性。但三起案例均认为，拆迁安置的权利优先于抵押权。裁判观点 2 的两起案例均将拆迁（征收）补偿权的属性界定为特种债权，应该是受《最高人民法院关于审理商品房买卖合同纠纷案件司法解释的理解与适用》一书的影响，并直接将该书观点作为裁判理由。

特种债权优先权说的缺陷是适用条件比较苛刻，只有安置房具有"特定性"的情况下才能适用，即除当事人对补偿方式、安置房面积、过渡期限等一般内容有约定外，还需对安置用房的位置、用途也作明确、特别约定，使该标的物具有了特定性的情况下才具有优先性，否则只能沦为普通债权。在被拆迁（征收）人处于弱势地位的情况下，安置补偿协议如何保证对标的物的"特定性"，也是被拆迁（征收）人不能承受之重。法定担保物权说冠以

"法定"一词，但法律并无相关规定，《商品房司法解释》第七条作为司法解释，从立法权限上讲最高人民法院既不能在司法解释中创设优先权，也不能创设担保物权[1]。

上述裁判观点和学术观点虽然论证角度各有不同，结论各有千秋，但在最终处理结果上均承认拆迁（征收）补偿权具有"优先性"[2]。笔者认为，被拆迁（征收）人的补偿权益优先保护主要基于以下三点：

首先，拆迁（征收）补偿权涉及被拆迁（征收）人最为基本的生存权益。"居者有其屋""安得广厦千万间"是国人的最大资产和基本理想，是其生存的基础和人生港湾。拆迁（征收）补偿权来源于被拆迁（征收）人原房屋的物权，安置房只是原物权的转化，相较于安置房上其他各种权益，如其他商品房买受人、建筑工程价款优先权人、开发商的其他债权人等，居住权是生存权的基本内容，应该得到比其他经营性利益更加优先的保障。

其次，被拆迁（征收）人补偿安置权益优先保障更符合人性化的社会治理。被拆迁（征收）人的房屋所有权因拆迁（征收）而灭失，其原正常生活秩序亦被打乱，新房屋所有权能否正常获得尚不可知，被拆迁（征收）人已经为城市建设作出了贡献，如果不能对其补偿权益予以保障，将使其正常生活陷入困境，公共利益的需要不能成为社会治理中人性关怀缺失的理由。假如法律将原物权因拆迁（征收）而转换为吉凶未卜的债权，将被拆迁（征收）人的补偿权益与其他债权人等同对待，则其权益实现更增加了不确定性，甚至对其生活造成二次伤害。所以，优先保障被拆迁（征收）人的补偿权，既是法律应有之义，也是社会人性化治理的内在要求。

最后，在法律及行政政策上不应将拆迁（征收）补偿协议等同于一般的民事合同。从形式上看，拆迁（征收）补偿协议双方当事人在拆迁（征收）活动中的法律地位虽然是平等的，但在经济实力、社会资源、活动能力等方面，双方差距甚大。从实质上看，拆迁（征收）人有行政权力加持，被拆迁（征收）人始终处于被动地位，拆迁（征收）补偿协议与可以自由平等协商的一般民事合同有着本质区别，这种协议中的被拆迁（征收）人具有被动性

---

〔1〕 根据《立法法》第十一条第八项的规定，民事基本制度只能制定法律，而优先权、担保物权均属于民事基本制度。

〔2〕 因为拆迁（征收）补偿权不属于优先权，我们用"优先性"表述其法律地位。

和弱势地位，协议内容除受民法调整外，还受拆迁（征收）条例的约束，具有局限性。无论从利益衡量的角度，还是从避免被拆迁（征收）人遭受更多不利益的角度，只有将拆迁（征收）补偿协议区别于一般民事合同予以保护，才能使被拆迁（征收）人尽快恢复其原有生活秩序。

第三节　被拆迁（征收）人在破产程序中应享有代偿性取回权[1]

众所周知，相较于民事诉讼程序而言，破产程序属于特别程序，在债务人进入破产程序后，与债务人有利害关系的权利人应通过破产程序行使权利，但行使权利的前提是首先应确定权利人的权利属性，不同属性的权利在破产程序中行使权利的方式不同：1. 债权，债权人应通过申报债权取得破产程序中的知情权、表决权、财产分配权等权利；2. 物权，物权人应行使取回权；3. 担保物权，担保权人申报债权，享有优先受偿权；4. 劳动债权、税款债权、普通债权，按破产法规定，享有相应顺位权利。换言之，权利人在破产程序中实现权利要解决两个问题，一是确定权利属性，二是根据权利属性确定权利行使方式。再言之，参考美国破产法上的"布特纳原则"[2]，即"尊重非破产法规范原则"，破产法是以责任承担或权利实现为目的的规则集合，责任或权利的基础只能在非破产法规范中寻找，破产法不应当、事实上也不可能自行创设。总而言之，就是要先根据非破产法规范确定权利人的基础权利属性，然后按照破产法规范实现其权利。

本章第二节介绍的裁判观点和学术观点中的期待物权、特种债权（债权物权化），无论准确与否，实际上仅仅解决了第一个问题，即将拆迁（征收）补偿权界定为物权属性，并未准确界定其在破产程序中如何行使权利问题，而是将其纳入优先权的权利实现方式；至于优先权、法定担保物权的权利属性观点，前面已经提到，现行法律对拆迁（征收）补偿权的权利属性没有规定，而司法解释没有创设民事基本制度的权力。因此，该观点在立法上站不

---

〔1〕　马树芳：《被拆迁人在破产程序中应享有代偿性取回权》，载微信公众号"德道法感"（微信号：msf35nn），最后访问日期：2024 年 11 月 10 日。

〔2〕　许德风：《破产法基本原则再认识》，载 https://ielaw.uibe.edu.cn//fxlw/gjsf1/gjsfll/12775.htm，最后访问日期：2024 年 11 月 15 日。

住脚，况且，据以引申优先权和法定担保物权观点的《商品房司法解释》第七条在2020年的修正中被删除，作为第七条解释背景的《拆迁管理条例》也已废止。综上所述，上述裁判观点和学术观点均不能完全解决被拆迁（征收）人在破产程序中如何行权问题。

笔者赞同本章第二节中有关拆迁（征收）补偿权具有物权属性的观点，在依非破产法规范确定权利属性的基础上，笔者认为，《破产法司法解释二》第三十二条第一款规定的代偿性取回权可以解决被拆迁（征收）人的权利行使方式问题。

一、司法实务现状

在房地产企业破产程序中，对于各种权利主体的清偿顺位，基本形成共识，即消费者权利优先于建设工程价款优先权，建设工程价款优先权优先于抵押权。关于消费者权利、建设工程价款优先权、抵押权的顺位，主要法律依据是已失效的原《合同法》第二百八十六条、《建工优先权批复》，以及现行有效的《民法典》第八百零七条、《商品房消费者批复》。

而关于被拆迁（征收）人的权利，除本章第二节的案例外，实务中一般将被拆迁（征收）人权利界定为优先权，且被拆迁（征收）人权利优先于消费者权利，[1]法律依据主要是2003年《商品房司法解释》第七条的规定。然而，如前所述，该条规定局限于安置房"特定性"和"一房二卖"的情形，对于被拆迁（征收）人货币安置的情形以及搬迁和临时安置补偿（俗称躲迁费）等利益保护不能涵盖。故2020年修正该司法解释时对第七条进行了删除。

二、被拆迁（征收）人权利属性评析

（一）从权利来源上看，优先权和被拆迁（征收）人权利分别来源于债权和物权

1. 优先权来源于债权

优先权，"指的是由法律直接规定的特种债权的债权人，就债务人的全部

---

〔1〕　参见山东利得清算事务有限公司、山东泰祥律师事务所主编：《房地产企业破产重整操作指引》，中国政法大学出版社2020年版，第78页；刘加桓、王平：《被拆迁人及买房人在房地产企业破产程序中的法律地位解析》，载《福建法学》2019年第1期。

或特定财产优先受偿的担保物权"。[1]由此可见，优先权系法律规定的赋予某种债权的债权人就债务人的特定财产享有优先受偿的一种担保权利，优先权具有从属性，其以主债权的存在而存在，且与主债权不可分离，或者说，优先权的基础权利为主债权。

2. 被拆迁（征收）人权利来源于物权

在实践中，被拆迁（征收）人享有产权的房屋大致有三类：一是住房，即用于生活居住的房屋（包括商住两用的房屋）；二是商业用房，俗称门市房，即用于商业经营；三是企业厂房。被拆迁（征收）人之所以享有相应权利，系基于其对原有房屋的物权，因拆迁（征收）导致原有物权消灭，根据拆迁（征收）的相关协议，被拆迁（征收）人只能对安置置换的房屋或货币安置的财产享有权利，由此可见，被拆迁（征收）人的权利来源于其原有房屋的物权，而非债权。

本章第二节的部分裁判观点认为，以产权调换为补偿方式的拆迁（征收）补偿安置协议在性质上属于以物易物的互易合同。笔者认为，该协议与一般民事合同中平等自由协商成立的互易合同不同，它不是以商品交易为目的，而是被拆迁（征收）人基于城市建设的需要而被动订立的以消灭旧物权、设立新物权为目的的物权合同，这是我们赞同拆迁（征收）补偿权具有物权属性的主要理由之一。

（二）被拆迁（征收）人的权利应为代偿性取回权

根据上述分析，被拆迁（征收）人的权利来源于物权，并非基于债权而产生。众所周知，取回权和优先权在破产程序中的行使方式与后果是不同的，取回权行使的基础权利是物权，其将标的物从破产财产中区分开来，由权利人不依破产程序取回，而优先权的行使，一是要基于破产债权的确认，二是要从破产财产中得到优先清偿，即依破产程序而行使。如果被拆迁（征收）人的权利为取回权，其可以按照拆迁（征收）合同约定，取回安置房屋或补偿货币。如果被拆迁（征收）人的权利为优先权，则需纳入破产财产分配方案，按相关程序行使权利。

《企业破产法》第三十八条规定了一般取回权，第三十九条规定了在途标

---

[1] 郭明瑞，房绍坤，唐广良：《民商法原理（二）》，中国人民大学出版社 1999 年版，第 372 页。

的物取回权（或称出卖人取回权），未规定代偿性取回权。"如果破产者或管财人对作为取回权之对象的财产已作出了处分，那么，由于该财产已不存在于破产财团中，所以不能取回。但如在财团中存在着和该财产对价的物品时，取回权者可以将其取回"[1]，这称为代偿性取回权，《日本破产法》第91条作出了明确规定。德国《支付不能法》第48条规定：一个原本可以请求取回的物在支付不能程序开始之前被债务人或在程序开始之后被支付不能管理人不正当让与的，以尚未履行对待给付为限，取回权人可以请求让与对待给付的请求权。取回权人可以由支付不能财团请求对待给付，但以对待给付在财团中尚可区分为限。[2]瑞士破产法也有代偿性取回权的规定。由于被拆迁（征收）人的房屋因拆迁（征收）而灭失，客观上其物权因拆迁（征收）得到了置换，其享有的仍为物权性权利，因此，将被拆迁（征收）人的补偿权界定为代偿性取回权既符合权利演变的客观情况，也与代偿性取回权的特征相吻合，亦符合利益平衡原则，将有利于保护被拆迁（征收）人的合法利益。从社会效果方面讲，也有利于社会稳定，保障被拆迁（征收）人的居住权和经营权；从民法的基本原则讲，对被拆迁（征收）人进行物权保护，也符合民法的公平原则。

三、代偿性取回权制度在司法实践中的确立

前面已经提到，《企业破产法》尚未规定代偿性取回权，但最高人民法院的司法文件、司法解释已确立了代偿性取回权制度。

2007年11月20日，时任最高人民法院民事审判第二庭庭长的宋晓明在全国法院证券公司破产案件审理工作座谈会上的总结讲话中提到："如果证券公司违规挪用客户资金和证券，关系清楚、财产并未混同，管理人追回后，可由相关权利人行使代偿性取回权。"这是最高人民法院首次提出"代偿性取回权"的概念。

《最高人民法院关于上诉人宁波金昌实业投资有限公司与被上诉人西北证券有限责任公司破产清算组取回权纠纷一案的请示的答复》明确指出，"如果证券公司违规挪用客户资金和证券，关系清楚、财产并未混同，管理人追回

---

〔1〕　[日] 石川明：《日本破产法》，何勤华、周桂秋译，中国法制出版社2000年版，第79页。

〔2〕　杜景林、卢谌译：《德国支付不能法》，法律出版社2002年版，第27页。

后，可由相关权利人行使代偿性取回权"。最高人民法院首次在司法文件中使用"代偿性取回权"的概念。

《破产法司法解释二》第三十二条第一款规定，"债务人占有的他人财产毁损、灭失，因此获得的保险金、赔偿金、代偿物尚未交付给债务人，或者代偿物虽已交付给债务人但能与债务人财产予以区分的，权利人主张取回就此获得的保险金、赔偿金、代偿物的，人民法院应予支持"。随后，最高人民法院民事审判第二庭负责人答记者问，指出："代偿性取回权，是指当非债务人财产取回权行使的标的财产毁损、灭失时，该财产的权利人依法对取回权标的物的代偿财产行使取回的权利，是对非债务人财产取回权制度的必要补充。""债务人占有的他人财产毁损、灭失，有相应的保险金、赔偿金、代偿物的，原财产权利人是否可以就其行使代偿性取回权问题，争议还是比较大的，主要涉及原财产权利人与全体债权人的利益平衡问题。我们在制定相关规定时，一方面通过确立代偿性取回权制度加大对原财产权利人权利的保护力度，另一方面又通过对代偿性取回权行使范围进行必要限制的方式适度保护了其他债权人利益。即以能否将财产毁损、灭失获得的保险金、赔偿金或者代偿物与债务人财产予以区分，作为权利人能否行使代偿性取回权的前提。如果能够予以区分的，权利人可以取回就此获得的保险金、赔偿金或者代偿物；如果不能与债务人财产予以区分的，权利人则不能行使代偿性取回权，而只能根据财产毁损、灭失发生的时间分别按照普通破产债权或者共益债务在破产程序中获得清偿。"

至此，"代偿性取回权"制度在司法解释中正式确立。

在房地产企业破产的案件中，由于房地产企业不一定是拆迁人，房地产企业可能没有直接"占有"被拆迁（征收）人的房屋，但根据其在被拆迁（征收）的房屋所占用的土地上进行开发的事实、拆迁安置的流程和相关协议，对《破产司法解释二》第三十二条规定的"占有"应扩大解释为一种间接占有，且代偿物能够与债务人财产予以区分，从而可以适用上述规定处理相关案件。

与本章第二节提到的司法解释的权限不能创设优先权和担保物权不同，《破产法司法解释二》第三十二条规定的代偿性取回权是对《企业破产法》规定的取回权制度的一种扩张解释，并不是创设一种新的民事基本权利。

四、被拆迁（征收）人代偿性取回权的权利范围

（一）一般情形下的权利范围

根据《征收补偿条例》第十七条的规定，对被征收人的补偿包括被征收房屋价值的补偿，因征收房屋造成的搬迁、临时安置的补偿，停产停业损失的补偿，市、县人民政府给予的补助和奖励。以上补偿范围也应当是被拆迁（征收）人代偿性取回权行使的权利范围。

在实务中，无论是优先权还是代偿性取回权，对被拆迁（征收）人房屋本身的权利保护后果是相同的，或者说，保护的财产价值是相同的，但对于搬迁费、停产停业损失的保护存在不同认识，有观点认为应作为普通债权，有观点认为应作为共益债务。搬迁费、停产停业损失均因拆迁而产生，与安置房屋相同，都是物权灭失产生的替代物，是原物权替代物的一部分，因此认定为普通债权不符合客观情况。而共益债务是为全体债权人利益而产生的债务，搬迁费、停产停业损失显然不是为了全体债权人利益，因此，认定为共益债务没有说服力。

（二）特殊情形下的权利范围

1. 房地产企业开发的房地产属于"半拉子"工程

在此种情形下，被拆迁（征收）人利益如何保护都存在争议，有观点认为，应当按照债务人破产时涉案房地产项目的评估价值比例确定。比如，债务人开发的房地产项目按整体建设进度已建设70%，则仅保护被拆迁（征收）人70%的拆迁安置房屋价值的70%。这种观点实际上仍然是将被拆迁（征收）人权利定位于优先权的性质上，如果被拆迁（征收）人权利界定为代偿性取回权，则不存在按比例保护问题，既然是取回权，自然是全部财产的取回。

2. 按照房地产项目建设图纸，已经确定给予被拆迁（征收）人的房号，但房地产企业在经营过程中又出卖给他人

有观点认为，房地产企业与被拆迁（征收）人已经就安置的房屋进行了分配，房地产企业又对已分配的房屋进行了处分，侵犯了被拆迁（征收）人的利益，这是一种侵权行为，因该侵权行为，被拆迁（征收）人应得的房屋灭失，被拆迁（征收）人在破产程序中仅享有债权，只能向管理人申报债权，不再享有优先权或取回权。在被拆迁（征收）人权利界定为代偿性取回权的

情况下，如果被拆迁（征收）人分得的房屋（仅为图纸或在建工程）因债务人的侵权行为而灭失的话，恰恰符合代偿性取回权的特征，可以直接适用上述司法解释第三十二条的规定而无须扩大解释。

五、建议

《企业破产法》已实施十七年有余，虽然近十年来因房地产业不振、世界银行营商环境评价等原因带来前所未有的热度，但破产法的理论和实践尚处于初始阶段。由于实务界在理念上大多接受优先权的概念，本书的观点可能很难被接受。为解决实务中被拆迁（征收）人的利益保护和裁判观点争议，建议最高人民法院在司法解释中尽快作出明确规定。

第四节　代偿性取回权的实践
——以笔者团队办理的两起房地产企业重整案为例

一、博达公司重整案

（一）破产案件项目背景

博达公司于 2010 年开始对河北省沧州市新华区三里庄进行拆迁开发三里家园项目。三里家园项目规划占地 215 450 平方米（合 21.545 公顷，不含小学用地），项目规划建筑总面积约 651 100.03 平方米，其中，地上总建筑面积为 515 133.03 平方米，地下总建筑面积为 135 967 平方米，已经取得 4 个地块的土地使用权证。规划建设 27 栋住宅楼，共有房屋 4798 套，规划 3 栋商业楼。规划南北区及 2 号车位共计 2397 个。其中，需回迁安置房屋 2248 套，回迁安置商业建筑 4000 平方米。另有 1 栋商业综合体，设计总建筑面积 10.99 万平方米，但未取得工程规划许可。

博达公司前期开发三里家园项目情况为：共建住宅楼 24 栋，其中 19 栋已封顶，剩余 5 栋在建；商业楼 2 栋，已基本完工；未立项商业沃尔玛国际购物广场项目主体 5 层已封顶，17 层写字楼局部建至 4 层。后因资金链断裂，实际控制人也因涉及非法吸收公众存款罪被刑事追责，项目陷入烂尾，无法交付房屋。2018 年 7 月 6 日，沧州市新华区三里庄社区居民委员会以不能清偿到期债务，并且资产不足以清偿全部债务为由向沧州市新华区人民法院申请对博达公司进行重整。沧州市新华区人民法院于 2018 年 8 月 23 日裁定受理博达公司重整，并于 2018 年 9 月 4 日作出决定书，指定博达公司清算组担任管理人。

（二）重整过程

在法院受理破产前为筹集资金，博达公司将三里家园项目的使用面积为 177 582.99 平方米的土地全部设定抵押，同时将 1#、2#、4#、22#楼在建工程设定抵押，上海市高级人民法院判决江铜国际贸易有限公司（以下简称江铜公司）对上述土地及在建工程享有抵押权，优先权金额为 5.81 亿元，另有其他有财产担保债权 2.08 亿元。博达公司重整案件债权情况特别复杂，主要包括 2248 套回迁房及回迁安置商业建筑 4000 平方米的拆迁债权，845 套消费性购房，4.29 亿元的建筑优先权，有财产担保债权 7.89 亿元，税款债权 0.8 亿元，普通债权 24.18 亿元，而资产仅 31.96 亿元，已经严重资不抵债。2019 年 8 月 14 日，在博达公司第二次债权人会议上，管理人制定了重整计划草案，该重整计划草案将各类优先权进行全额清偿，没有考虑在同一标的物上存在的多项权利冲突，脱离了博达公司的实际清偿能力，债权人会议始终没有表决通过该重整计划草案，整个重整程序陷入僵局。

为打破僵局，博达公司清算组在全国范围内寻求新的破产管理人。经多方考察，最终于 2021 年 12 月 6 日确定利得清算公司为清算组成员，参与重整工作。利得清算公司接受委托后，立即投入工作，对资产及债权进行仔细梳理。主要针对三里家园项目江铜公司抵押资产所承载的优先债权进行梳理。在该优先债权涉及的抵押权范围内同时申报权利的还有 2248 套回迁房及 4000 平方米回迁安置商业建筑的拆迁（征收）补偿权，0.7 亿元的过渡费，627 套需要交付的消费性购房债权，3.4 亿元的建筑优先权。上述权利负担都由抵押土地承载，笔者认为应当按照每类权利的顺位依次进行清偿，权利顺位为拆迁（征收）补偿权、消费性购房债权、建筑工程价款优先债权、有抵押担保债权。实际上，博达公司重整案中的关键问题是如何确定江铜公司 5.81 亿元抵押优先债权实际可清偿数额。首先对 2248 套回迁房及 4000 平方米回迁安置商业建筑的拆迁（征收）补偿权，627 套需要交付的消费性购房债权所占用的土地，依据权利的顺位自抵押土地中剥离，剩余土地价值仅为 3.8 亿元。但 2248 套回迁房及 4000 平方米回迁安置商业建筑的拆迁（征收）补偿权并没有完成交付，尚需续建费用 4.6 亿元及过渡费 0.7 亿元。被拆迁（征收）

人应享有代偿性取回权，债务人财产应当优先用于保障被拆迁（征收）人获得安置房产，抵押土地部分已经没有剩余价值清偿江铜公司的抵押债权，拆迁（征收）补偿权未获清偿的续建费用及过渡费则由其他无担保财产进行优先清偿。江铜公司剩余的1#、2#、4#、22#楼在建工程抵押，在扣除拆迁（征收）补偿权及消费性购房债权所占用的房产以外，剩余部分再清偿建筑工程优先权，最终剩余1100万元抵押资产可供抵押债权清偿，无法清偿部分转入普通债权进行清偿。

最终，按照上述被拆迁（征收）人代偿性取回权先于抵押债权的方案制作了重整计划草案，2022年1月27日，提交第三次债权人会议表决通过，2022年4月27日沧州市新华区人民法院裁定批准重整计划。

二、九乐公司重整案

九乐公司所开发的永泰华都项目分南区和北区，南北区项目均位于2013年运河区五七新村平房拆迁所腾退的土地，拆迁完成后，在未取得土地使用权的情况下，九乐公司就开始了项目建设。后南区项目于2018年6月取得土地使用权证，北区项目至今未取得土地使用权证。南区项目在取得土地使用权证后，将整个南区土地及地上建筑物1#、2#、3#、4#、5#楼全部抵押给张家口银行，取得3.478亿元贷款。

2021年10月29日，沧州市运河区人民法院裁定受理九乐公司重整，因重整工作推进缓慢，沧州市运河区人民法院通过全国范围公开招募，选任了利得清算公司加入与河北海岳律师事务所为联合管理人。在利得清算公司接受委托后，对九乐公司资产及债权进行了仔细梳理，发现抵押给张家口银行的永泰华都项目南区资产在破产受理时的评估价值为5.27亿元，该资产还承载着现状价值为2.37亿元的421套回迁安置房产（面积为42 986.92平方米）、需要交付的现状价值为0.30亿元的消费性购房、需退还的消费性购房款0.81亿元、0.77亿元的建筑优先权，以上共计4.25亿元，而张家口银行有财产担保债权3.89亿元，上述评估价值为5.27亿元的财产不足以全部清偿以上债权。笔者认为应当按照上述案例相同的权利顺位依次进行清偿。被拆迁（征收）人应享有代偿性取回权，债务人财产（包括抵押财产）应当优先用于保障被拆迁（征收）人获得安置房产，因此将421套回迁房所占用的土地及现状房产，依据权利的顺位自抵押土地及地上建筑物中剥离，由被拆迁（征收）人行使代偿性取回权，其他权利顺位依次行使，张家口银行无法受偿的抵押优先权部分转入普通债权进行清偿。

　　笔者按照上述被拆迁（征收）人代偿性取回权先于抵押债权的方案制作了重整计划草案，最终重整获得成功。

第六章
消费性购房户的权利保护

　　房地产企业破产程序中除上章论述的拆迁（征收）补偿权外，还有一个重要利益群体——预售房消费性购房户。房地产企业进入破产程序后，如没有拆迁（征收）补偿权，消费性购房户享有最优先的权利在理论和实务中已没有争议，但对于烂尾项目而言，是否顺利启动项目续建并将房屋建成交付给购房户，根本问题是续建资金的筹措问题。如何推动烂尾项目续建？破产程序中消费性购房户的身份如何确定？其优先权利究竟是及于房地产企业的所有破产财产（包括续建后的部分）还是仅及于其破产受理时在建房屋的现状？这些问题在实务中亟须解决。2023 年 4 月 20 日，最高人民法院公布并实施了《商品房消费者批复》，对于该批复在破产程序中如何理解和适用，笔者以博达公司、九乐公司和华兴公司重整案为例，深入探讨消费性购房户权利性质及其请求权的范围，为当下房地产企业"破产""重整""续建""保交房"实务操作提供鲜活案例。

第一节　消费者的主体范围和消费性购房户的界定

一、消费者的主体范围

　　现代汉语词典将消费定义为为了满足生产和生活的需求而消耗物质财富。由此，可以简单地将消费分为生产消费和生活消费两类。我国《消费者权益保护法》将需要保护的消费者限定在生活消费领域，该法第二条规定，"消费者为生活消费需要购买、使用商品或者接受服务，其权益受本法保护；本法未作规定的，受其他有关法律、法规保护"。但在实务中，此处的消费者是否包含单位，即单位能否作为生活消费的主体存有争议。

在司法实践中，最高人民法院民事审判第一庭编著的《民事审判实务问答》（法律出版社，2021年7月第一版）认为，单位不是消费者，《消费者权益保护法》第二条规定："消费者为生活消费需要购买、使用商品或者接受服务，其权益受本法保护；本法未作规定的，受其他有关法律、法规保护。"单位虽然也可以订立买卖合同而接受一定的商品，或订立有关服务合同而接受一定的服务，但就生活消费而言，单位本身不能直接使用某种商品或直接接受某种服务，即不能从事某种生活消费。单位在购买某种商品或接受某种服务以后，还是需要将这些商品或服务转化为个人的消费。正是从这个意义上说，单位可以作为商品房的买受人、服务合同的订立者，但不能作为最终的消费者。社会组织和单位的"人格"是法律拟制的，它们自身不能直接进行生活消费。这些组织、单位拥有的消费行为，总要以实物或服务的形式，有偿或无偿地转归个人消费，享受消费权益的主体仍然是个人。所以，消费者只是对于自然人个人而言，不包括社会组织和单位。作为法人或非法人团体，基本上不可能"为生活消费需要"而购买、使用商品。即便单位购买了个人通常用来消费的商品，目的也往往是办公，或为职工发放福利等非生活需要。因此，单位不应当属于消费者。如果单位与经营者之间出现了纠纷，双方均可以通过合同主张权利，并受《民法典》的调整。

根据以上观点，笔者认为在房地产企业破产程序中消费性购房户限定为自然人，对于单位是否作为生活消费主体不再深入讨论。

二、消费性购房户的界定

明确了《消费者权益保护法》所保护的消费者主体为个人，还需界定何为生活消费，才能界定个人的哪些行为受《消费者权益保护法》的特殊保护。

生活消费涉及多个方面，根据消费目的分类，分为生存型消费、发展型消费、享受型消费。生存型消费：满足基本生活需求，如食品、衣物、住房、交通等。发展型消费：满足个人发展和提高生活质量的需求，如教育、培训、健康保健等。享受型消费：满足精神和情感需求，如娱乐、旅游、文化和艺术等。从上面的分类中可以看出，购买住宅类商品房的行为属于生存型生活消费，是为了满足自然人居住的基本生活需求，这也是司法实践中经常提到的自然人的生存权问题。

在房地产企业破产债权申报中，不仅有申报购买住宅类商品房的购房者，还有申报购买商业类商品房的购房者，购买抵账的住宅类商品房，上述行为是否均属于生活消费。如何准确界定上述购房者是否属于生活消费，是对其进行特殊保护的前提条件。

（一）购买住宅类商品房的消费者及"一套房"的认定

在司法实践中，对于个人从房地产企业购买住宅类商品房的行为认定为满足居住的基本生活需求的生活消费已无异议，但是对于个人购买 1 套以上住宅部分是否认定为生活消费存有不同的观点。2002 年 6 月 27 日起施行的《建工优先权批复》中仅对消费者交付的购房款要求为全部或者大部分款项，并没有对消费者购买套数作出限定。而在 2015 年 5 月 5 日起施行的《执行异议和复议的规定》第二十九条第二项规定，"所购商品房系用于居住且买受人名下无其他用于居住的房屋"。至此，在司法实践中均认为消费者仅购买 1 套住宅商品房是满足生存居住基本需要的生活消费，超过 1 套部分不属于生存居住需求。但对于该 1 套房产的界定范围在实践中掌握标准不一。最高人民法院公布的法答网精选问答（第四批）问题 5：执行异议之诉案件中如何参照适用《执行异议和复议的规定》（2015 年）第二十九条"买受人名下无其他用于居住的房屋"的规定？答复意见：《执行异议和复议的规定》（2015 年）第二十九条第二项规定的"买受人名下无其他用于居住的房屋"，系为了规范人民法院办理执行异议和复议案件，结合人民法院执行工作实际而制定，而执行异议之诉必须实体审理，以实现实质公平为目标，目前多参照上述规定进行裁判。"名下无其他用于居住的房屋"属于较为典型的形式判断规则，执行异议之诉的实体裁判标准应为是否用于家庭基本居住生活需要。《九民会议纪要》第 125 条认为，"商品房消费者名下虽然已有 1 套房屋，但购买的房屋在面积上仍然属于满足基本居住需要的，可以理解为符合该规定的精神"。例如，商品房消费者名下首套住房面积较小，结合家庭人口及居住生活情况，另外购买的住房仍在满足基本居住需要范围内的，应认为符合《执行异议和复议的规定》（2015 年）第二十九条的精神。但对于购买投资型、豪华型房屋的，或者购买商铺等经营性房屋的，原则上不在本条保护范围之内。故房屋套数并非绝对标准，对此需要把握的是，一方面要保护人民群众对美好生活的向往，保护刚性和改善住房需求；另一方面要依法惩治恶意规避执行的行为。该答复意见实际上仍然是立足于是否为基本的居住需要进行实质审查，从而认定是否为生活消费。

2023 年 4 月 20 日起施行的《商品房消费者批复》第二条规定，"商品房消费者以居住为目的购买房屋并已支付全部价款，主张其房屋交付请求权优先于建设工程价款优先受偿权、抵押权以及其他债权的，人民法院应当予以支持。只支付了部分价款的商品房消费者，在一审法庭辩论终结前已实际支付剩余价款的，可以适用前款规定"。这里也没有对消费者购买房屋的套数作出限定，仍然是考察消费者是否以居住为目的而购买。

由于现有的查询手段无法查清购房人的所有房产情况，也就无法对购房人的居住目的、生存基本需求作出更精准的判断，因此，笔者团队担任管理人办理的所有房地产企业重整案中对"一套房"的认定基本只限定在该破产企业开发项目里是否仅购买了 1 套住宅，换言之，就是在该破产项目里购房人如申报两套或两套以上房屋，则只认定 1 套为消费性购房。

（二）购买商业类商品房的购房者不属于消费者

对于购买商铺、写字楼等商业类商品房的购房者，其行为是否属于生存型生活消费？首先，从概念上看，生活消费是指人们为满足个人或家庭生活需要而消耗物质资料和享受服务的一种经济行为。而购买商铺、写字楼等商业性质房产，主要是为了进行商业经营活动或投资，并非直接用于个人或家庭的生活消费。其次，从消费者权益保护法的角度来看，通常认为，消费者是为了个人生活消费目的购买或使用商品和接受服务的，购买商铺虽然涉及支付购房款，但这一行为主要是为了实现经营活动而获取经济利益，而非直接满足生活需要。再者，商铺的产权性质一般为商业，这意味着商铺主要用于商业经营活动，而非生活消费。商铺和写字楼具有投资属性，不属于消费者生存权保护的范畴，购买商铺的行为，更多地被视为一种投资行为，而非生活消费行为。综上所述，购买商铺、写字楼等商业类商品房不属于生活消费。

第二节 消费者优先权司法保护的两个阶段以及
交付房屋和价款返还请求权的区别

一、我国优先权的相关规定

在我国，虽然尚未建立统一的优先权制度，但某些法律中确实存在关于优先权的规定。以下是一些主要的优先权及其对应的法律规定：

《民法典》规定的优先权有，按份共有人的优先购买权、担保权人的优先受偿权、租赁合同中承租人的优先购买权、建设工程合同中承包人对工程价款的优先受偿权、技术合同中职务技术成果完成人的优先受让权、委托开发合同中委托人的优先受让权、合作开发人的优先受让权以及死亡配偶父母抚养优先权。《海商法》中规定海事请求人有对船舶优先受偿权，《民用航空法》中规定民用航空器救援人、保管维护人有民用航空器优先受偿权，《专利法》中规定发明或者实用新型专利权人的在先申请优先权，《商标法》中规定商标注册申请人就相同商品以同一商标提出商标注册申请享有在先申请优先权，《公司法》中规定有限公司股东有在公司增资时的优先认缴权，对其他股东转让股权的优先购买权，《企业破产法》中规定职工债权、税款债权优先普通债权受偿权等。优先权的法律性质是一个复杂的问题，优先权具有法定性、物上代位性、从属性、不可分性、不以占有与登记为要件、变价受偿性等特点。不同的法律体系和学者对其有不同的理解与解释。现有的优先权制度的规定大多分散于各部法律中，且可能因具体适用情形的不同而有所差异。因此，在实务中，还需要结合具体的法律规定和司法实践来确定优先权的性质。以上的优先权按照其所主张的权利可分为优先受偿权（如抵押权、质权、建设工程价款优先权、船舶优先权、民用航空器优先权、职工债权、税款债权、消费性购房优先权等）、优先购买权（如股东优先认缴权及购买权、共有人的优先购买权、承租人的优先购买权等）、优先保护权（如专利权人的在先申请权、商标权人的在先申请权、死亡配偶一方父母的优先抚养权等）。在企业破产程序中，本章仅讨论优先受偿权，对其他优先权不再赘述。

优先受偿权是指在债务人的财产不足以清偿所有债务时，某些特定的债权人依法享有的就债务人的全部财产或特定财产比其他债权人优先得到偿还的权利。优先受偿权的类型多样，依照不同的法律依据和适用范围，根据其可主张的对象范围可分为一般优先权和特别优先权〔1〕。一般优先权以债务人的全部资产为权利客体，特别优先权以债务人的特别动产或不动产为权利客体。从效力上说，一般优先权不仅可以优先于普通债权，在一定的条件下也有可能优先于抵押、质押、留置等担保物权。2006 年 8 月 27 日公布的《企业破产法》第一百三十二条规定，"本法施行后，破产人在本法公布之日前所欠职工的工资和医疗、伤残补助、抚恤费用，所欠的应当划入职工个人账户的基本养老保险、基本医疗保险费用，以及法律、行政法规规定应当支付给职工的补偿金，依照本法第一百一十三条的规定清偿后不足以清偿的部分，以本法第一百零九条规定的特定财产优先于对该特定财产享有担保权的权利人受偿"。这是有明确法律依据的一般优先权规定，2006 年 8 月 27 日之前欠付的职工债权优先于其他债权清偿，包括抵押优先权等其他享有优先权的债权。

二、消费者优先权司法保护的两个阶段

商品房消费者优先权是一般优先权还是特别优先权，决定了其请求权利的范围是及于房地产企业的所有财产优先受偿，还是仅及于其所购买的房屋的现状价值优先受偿。特别是在房地产企业破产程序中，房屋尚未竣工交付的情形下，商品房消费者优先权的权利范围对于保护商品房消费者权利的意义重大。

（一）商品房消费者优先权的准物权阶段

1. 2002 年 6 月 27 日起施行的《建工优先权批复》规定，消费者交付购买商品房的全部或者大部分款项后，承包人就该商品房享有的工程价款优先受偿权不得对抗买受人。（该批复于 2021 年 1 月 1 日废止）

2. 2014 年 7 月 18 日《最高人民法院针对山东省高级人民法院就处置济南彩石山庄房屋买卖合同纠纷案请示的答复》第二条"基于《建工优先权批复》保护处于弱势地位的房屋买受人的精神，对于《建工优先权批复》第二条'承包人的工程价款优先受偿权不得对抗买受人'的规定，应当理解为既不得对抗买受人在房屋建成情况下的房屋交付请求权，也不得对抗买受人在房屋未建成等情况下的购房款返还请求权。"（该答复不属于司法解释，但代

---

〔1〕 孙新强：《我国法律移植中的败笔——优先权》，载《中国法学》2011 年第 1 期。

表最高人民法院的意见）

3. 2015 年 5 月 5 日起施行的《执行异议和复议的规定》第二十九条规定商品房买受人，排除执行的条件为，"（一）在人民法院查封之前已签订合法有效的书面买卖合同；（二）所购商品房系用于居住且买受人名下无其他用于居住的房屋；（三）已支付的价款超过合同约定总价款的百分之五十"。

4. 2019 年 11 月 8 日发布的《九民会议纪要》第 125 条规定，对"买受人名下无其他用于居住的房屋"，可以理解为在案涉房屋同一设区的市或者县级市范围内商品房消费者名下没有用于居住的房屋。商品房消费者名下虽然已有 1 套房屋，但购买的房屋在面积上仍然属于满足基本居住需要的，可以理解为符合该规定的精神。对于其中"已支付的价款超过合同约定总价款的百分之五十"如何理解，审判实践中掌握的标准也不一致。如果商品房消费者支付的价款接近于百分之五十，且已按照合同约定将剩余价款支付给申请执行人或者按人民法院的要求交付执行的，可以理解为符合该规定的精神。第 126 条规定，根据《建工优先权批复》第一条、第二条的规定，交付全部或者大部分款项的商品房消费者的权利优先于抵押权人的抵押权，故抵押权人申请执行登记在房地产开发企业名下但已销售给消费者的商品房，消费者提出执行异议的，人民法院依法予以支持。但应当特别注意的是，此情况是针对实践中存在的商品房预售不规范现象为保护消费者生存权而作出的例外规定，必须严格把握条件，避免扩大范围，以免动摇抵押权具有优先性的基本原则。因此，这里的商品房消费者应当仅限于符合本纪要第 125 条规定的商品房消费者。买受人不是本纪要第 125 条规定的商品房消费者，而是一般的房屋买卖合同的买受人，不适用上述处理规则。（该会议纪要为司法文件，虽然不能直接作为法律依据引用，但其法理可以参考适用）

通过对以上司法解释及司法文件的梳理，笔者发现该阶段的司法实践对于商品房消费者居住权的保护贯穿始终，因此，多数人的观点认为，商品房消费者优先权类似于准物权的性质，无论其主张房屋的交付请求权，还是价款返还请求权，其优先权的保护范围应当仅限于其所购买的房屋的现状价值。因此，商品房消费者优先权在上述阶段可称为及于所购房产的特别优先权。

（二）商品房消费者优先权的一般优先权阶段

最高人民法院于 2023 年 4 月 20 日公布并实施了《商品房消费者批复》：

河南省高级人民法院：

你院《关于明确房企风险化解中权利顺位问题的请示》（豫高法〔2023〕36号）收悉。就人民法院在审理房地产开发企业因商品房已售逾期难交付引发的相关纠纷案件中涉及的商品房消费者权利保护问题，经研究，批复如下：

一、建设工程价款优先受偿权、抵押权以及其他债权之间的权利顺位关系，按照《最高人民法院关于审理建设工程施工合同纠纷案件适用法律问题的解释（一）》第三十六条的规定处理。

二、商品房消费者以居住为目的购买房屋并已支付全部价款，主张其房屋交付请求权优先于建设工程价款优先受偿权、抵押权以及其他债权的，人民法院应当予以支持。

只支付了部分价款的商品房消费者，在一审法庭辩论终结前已实际支付剩余价款的，可以适用前款规定。

三、在房屋不能交付且无实际交付可能的情况下，商品房消费者主张价款返还请求权优先于建设工程价款优先受偿权、抵押权以及其他债权的，人民法院应当予以支持。

通过对比《商品房消费者批复》第二条、第三条，笔者发现：

①商品房消费者房屋交付请求权优先的前提为"以居住为目的购买房屋并已支付全部价款"，不同于《执行异议和复议的规定》中"买受人名下无其他用于居住的房屋；已支付的价款超过合同约定总价款的百分之五十"。笔者认为，《商品房消费者批复》不再设置保护商品房消费者的前置条件。因全国范围内未实现不动产登记联网，买受人生存权的保障不应僵化为当地的1套房屋，且"本地"应为省、市、县、乡哪一级，因各地城市规模和发展水平不同而无法标准化，故"无其他用于居住的房屋"不应作为商品房消费者请求权优先的前提。对于支付房款的比例，因首付比例、交易习惯、区域差异、市场行情的不同，无法明确支付总房款的百分比而享有物权期待权，归口"一审法庭辩论终结前付清"，则避免了比例难题，符合支付全款才应获得房屋的通常认知，在当前保交房大背景下也使房地产企业有了收取购房尾款用于续建的途径。

②明确商品房消费者请求权优先不仅表现为房屋交付请求权，还表现为价款返还请求权；明确其优先级高于建设工程价款优先受偿权、抵押权以及

其他债权。

③交付为原则，返还购房款为例外。新批复的要旨是保护商品房消费者的生存权，必然以房屋为物质基础。故仅在房屋不能交付且无实际交付可能的情况下，商品房购房人返还购房款才能优先。对于商品房消费者的保护，是司法政策的特殊考量，不能由消费者进行选择。笔者认为，在具备交付条件（包括重整续建后交付）的情况下，商品房购房者解除购房合同，主张返还购房款的，不应优先于建设工程价款优先受偿权、抵押权。

从《商品房消费者批复》条文中可以看出，仅以居住为目的购买房屋的消费者为必要条件，对于消费者的已付款比例及购买套数没有明确规定，仅要求在一审法庭辩论终结前付清全款。通过以上分析，虽不能自《商品房消费者批复》的条文中直接得出商品房消费者优先权属于一般优先权、其权利范围及于房地产企业的所有破产财产的结论，但结合《商品房消费者批复》公布前后的司法解释和司法文件规定的变化，将《商品房消费者批复》中商品房消费者优先权理解为一般优先权这种超级优先权，更适合当前面临的保交房严峻形势，对于《商品房消费者批复》给房地产企业重整带来的变化，笔者将在本章第五节结合《商品房消费者批复》颁布后团队办理的华兴公司重整案进行深入解读。

三、房屋状况不同的情况下，交付房屋请求权和价款返还请求权的区别

（一）房屋处于竣工可交付状态

房地产企业虽然进入破产程序，但其所开发的房屋在法院受理破产时已经处于竣工可交付状态的情况下，依据《商品房消费者批复》第二条的规定，将商品房消费者的交付请求权置于权利顺位首位，在实践中可以顺利地实现商品房消费者的房屋交付请求权。但在房屋具备交付条件的情况下，商品房消费者如主张解除合同并退还购房款，则消费者主张价款返还请求权不具有优先性。在（2023）鲁民申5299号民事裁定书中[1]，山东省高级人民法院认为，"根据我国目前法律规定，消费者交付了购买商品房的全部或者大部分款项后，承包人就该商品房享有的工程价款优先受偿权不得对抗买受人。对于交付了购买商品房全部或者大部分款项的消费者予以优先保护，是基于生

[1] 案例来源于中国裁判文书网，访问日期：2024年12月3日。

存利益大于经营利益的社会政策原则，商品房消费者基于居住生存需要而享有的优先权包括房屋建成时的交付房屋请求权，也包括在房屋不能交付且无实际交付可能的情况下的返还购房款请求权。但是，在房屋已建成且具备办理产权证条件，消费者的生存居住权益能够得到保护的情况下仍要求解除合同，法院据此认定消费者在合同解除以后的返还购房款请求权不再具有优先权，将其债权认定为普通债权，并无不当"。就此来看，在商品房消费者优先权保护制度设计中其实并未考虑商品房消费者本身的意愿，或者说在我国房地产市场长达二十年处于上行阶段，房屋具有保值甚至升值功能的背景下，司法机关想当然认为在房屋能够交付的情况下，商品房消费者当然会作出要求交付房屋的选择。因此，在房屋能够实际交付时，商品房消费者如果选择要求返还购房价款，明显违背了司法机关保障商品房消费者能够获得房屋的初衷，而在此情况下，对于消费者的购房价款返还请求权也赋予优先于工程价款优先受偿权、抵押权以及其他债权的优先权，显然超出了保护商品房消费者居住权的必要限度，也突破了保护其生存权的理论基础。

（二）房屋处于烂尾未竣工不可交付状态

房地产企业进入破产程序，大部分是资金链断裂导致开发项目烂尾停工，商品房消费者所购买的房屋在没有外来因素影响的情况下，已经没有交付的可能性。在不能交付的情况下，商品房消费者的价款返还请求权优先于建设工程价款优先受偿权、抵押权以及其他债权。但这种优先权的权利范围是仅及于其所购买的房屋，即将购房款物化为其购买的烂尾楼的一部分，从而认定其优先权范围以所购房产变现价值为限，还是将该优先权认定为一般优先权，权利范围及于房地产企业的所有财产。如果商品房消费者的价款返还请求权的优先范围仅及于其所购买的房屋和土地，因房屋烂尾其变现价值已经不足以覆盖商品房消费者已付的购房款，其价款返还请求权、优先权将落空，司法机关对其生存权的保护也将落空。笔者团队办理的房地产企业重整案，购买时房屋价格偏低的全部要求继续交付房屋，在 2018 年以后购买的房价较高的全部要求返还房款，要求返还房款的，其返还的房产在破产程序中根本无法以其申报债权的价格变现甚至根本无法变现。笔者认为，在具备交付条件（包括重整续建交付）的情况下，商品房购房者解除购房合同，主张返还购房款的，不应优先于建设工程价款优先受偿权、抵押权，尤其是在当前房地产业下行的情况下。烂尾项目重整失败转入清算程序，房屋根本不能交付，依据《商品房消费者批复》的规定，方可将消费性购房户价款优于建设工程价款优先受偿权、抵押权以及其他债权清偿。

四、本节余论：商品房消费者权利是优先权吗

本节在写作和讨论过程中，多数意见认为商品房消费者的权利是一种优先权，具体内容如上所述。但本书作者之一的马树芳认为，商品房消费者权利不是优先权。具体理由如下：

1. 司法解释不能创设优先权。根据《立法法》第十一条的规定，民事基本制度只能制定法律，而法律只有全国人大及其常委会才有立法权。优先权属于民事基本制度的范畴，因此司法解释不能创设。

2. 《民法典》总则编第五章并未规定优先权。《民法典》第一编总则中的第五章"民事权利"，列举了民事主体享有的各种民事权利，包括人格权、物权、债权、股权等，但没有规定优先权。《民法典》其他各编中规定的优先权，更多的是从权利实现方式上作出明确规定。换句话说，《民法典》总则编第五章没有从权利本身的属性角度将优先权规定为一种民事权利，但是在各编中对各种优先权的实现方式作出了规定。

3. 司法解释仅是在多种权利冲突的情况下对权利清偿顺位作出安排，并未明确商品房消费者权利为优先权。《最高人民法院关于司法解释工作的规定》第二条规定："人民法院在审判工作中具体应用法律的问题，由最高人民法院作出司法解释。"在审判工作中，遇到多种权利冲突、法律对各种权利的实现顺位没有规定或规定不明确的情况下，最高人民法院有权作出司法解释。因此，无论是已经失效的《建工优先权批复》，还是现行有效的《商品房消费者批复》，均是权利冲突情况下为解决现实纠纷所进行的排位，起到"排排坐，吃果果"的现实效果，这是司法解释的职责所在和应有之义，而不是创设一种新权利的行为，最高人民法院的司法解释和有关司法文件中从未出现过"商品房消费者优先权"的概念。

4. 优先权是从债权、物权、股权等权利衍生而来，而消费者的权利由人权衍生而来。生存权是最基本的人权，消费者的利益属于生存利益，而建设工程优先权、抵押权等属于经营利益，两相比较，消费者的基本人权、生存利益，应当优先保护，这是司法解释将商品房消费者权利排在首位的原因，

而不是基于所谓的优先权。司法解释使用"优先"一词，仅是从权利顺序的角度表述，不能想当然地认为是一种优先权。

但是，在实务中，将商品房消费者权利称为优先权的情况普遍存在，中国裁判文书网的文书可以说明这一点，不论律师的诉辩意见还是法院的裁判理由，都存在这种情况。当然，从解决实际问题的角度看，无论是否称为优先权，对问题实际处理结果没有影响，真正受影响的是认知、逻辑、理由等形而上的问题。

第三节　续建费用的确定、调整、分担以及续建的装修标准

在房地产企业破产重整程序中，如何对项目进行续建，是能否重整成功的关键所在。在实操中，应对房地产企业的资产、负债及后续开发成本及利润进行测算，主要包括：企业资产、企业负债、项目续建投资、项目剩余可售货值和变现周期（即变现能力）。如果可售货值+应收房款（已售存量）数额大于后继开发成本，即项目未来收入，能够覆盖后继开发成本，则后续资金可以进入；反之，则后续资金就没有回款保证，后续资金则不敢进入项目。只有在保证了后续资金的回款可行性，无论是企业自筹资金、政府专项贷款还是投资人注资，才是可行的。但房地产企业进入破产程序时往往存在巨额的负债，房地产企业原控制人能利用的款项均已充分利用，且大多数房产均以按揭预售的方式全额收清购房款，大量的未完工在建工程+少量应收购房尾款成为烂尾项目常态。这样的项目如何启动续建以及续建费用如何承担成为一个关键问题。

一、续建费用的确定和调整

如何准确界定破产房地产企业烂尾工程的续建费用多少，是准确评估重整可行性的基础。在实践中，一般聘请造价咨询单位对续建工程造价进行预算，并在此基础上由评估机构对房地产企业财产进行评估。管理人或债务人在编写重整计划草案时据此进行清算状态下的清偿率测算。如果在重整计划执行阶段，续建费用实际发生值与预算值不符，是否应当进行清偿率的调整？需要根据具体情况进行分析。一是，重整计划的制定与执行应当遵循法律规定，并充分考虑债权人、债务人、出资人、员工等利害关系人的利益平衡。

重整计划一旦被法院批准，对所有相关方均有约束力。二是，要看重整计划对于续建费用问题是否有约定，如果有约定可以按照约定进行调整。如果没有约定，续建费用实际发生值超出预算值是一个常见的经济现象，可能由于多种因素导致，如原材料价格上涨、人工成本增加、设计变更等，在这种情况下，需要分析差异的原因和合理性，以及是否属于不可预见的情况。理论上，实际发生的续建费用可能超出预算，也可能低于预算，在合理范围内的变动，属于重整方的商业风险。但如果因人工、材料及机械费超预期的大幅增长，势必会影响重整计划的执行可行性，管理人或债务人可能需要重新评估重整计划，并与债权人沟通，以确定是否需要调整清偿率或采取其他的补救措施。如果续建费用超支是由于不可预见且不可控的因素导致，且这种超支对重整计划的执行产生了重大影响，那么可能有必要对清偿率进行调整。但需要注意的是，这种调整必须基于公平、合理和可行的原则。

二、消费性购房户权利性质与续建费用的分担

对于续建费用应区分不同情况进行确定。对于需要交付给消费者的房产的续建费用，在商品房消费者优先权认定为准物权的情况下，因商品房消费者交付房屋请求优先权的权利范围仅限于破产受理时的房产现状价值，需要注意的是，现状价值不能单户评估，应当以所有的消费性购房户全部房屋现状测算，对于该项目所有的消费性购房户续建费用总体测算，该部分费用是由商品房消费者自行承担的，不属于房地产企业的债务。而如果将商品房消费者交付房屋请求优先权认定为一般优先权的情况下，商品房消费者交付房屋请求优先权的权利范围将及于房地产企业的所有财产，而向商品房消费者交付的只能是完工的、可居住的、可办理不动产登记的房产，该部分房产的续建费用自然就包含在商品房消费者交付房屋请求优先权的范围之内，属于商品房消费者交付房屋请求优先权的一部分。但如果房地产企业除交付消费者房屋以外的所有财产已经不能覆盖需交付的房产的续建费用，不足部分还是应当由商品房消费者承担。

对于尚未出售不需要交付的房产，因该部分房产在破产受理时处于烂尾状态，其变现价值受到极大贬损，而对其进行续建完工将极大增加其变现价值，将有利于全体债权人的利益，因此可以认定为共益债务。同时，该部分续建费用添附于原烂尾房产之上，物化为房产的一部分，对此部分增加的房

产，续建费用享有建筑工程价款优先权。

三、续建中的装修标准问题

在房地产企业破产程序中，对于合同约定精装修的房产是否应当按合同约定的精装修标准修建完工并交付，以及是否可以简装交付的问题，涉及多个方面的考虑。精装修房产的交付标准应当基于购房合同中的明确约定，如果合同中详细规定了精装修的具体标准、材料、品牌等，并明确了精装修作为房产交付的必要条件，那么，在正常情况下，房地产企业有义务按照合同约定完成精装修并交付给购房者。然而，在破产程序中，情况可能会变得更加复杂。管理人需要综合考虑多个因素，包括破产企业的资产状况、债权人利益、破产成本以及继续履行合同的可行性等。如果破产企业的资产不足以支持完成所有的精装修工程，管理人可能需要在保护全体债权人利益的前提下，对合同约定的交付标准进行适当调整。在将商品房消费者的交付房屋请求权认定为准物权的情况下，续建费用是商品房消费者自行承担，应当由商品房消费者决定商品房的交付标准；而在将商品房消费者的交付房屋请求权认定为一般优先权的情况下，续建就属于完成交付请求权的内容，续建费用将由房地产企业的所有财产承担。这里就需要考虑精装修的标准是否属于生活消费的范畴。如果精装修的标准尚属于生活消费的一般范围，则应考虑按照精装修标准交房；如果精装修的标准已经超出生活消费的范畴，精装修的完成可能涉及大量资金支出，这可能会对破产企业的其他债权人利益产生影响，管理人需要权衡各方利益，作出合理的决策。管理人需要根据破产企业的实际情况和债权人的利益来决定是否采取简装交付的方式。如果简装交付能够降低破产成本、保护债权人利益并满足购房者的基本需求，那么这种方式可能是可行的。

综上所述，精装修的房产在破产程序中是否应当按合同约定修建完工并交付，以及是否可以简装交付，取决于破产程序的特殊性、购房合同的约定、破产企业的资产状况、债权人利益以及管理人的决策。在破产程序中，管理人需要综合考虑多个因素，作出合理的决策以平衡各方利益。如果购房合同中有明确的精装修约定且破产企业有能力履行该约定，则应当按合同约定修建完工并交付。如果无法履行该约定或简装交付更符合各方利益，管理人可以与购房者协商变更交付标准或采取其他解决方案。

第四节 消费性购房户续建费用的分担
——以博达公司和九乐公司重整案消费性
购房户交纳续建费用为例

一、博达公司重整案续建费用的分担

（一）博达公司的资产和负债情况

2018 年 8 月，法院受理博达公司的破产重整，2019 年 8 月 17 日，第二次债权人会议对重整计划进行了表决，因有担保债权组对利息按普通债权清偿以及普通债权组认为 10% 的清偿比例过低而未通过重整计划。2021 年 12 月，笔者团队加入博达公司清算组后，通过对资产和负债的进一步梳理，重新制作了重整计划草案。重整资产的清算价值为 3 167 348 354.20 元，另有可以收回款项 29 603 644.45 元，可供清偿资产价值合计为 3 196 951 998.65 元。博达公司如实施破产清算，假定其重整资产均能够按清算状态下评估价值变现，然后按照权利排序首先扣除回迁安置房及消费性购房的资产价值、回迁安置户的续建相关费用、优先过渡费、退还消费性购房款，再依次扣减建设工程价款优先权、抵押债权后，按照破产法规定的清偿顺序，在支付破产费用（包括案件受理费及其他诉讼费用、管理、变价和分配债务人财产的费用、管理人执行职务的费用、报酬和聘用工作人员的费用）、共益债务、职工债权、税款债权后，剩余资产用于普通债权的分配（普通债权包含管理人预估的原普通债权和抵押债权不能足额清偿的转入普通债权金额为 588 366 527.97 元），对普通债权中的民间借贷仅按本金清偿，普通债权清偿比例为 17.78%。但经测算，博达公司消费性购房部分续建费用 109 255 885.04 元，如果购房户不交纳续建费用，普通债权人清偿率将下降到 13.26%。

（二）第三次债权人会议关于续建费用分担的方案

鉴于博达公司资产和负债的具体情况，在博达公司破产重整计划草案中，按照本章所述观点对续建费用的分担作出了规定，重整计划关于续建费用分担内容摘录如下："付款不低于 50% 的消费性购房人，在补齐房款差价和需要承担的续建费用后，向其交付房屋。依据评估报告测算，消费性购房人每平方米建筑面积需要承担的续建费用为 1685.30 元；依据购房人所购买的房产

在博达公司破产受理前是否已经办理预售许可证的不同，按下列标准收取续建费用：①所购买的房产已经办理预售许可证的购房人，重整方自愿按照每平方米建筑面积 1000 元收取续建费用；②所购买的房产没有办理预售许可证的购房人，重整方自愿按照每平方米建筑面积 1500 元收取续建费用；③鉴于重整方已经对该类消费性购房人提供了充分保障，对上述消费性购房人的其他损失不再进行清偿。如果购房人所购房产原合同单价加上应承担的续建费用后，超过每平方米 5900 元的，则以 5900 元为限补交续建费用。付款少于50% 的消费性购房人，对其购房本金全额退还，其他损失按普通债权进行调整清偿。该部分债权人也可以按已付款占原合同房屋总价的比例折算已付款可以购买原房屋的面积并承担相应的续建费用（破产前有预售许可证的每平方米 1000 元，没有预售许可证的每平方米 1500 元），超出已付款可购买面积的部分，再按优惠价每平方米 5900 元优先购买其所购买的房屋（其他损失就不再支付）。该部分债权人应当在重整计划裁定通过之日两个月内，向博达公司提出书面选择，并补交房款及续建费用；逾期按退款处理。"

在重整计划草案提交给法院后，管理人又制作了消费性购房户重整计划草案简版，在第三次债权人会议召开前，与消费性购房户代表进行了充分沟通，代表提议要求管理人能就续建费用的具体计算给予专门的说明。管理人按建议立即委托评估机构对三里家园续建费用的计算出具了说明，并将说明通过债权人代表转发到消费性购房户微信群，同时在会议正式召开之前就对消费性购房户展开了线下纸质投票，在正式会议召开之前就取得了 98% 的消费性购房户赞成票支持。附评估公司续建费用说明。

关于三里家园续建费用的说明：

山东汇德资产评估有限公司接受委托，对博达公司的部分资产在 2021 年11 月 30 日的清算价值进行了评估。

其中，对三里家园小区采用了假设开发法进行评估，假设开发法的基本原理是以房地产按规定设计用途、规划条件开发后预期可获得的价值为基础，扣除正常开发成本、投资利息、销售费用、销售税费（含增值税及附加税、土地增值税、企业所得税及印花税等）及合理的开发利润，求出开发成本价值。计算公式为

开发成本价值=（开发完成后的房地产价值-续建建安成本（含专业费

用）–资金成本–销售费用–销售税费–后续成本应分摊的开发利润）×快速变现系数

经评估测算，1-24#楼的续建费用如下表：

项目	地上销售面积（m²）	扣减续建建安成本（含专业费用）（元）	扣减后续管理费用（元）	扣减后续资金成本（元）	扣减后续成本费用分摊利润（元）	后续成本费用合计（元）	均价（元/m²）
1-24#楼	473 570.01	714 688 002.94	7 146 880.03	67 364 441.77	144 366 976.59	933 566 301.34	1971.34

经初步审查的可交付的 64 828.58 平方米房产的续建费用如下表：

项目	地上销售面积（m²）	扣减续建建安成本（含专业费用）（元）	扣减后续管理费用（元）	扣减后续资金成本（元）	扣减后续成本费用分摊利润（元）	后续成本费用合计（元）	均价（元/m²）
可交付房产	64 828.58	83 690 995.88	836 909.96	7 822 398.04	16 905 581.17	109 255 885.04	1685.30

特此说明

山东汇德资产评估有限公司

2022 年 1 月 21 日

二、九乐公司续建费用的分担

（一）九乐公司的资产和负债情况

2021 年 10 月，沧州市运河区人民法院受理九乐公司重整案。2022 年 8 月，召开第二次债权人会议，依据河北嘉德资产评估有限公司评估报告，九乐公司财务账簿所记载资产的清算价值为 634 445 906.35 元，扣除非重整所必需的资产清算价值 28 597 863.25 元（其他应收账款），剩余资产价值为 605 848 043.10 元，另有可以收回款项为 231 495 951.33 元，可供清偿资产价值合计为 837 343 994.43 元。九乐公司如实施破产清算，假定其重整资产均能够按清算状态下评估价值变现，然后按照权利排序首先扣除南区回迁安置房现状价值，南区 1-5#、17#、19#楼和北区 10#、12#、13#、15#、16#楼中付款不低于 50%消费性购房的现状价值，退还其他消费性购房款，再依次扣减建设工程价款优先权、抵押债权后，按照破产法规定的清偿顺序，在支付回迁安置房续建费用、破产费用（包括案件受理费及其他诉讼费用、管理费、变价和分配债务人财产的费用、管理人执行职务的费用、报酬和聘用工作人员的费用）、共益债务、职工债权、税款债权后，剩余资产用于普通债权的分配，则普通债权的清偿率仅为 6.51%。但经测算，九乐公司消费性购房部分续建费用为 54 889 503.53 元，如果购房户不交纳续建费用，普通债权人清偿率将下降到 0%。

（二）九乐公司第一版重整计划中关于续建费用交纳的内容

九乐公司消费性购房总计 778 户，其中南区 371 户，北区 407 户。

北区尚未取得土地使用权。在 2022 年 8 月召开的第二次债权人会议上，重整计划草案对消费性购房补交续建费用的调整内容如下。

对于购买南区的 1-5#楼、17#楼及 19#楼中付款比例不低于 50%的消费性购房人继续履行合同，按评估报告测算平均每平方米应分摊的续建费用为 2600.85 元，购房人本应按此标准补交续建费用并按合同约定补齐房屋余款。经管理人测算并与重整方协商为保护购房人的利益，债权人除按上述补交续建费用及补齐房款的方案之外仍可选择以下债权调整方案：其已付购房款按原购房合同约定单价计算可以购买的房屋面积无须另行支付续建费用，所购房屋剩余面积则需按照每平方米 9500 元的优惠价（评估的成本价为每平方米 9591.38 元，经协商后优惠价为每平方米 9500 元）进行购买，无须另行支付续建费用；因该部分债权人利益已经获得了充分保护，其所享有的普通债权不再进行清偿；如购房人不愿购买房屋，则向购房人退还购房本金，其他损失按普通债权进行清偿。

对于购买北区 10#、12#、13#、15#、16#楼中付款比例不低于 50%的消费性购房人继续履行合同，按评估报告测算平均每平方米应分摊的续建费用为 5979.31 元，购房人本应按此标准补交续建费用并按合同约定补齐房屋余款。经管理人测算并与重整方协商为保护购房人的利益，债权人除按上述补交续建费用及补齐房款的方案之外仍可选择以下债权调整方案：其已付购房款按原购房合同约定单价计算可以购买的房屋面积无须另行支付续建费用，所购房屋剩余面积则需按照每平方米 9500 元的优惠价（评估的成本价为每平方米 9591.38 元，经协商后优惠价为每平方米 9500 元）进行购买，无须另行支付续建费用；因该部分债权人利益已经获得了充分保护，其所享有的普通债权不再进行清偿；如购房人不愿购买，则向购房人退还购房本金，其他损失按普通债权进行清偿。

除上述消费性购房人以外的其他消费性购房人也可以选择以下债权调整方案：其已付购房款按原购房合同约定单价计算可以购买的房屋面积无须另行支付续建费用，所购房屋剩余面积则需按照每平方米 9500 元的优惠价进行购买，无须另行支付续建费用；因该部分债权人利益已经获得了充分保护，其所享有的普通债权不再进行清偿；如购房人不愿购买，则向购房人退还购房本金，其他损失按普通债权进行清偿。

因已付全款的购房户无须补交续建费用，大部分购房户交款比例较低且不接受剩余未交款面积按每平方米 9500 元价格等原因，绝大部分购房户对第二次债权人会议重整计划草案表决投了反对票。

（三）方案调整后最终续建费用的分担

在第二次债权人会议之后，因新冠疫情等原因重整计划表决暂时搁置，2023 年春节后，政府专班和管理人重新组织购房户代表座谈沟通。消费性购房户选出 6 到 7 个懂财务并熟悉房地产行业的债权人代表与管理人团队一起，每天上午与管理人及评估和造价机构一起反复梳理相关数据，大约一个多月的时间，购房户代表与管理人重新达成了新的续建费用分担方案，所有购房户一律根据购房面积补交，从公平原则出发，法院受理破产前付清全款的也需要分担续建费用，最终达成附生效条件的消费性购房债权修正方案，主要内容为：付款比例不低于 50% 的消费性购房人，按照所购房屋建筑面积每平方米 2000 元另行补交续建费用；在重整计划裁定通过之日后且其所购房产达到预售许可条件并在两个月内付清房屋余款及续建费用后，按照重整计划规定向其交付房屋。付款比例低于 50% 的消费性购房人，按照所购房屋建筑面积每平方米 2100 元另行补交续建费用；在重整计划裁定通过之日后且其所购房产达到预售许可条件两个月内付清房屋余款及续建费用后，按照重整计划规定向其交付房屋。在管理人正式通知购房户表决重整计划修正案之前，购房户代表率先自行组织大约 400 名购房户召开一次内部会议，讲明九乐公司重整计划修正案的相关情况，以及如果不同意修正案导致重整失败后，九乐公司可能转入破产清算的严重法律后果。在本次购房户内部会议结束时，绝大多数参会的购房户当场就签订了消费性购房债权修正方案。会后管理人又正式通知所有购房户自 2023 年 5 月 21 日至 5 月 25 日总计五天重整计划投票磋商期间，重新对重整计划修正案进行投票，最后超过 98% 的购房户对重整计划修正案中的续建费用分担方案投了赞成票。

在第一次重整计划草案公布后，重整计划分担续建费用修正案的最终形成前，购房户债权人向管理人提出了很多问题，笔者附九乐重整案第二次债权人会议后管理人对消费性购房户的诉求答复，希望能给面临同样问题的政府烂尾项目工作专班以及相关管理人同行作为参考。（详见附录三：对消费性购房户所提诉求的答复）

第五节　消费性购房户交付房屋请求权范围包含续建费用
——以华兴公司重整案消费性购房户无须交纳续建费用为例

一、华兴公司的资产和负债情况

2023 年 1 月 4 日，沧州市中级人民法院裁定受理对华兴公司的重整，后将案件移送沧州市新华区人民法院审理。2023 年 8 月 4 日，沧州市新华区人民法院作出（2023）冀 0902 破 1 号决定书，指定华兴公司破产清算组担任华兴公司破产管理人。依据山东汇德资产评估有限公司评估报告，华兴太阳城项目资产的清算价值为 302 484 279.59 元，另有应收房屋尾款 30 166 128.51 元，重整期间续建增加资产 460 万元，可供清偿资产价值合计为 337 250 408.10 元。华兴公司如实施破产清算，假定其重整资产均能够按清算状态下评估价值变现，扣除销售税费，然后按照权利排序首先扣除享有优先保护的消费性购房人房屋的现状价值及续建费用，退还其他消费性购房款，按照破产法规定的清偿顺序再依次扣减破产费用（包括案件受理费及其他诉讼费用、管理、变价和分配债务人财产的费用、管理人执行职务的费用、报酬和聘用工作人员的费用）、共益债务、建设工程价款优先权、职工债权、税款债权后，剩余资产用于普通债权的分配（上述债权包含管理人预估的债权），则普通债权的清偿率仅为 27.91%。

二、最高人民法院《商品房消费者批复》在华兴公司重整案中的理解和适用

在重整程序中，对于只支付了部分价款的商品房消费者如何适用《商品房消费者批复》中的"在一审法庭辩论终结前已实际支付剩余价款的"可以优先享有交房请求权。有观点认为，应当以"重整计划草案提交债权人会议审查前"对应《商品房消费者批复》的"在一审法庭辩论终结前"。因为，只有在重整计划草案提交债权人会议审查前，所有的债权金额及类型均已经确定，才能确定重整计划草案的清偿率，进而制定重整计划的债权调整方案及偿债方案。也有观点提出，应当在涉案房屋可以办理按揭贷款手续后交清剩余房款即可保护商品房消费者的交付请求权。其理由是，房屋为大件商品，没有多少家庭可以全款买房，大部分人均需要使用按揭贷款方式购房；而进入重整程序的房地产企业在重整计划批准前，其开发项目因失信经营异常等原因均无法办理按揭贷款，只有在重整成功后，恢复债务人企业的相关信用后才能办理按揭贷款。如果要求在重整计划草案提交债权人会议审查前就必须交清全款，那么大部分的商品房消费者无法交清全款，其交付请求权将落空。在重整计划中，约定执行期间由该部分商品房消费者进行按揭贷款，在房地产市场低迷的状态下，可以快速筹集资金进行项目建设，有利于重整计划的顺利执行。

因华兴公司绝大部分主张继续交付房屋的购房户都欠付尾款，华兴公司在第一次债权人会议后就启动了工程续建，为保证工程款的支付。针对上述《商品房消费者批复》的适用，经清算组管理人内部充分讨论后决定按第一种观点执行，报法院同意后向购房户逐户发通知函，要求购房户在管理人向法院提交重整计划草案前必须交齐房屋尾款，以下是向消费性购房户继续履行交付房产必须先交齐全部房款的通知内容。

尊敬的消费性购房户：

沧州市华兴置业房地产开发有限公司破产重整一案，由沧州市新华区人民法院审理。2023 年 8 月 4 日，沧州市新华区人民法院指定清算组担任管理人。对于大家迫切关注的消费性购房户的房产是否可以继续履行以及何时交房等事关切身利益的相关问题，现管理人作以下解释说明：

2023 年 2 月 14 日，最高人民法院通过了《商品房消费者批复》（2023 年 4 月 20 日施行），其中第二条规定：商品房消费者以居住为目的购买房屋并已支付全部价款，主张其房屋交付请求权优先于建设工程价款优先受偿权、抵押权以及其他债权的，人民法院应当予以支持。只支付了部分价款的商品房消费者，在一审法庭辩论终结前已实际支付剩余价款的，可以适用前款规定。该条款再次重申了保护购房户的权益，但该条也提出了明确的义务要求：欠交尾款的消费性购房人只有按合同补齐房款，才能确认交付房屋请求权的优先性。换句话说，只有交齐全款的才有权要求确认继续履行合同交付房屋。

按沧州市中级人民法院给予的指导性意见"在破产程序中一审辩论终结前应理解为法院批准重整计划前"。因此，本案中，申报债权时明确要求交付房屋的，在管理人报法院批准重整计划前一周内应当将所有尾款全部交齐（具体时间以管理人通知为准），所有房款管理人将专项用于拨付工程款。

从重整工作启动开始先后两次寄送书面告知函、三次发送全员短信通知、多次座谈并全面进行普法和解释。截至最后期限，近一半的购房户向管理人交纳了欠付的所有购房尾款，大大缓解了工程款支付的压力，确保了施工正常推进。经了解，剩下没能及时补交尾款的主要原因：一是对债务人能否按时交房没有信心；二是家庭确实困难一时难以凑足尾款。考虑对没有在重整计划草案提交法院前交齐全款的购房户直接按退款处理有可能引起群访，为了最大限度地保障民生，避免出现群访事件，管理人报告清算组领导同意后，由辖区办事处引导上述购房户选出代表，向法院提起债权确认之诉，起诉要求确认其消费性购房户交付房屋请求权的优先性。管理人以该类债权在诉讼中予以暂缓审查，并将房屋进行预留，告诉所有没交全款的购房户在衍生诉讼一审辩论终结前必须全部交清房款。在此期间，华兴公司重整计划通过，陆续解除了相关失信、工商经营异常以及补办了开发资质等所有消除贷款障碍事项后，所有购房户也都在衍生诉讼一审辩论终结前全部通过银行贷款等交齐了剩余尾款。

在华兴公司重整案中，对于《商品房消费者批复》规定的必须交清全款的消费性购房户才可以主张交付房屋，管理人充分利用对该司法解释在破产程序中应当在重整计划草案提交法院前交齐全款的第一种观点，先在重整计划草案提交法院前筹措到一部分工程款，在河北省委巡视要求的时间节点使工程顺利开工，之后又将《商品房消费者批复》一审辩论终结前交清全部购房款延伸解释适用到破产衍生诉讼中，最终让那些没有在管理人向法院提交重整计划前交清全款的购房户也未丧失交房请求权，同时保障了民生，化解了社会矛盾。

三、华兴公司重整案中消费性购房户没有分担续建费用

通过上述华兴公司资产负债可以看出，华兴公司在清偿率计算时直接将购房户续建费用作为扣减项进行了计算，华兴公司重整计划没有要求购房户分担续建费用，主要是对《商品房消费者批复》公布前后相关国家政策的深入解读，认为《商品房消费者批复》是在促进房地产纾困、完成保交楼、保交房使命的特殊时期下的产物，理解为消费性购房户属于一般优先权，在破产程序中商品房消费者优先权优先范围应及于房地产企业的所有破产财产之上，更有利于保交房。

只有将商品房消费者优先权认定为"一般优先权"这种超级优先权，才能保证商品房消费者优先权不落空，才能最大限度地保障购房人的合法权益，从而促进购房信心进一步恢复，稳定房地产市场，保证中国房地产经济的平稳发展，才符合当前国情。但对商品房消费者一般优先权的行使，应当先对房地产企业无其他优先权的财产行使权利，不足部分再对有担保优先权的财产行使权利；如果有担保优先权的财产足以清偿续建费用，对各个有担保优先权的财产应按照比例行使权利；如果有担保优先权的财产也不足以清偿续建费用，则相当于商品房消费者优先权无法全额清偿，应当由商品房消费者承担相应费用，以免形成权利的失衡。

第七章
抵账房权利性质

在房地产企业破产程序中，除消费性购房户申报权利要求交付房屋外，还会出现大量破产前以房抵账的权利人，包括从抵账人处购买抵账房的权利人，在申报债权时都要求确认消费性优先权并继续交付房屋。对申报的抵账房债权，特别是从抵账人处购买抵账房的债权如何认定，是房地产企业能否重整成功的重要因素之一。在房地产企业破产程序中以房抵账的情形大致可以分为以房抵工程类欠款、以房抵非工程类欠款（抵借款或货款）以及上述两类抵账房再次出售。本章主要论述上述几类抵账房的权利性质如何认定。

第一节　工程款抵账房的权利性质以及
购买工程款抵账房的权利认定

一、以房抵工程类欠款属于实现建设工程价款优先受偿权的方式

在房地产企业项目开发过程中，以项目房产抵顶应付施工企业工程款的情况很普遍。对于欠付工程款，《合同法》第二百八十六条规定，"发包人未按照约定支付价款的，承包人可以催告发包人在合理期限内支付价款。发包人逾期不支付的，除按照建设工程的性质不宜折价、拍卖的以外，承包人可以与发包人协议将该工程折价，也可以申请人民法院将该工程依法拍卖。建设工程的价款就该工程折价或者拍卖的价款优先受偿"。在实践中，建筑工程价款优先权的行使方式除通过诉讼的方式主张外，大量的工程价款优先权是通过协议折价抵房方式来实现的，即以房抵账。这种方式所获得的房屋俗称

工程抵账房。最高人民法院在四川省建筑机械化工程有限公司（以下简称建机工程公司）、成都紫杰投资管理有限公司（以下简称紫杰投资公司）申请执行人执行异议之诉再审案【（2020）最高法民再352号】中，对于工程抵账房的优先性进行了充分的论述，最高人民法院在该案裁判理由中认为，"建机工程公司以与大邑银都公司签订的以房抵债《协议书》方式行使建设工程价款优先受偿权。双方于2013年7月11日签订《协议书》，约定以案涉位于'邑都上城'项目的13套房屋在内的共15套房屋作价为7 330 778元抵偿大邑银都公司欠付建机工程公司的工程款，后建机工程公司与大邑银都公司就案涉房屋签订《商品房买卖合同》，建机工程公司以冲抵工程款的方式购买案涉房屋，其实质是通过协商折价抵偿实现建机工程公司就案涉项目房屋所享有的建设工程价款优先受偿权，建机工程公司与大邑银都公司以案涉房屋折价抵偿欠付工程款，符合《合同法》第二百八十六条规定的工程价款优先受偿权实现方式"。"建机工程公司享有的工程价款优先受偿权足以排除紫杰投资公司的强制执行。《建工优先权批复》第一条规定：'人民法院在审理房地产纠纷案件和办理执行案件中，应当依照《中华人民共和国合同法》第二百八十六条的规定，认定建筑工程的承包人的优先受偿权优于抵押权和其他债权。'紫杰投资公司对大邑银都公司享有的是普通借贷债权，而建机工程公司作为案涉工程项目的承包人对案涉房屋享有建设工程价款优先受偿权，建机工程公司工程款债权优先于紫杰投资公司的普通债权得到受偿，案涉房屋系工程款债权的物化载体，本案不适用执行异议和复议规定第二十八条，建机工程公司就案涉房屋享有的权利足以排除紫杰投资公司的强制执行"。[1]

上述判例虽然不是破产程序中的债权确认之诉，但破产程序是概括性执行程序，对于工程抵账的房产性质的认定仍具有较高的指导价值，施工方对自建的抵账房产应当享有优先权。

二、工程抵账房权利人在破产程序中是否可以要求继续履行交付房屋

施工方对工程抵账的房产享有优先权没有争议，但在破产程序中对于工程抵账房选择继续履行交付房产还是收回抵账房统一纳入债务人财产，按债权顺位向全体债权人清偿，还要具体案件具体分析。在破产程序中，工程抵

---

〔1〕（2020）最高法民再352号案例，来源于中国裁判文书网，检索日期：2024年10月31日。

账房若仍在施工单位自己名下持有（包括施工单位法定代表人、主要负责人等代持），最高人民法院前述案例已经明确了房屋系用以支付施工单位建设工程优先受偿权，其实际为施工单位建设工程价款优先受偿权的物化载体，该部分房产应作为房地产企业向施工单位已经支付的建设工程价款。但因不动产物权的变动系以不动产物权登记为准，此时应当认定为双方以房产支付工程款的合意尚未履行完毕。在破产程序中对此类房产的处置，应结合施工单位建设工程价款优先受偿权的认定情况以及受偿方案来确定此类工程抵账房是否应当向施工单位继续履行。

下面以笔者团队办理的广信公司重整案为例进行说明。该案中，笔者团队通过数据分析决定对工程抵账房继续履行交付义务。广信公司百度城二期项目抵账房产共有住宅 1555 套，经审查，决定继续履行的房产 855 套，其中属于工程款抵账的 115 套（已建成 27 套，其余 88 套均为在建工程）。在建 88 套房产当时抵账价值合计 6409.2 万元。管理人进驻后，委托评估公司对房产进行评估（基准日 2017 年 10 月 31 日），相比抵账价格平均增值约 30%，即大约增值 2000 万元。在二期工程抵账房产不予收回的情况下，二期工程款优先债权总额约 1.9 亿元，重整计划确定可清偿约 1.665 亿元，二期工程款优先权的清偿比例为 87.5%。如果工程款抵账房产 88 套被收回，则工程款优先债权将对应增加 6409.2 万元，二期工程款优先债权总额将变为约 2.54092 亿元（1.9 亿+6409.2 万）；同时，广信公司资产将增加约 8409 万元（6409 万+2000 万）。因工程款债权有优先权，因此，广信公司增加的资产依法应当优先用于清偿二期工程款优先债权，而不能用于清偿普通债权，则可清偿约 2.505 亿元（1.665 亿+8400 万），二期工程款优先债权清偿率变为 98%。

通过上述数据分析可以看出，收回房产的增值尚不能满足二期工程款优先债权 100%清偿，只是增加了二期工程款优先债权的清偿比例，但普通债权的清偿比例并不能增加。因此，管理人将上述分析报法院后，决定对工程抵账房产全部继续履行交付房屋。但是，如果收回抵账房的价值大于工程款优先权数额的话，为全体债权人利益最大化计，则应当收回。

三、购买工程款抵账房是否可以认定为消费性购房

在房地产企业破产程序中，工程款抵账房再次转让的，原则上应当认定仍享有优先权，该优先权来源于前手的建筑工程价款优先权。对于第三方购房户与房地产企业已经完成了财务上的相关债务转移手续的，应视为第三方已经向房地产企业支付了购房款。为维护交易秩序，对于第三方购房户可参照消费性优先权认定为已经支付了购房款的购买者，将购买工程款抵账房的个人参照消费者购房户的权利予以优先保护。在实践中，存在一个自然人购买了两套以上工程款抵账房的情形，原则上只保护一套。

第二节　非工程类以房抵账的权利性质以及购买非工程类抵账房的权利确认

一、非工程类以房抵债应以基础法律关系认定其权利为普通债权

《九民会议纪要》第 44 条规定，"当事人在债务履行期限届满后达成以物抵债协议，抵债物尚未交付债权人，债权人请求债务人交付的，人民法院要着重审查以物抵债协议是否存在恶意损害第三人合法权益等情形，避免虚假诉讼的发生。经审查，不存在以上情况，且无其他无效事由的，人民法院依法予以支持"。笔者认为，上述会议纪要精神是在企业正常经营状态下适用的，在房地产企业破产程序中，对于以房抵债协议，依据《九民会议纪要》的精神认定为有效协议没有问题，但合同效力与破产程序中债权权利顺位排序是两个不同的问题。因企业进入破产程序是阻却合同继续履行的法定事由，但抵账房屋尚未完工，既没有交付，也没有办理初始登记和转移登记手续，以房抵债协议未能履行完毕。此时，在破产程序中若仍继续履行以房抵债协议，则是将以物抵债的基础破产债权进行全额清偿，在基础法律关系的破产债权无优先受偿地位的情况下，履行以物抵债协议将构成破产法上的个别清偿。因此，对于非工程款以物抵债协议，在破产程序中应当依据其原始债权债务关系认定为普通债权，而不能直接认定应当向其交付房屋；如果认为其属于在履行期限届满后所达成的以物抵债协议，简单依据《九民会议纪要》精神而认定应向其交付房屋，而不考察其原债权债务关系的权利属性，则存在忽视企业破产程序的特殊性，严重违反《企业破产法》的公平清偿原则。

笔者查询了相关高院的破产案件审理规程，发现有不同理解。例如，河北省高级人民法院在《破产案件审理规程（试行）》第一百零一条规定，"消费购房者享有优先受偿权。消费购房者债权优先于建设工程价款受偿。债

权人以购房者名义申报债权，管理人经审查存在虚假按揭、以房抵债、设定让与担保等情形的，人民法院应按基础法律关系的性质认定债权"。但在 2024 年 3 月发布的正式《破产案件审理规程》第八十八条将该条修改为，"消费购房者享有优先受偿权。消费购房者债权优先于建设工程价款受偿。债权人以购房者名义申报债权，管理人经审查存在虚假按揭、以房抵债、设定让与担保等情形的，人民法院应综合考虑基础法律关系、实际履行情况、备案登记状况等因素予以认定"。

笔者团队办理的广信公司重整案，在破产受理时，广信公司的所有房产已经全部抵账，没有一套无争议的、可变现的房产用于清偿各类债权。管理人经严格审查，对于受让取得借款抵账房的债权人一律认定为普通债权，释放的房源建成价值约 6.65 亿，从而推进了广信公司重整程序的顺利进行。

对于基础法律关系并非真实房产买卖的债权人，其诉讼请求要求确认消费性业主优先债权的，山东省高级人民法院均驳回了债权人的诉讼请求，判决理由如下：（1）以房抵债是以消灭因借贷关系产生的金钱债务为目的，并不属于以购房为目的的房屋买卖合同，涉案房屋的交付、转让登记仅是以物抵债的实际履行方式，与基于买卖而产生的物权期待权具有实质性的区别，债权人享有的仅为一般债权，不享有消费者优先受偿权。（2）基于生存利益大于经营利益的社会政策原则，对于已经交付购买商品房全部或者大部分房款的消费者予以优先保护，以房抵债在于实现债权，并不是为了生活、居住需要，不属于消费者购房户，结合其资金出借人的身份以及案涉抵账房屋的数量，认为债权人不享有消费者优先受偿权。部分债权人对山东省高级人民法院的二审判决不服，向最高人民法院申请再审，最高人民法院均裁定驳回再审申请。相关案例：（2020）最高法民申 477 号、（2020）最高法民申 966 号、（2020）最高法民申 1408 号、（2020）最高法民申 2355 号、（2020）最高法民申 3794 号、（2020）最高法民申 3958 号。对于调解和执行程序中达成的以物抵债并在破产程序中要求交付房屋的，最高人民法院都不予支持，相关案例：最高人民法院再审裁定（2020）最高法民申 1409 号。另外，抵账房债权人再次抵账的，都按债务人与一手债权人之间的基础法律关系认定债权。相关案例：（2020）最高法民申 3619 号。

二、购买非工程类抵账房的权利性质

（一）购买非工程类抵账房的权利应认定为普通债权

上述非工程类以房抵债权利人申报要求确认消费性优先权并交付房屋的，管理人按基础法律关系对债权审查认定，目前在实践中争议不大。但上述抵账房债权人将抵账房再转让的，情况就变得特别复杂。对于购买基础法律关系为普通债权抵账房的购房人，因原债权为普通债权，其所获得的权利承继于原债权人，其受让的债权自然不能获得更优于原债权的保护范畴，其权利应认定为普通债权。若此类购买抵账房的购房户也被认定为消费性购房户，则相当于在破产案件中开辟了普通债权向优先债权转换的渠道，使得普通债权人可以通过向第三人转卖抵账房的形式获得购房消费者优先权级别的清偿，严重违背破产法立法宗旨。

（二）购买抵账房行为不属于生活消费

对于购买非工程类抵账房的行为均不能认定为生活消费需求，应在查明原债权的基础上，对其债权按原债权性质进行认定。因其实质是为实现原债权人以物抵债的交易目的，本质上是原债权人向购买者的一种债权转让行为，购买抵账房所享有的债权请求权与应当优先保护的商品房消费者的物权期待权有本质区别。《执行异议和复议的规定》第二十九条及《九民会议纪要》第 125 条仅适用于住宅类房屋，且其指向的仅是房地产企业所开发的商品房。上述司法解释及相关司法文件保护的均是消费者购房人的期待权，而消费者是与经营者相对的概念。出售抵账房的原债权人并非商品房的经营者，购买抵账房的个人也就无从谈起为消费者，并无《执行异议和复议的规定》第二十九条及《九民会议纪要》第 125 条适用的余地。

三、抵账房购房户主观上明知系购买的抵账房则不予确认其消费性优先权

在实践中，购买抵账房群体购买时的情况千差万别。很多抵账房购房户认为合同和收据都是房地产企业开具的，购买的抵账房也经过房地产企业同意，若房地产企业不同意，其也不会将房款支付给债权人，并且购房人也往往坚持以居住为目的而购房。有的购房人以破产企业工作人员指示其将购房款交给第三方债权人为由，坚定认为其属于消费性购房户。因购买抵账房群

体要求确认消费性优先权并交付房屋的诉求强烈，尤其是当购买抵账房群体人数众多甚至达到几百户的时候，该问题就涉及民生和稳定，而且购买抵账房的时间比较久远，如博达公司重整案，购买抵账房均发生在十年前，对于购买房屋的事实即使通过法庭审理也根本无法查清，对该类债权的认定异常复杂和艰难。笔者团队办理的广信公司重整案和博达公司重整案中，都涉及了几百户的购买抵账房群体，在破产程序中均经历了大量的群访和群诉。笔者将两起重整案中购买抵账房的衍生诉讼全部进行了梳理：博达公司除确认消费性购房户之外还有其他各类需收回的房产343套，至本书截稿时总计120名债权人通过诉讼方式主张交付房屋，博达公司购买抵账房的衍生诉讼目前大部分还在上诉或再审中；广信公司重整案除确认消费性购房户之外其他各类需收回的房产699套，其中93名以房抵账债权人通过诉讼方式主张交付房屋，目前均已结案。上述两起重整案中购买抵账房的衍生诉讼大致分为以下两类：

（一）抵账房购房户明知购买的是抵账房

博达公司重整案与广信公司重整案的共同点是都存在人数众多的抵账房购房户群体，但不同的是，两起重整案抵账房权利的基础法律关系在事实方面有极大区别，广信公司重整案件所有以房抵债的基础法律关系事实清楚，而博达公司的抵账房基础法律关系事实不清。博达公司破产前所有民间借贷均在体外循环，抵账房数额大的权利人（实际上系民间借贷人）情况在博达公司的财务账簿中均没有记载，审计报告中也没有体现，上述数额大的权利人是否为博达公司的债权人尚未可知。抵账房权利人拒绝申报债权，个别申报的也不能说清具体借款数额以及尚欠款数额，仅能配合管理人说清大概抵账了多少套房产以及对外转让了多少套房产。

基于此，法院在审理涉购买抵账房衍生诉讼时，主要围绕购房户购买房屋时是否明知交易对象为博达公司以外的第三人进行了审理。在博达公司破产立案后，当地政府成立了联合调查组，对很多抵账房购房户做了询问笔录，部分购房户当时自认在购房时明知是抵账房。对于在政府联合调查组询问笔录中明确承认其知道购买的抵账房的，以及个别自行参加庭审（没有聘请律师）的购房户当庭承认买房时明知是抵账房的，法院均驳回了其要求确认消费性优先权以及交付房屋的诉讼请求。沧州市中级人民法院和沧州市新华区人民法院驳回购房户诉讼请求的判决理由如下：债权人购房时，博达公司建设的三里家园项目售楼处于正常运营状态，虽然债权人持有意向客户确认单和房款收据，但其就购房事宜均是同第三人进行实际交易洽谈的（或根据新华区政府联合调查组对债权人所做的询问笔录可知，债权人在购买案涉房屋之时即知晓该房屋为抵顶给第三人的抵账房屋），购房款亦未进入博达公司账户或博达公司指定账户。在上述购房交易过程中，债权人的行为不足以证明其洽谈、交付的交易对象为博达公司。

相关案例：沧州市中级人民法院终审判决共 1 份，（2024）冀 09 民终 3211 号；沧州市新华区人民法院共 12 份判决，（2023）冀 0902 民初 1581 号、（2023）冀 0902 民初 1836 号、（2023）冀 0902 民初 2256 号、（2023）冀 0902 民初 2420 号、（2023）冀 0902 民初 2468 号、（2023）冀 0902 民初 2451 号、（2023）冀 0902 民初 2474 号、（2023）冀 0902 民初 3908 号、（2023）冀 0902 民初 3970 号、（2023）冀 0902 民初 4008 号、（2023）冀 0902 民初 4078 号、（2023）冀 0902 民初 4088 号。

在广信公司重整案中，对明知购买抵账房并承认将房款交给抵账房人的，其要求确认消费性优先权并交付房屋的请求，最高人民法院通过再审均驳回了其再审申请。相关案例：（2020）最高法民申 6460 号、（2020）最高法民申 5757 号、（2020）最高法民申 3576 号。

（二）抵账房购房户基于原债务人（破产的房地产企业）的指示付款或同意而购买抵账房

在博达公司重整案中，为了获得优先保护，很多抵账房购房户不承认自己是自抵账房权利人处受让取得的房屋，而声称是根据原债务人工作人员的指示向抵账房权利人付款，认为其属于消费性购房户，享有消费者优先权。笔者倾向认为，消费者优先权本身就是国家对消费者居住权的特别保护，已经突破了物权优于债权的一般原则，管理人在债权审查过程中必须严格把控，只要是没有明确指示付款指令的情况下，即使抵账房购房户已经取得了房地产企业出具的收款收据，仍然认定其系从抵账房权利人处受让取得的抵账房，应按原权利性质进行认定。但笔者团队的该观点在博达公司重整案相关涉抵账房衍生诉讼中未能得到法院的支持。

对于在联合调查组调查时没有承认系购买抵账房且在庭审中又陈述系按

博达公司工作人员指示交款的，沧州市中级人民法院和沧州市新华区人民法院均支持其要求确认消费性优先权的诉讼请求。判决理由如下：债权人购房时，三里家园项目售楼处正常运营，债权人在三里家园项目售楼处与售楼人员就购房事宜进行交易洽谈，并按照售楼人员的指示向指定账户交纳购房款，售楼人员也为债权人出具了意向客户确认单及收据；债权人作为普通购房户，有理由相信上述售楼人员能够代表博达公司与其进行购房交易且有理由相信其交易的对象为博达公司，在上述购房交易过程中，债权人的行为善意且无过错。

相关案例：沧州市中级人民法院终审判决共 8 份，（2023）冀 09 民终 2263 号、（2023）冀 09 民终 2703 号、（2023）冀 09 民终 2786 号、（2023）冀 09 民终 2915 号、（2023）冀 09 民终 3057 号、（2023）冀 09 民终 3059 号、（2023）冀 09 民终 3721 号、（2023）冀 09 民终 3908 号；沧州市新华区人民法院共 4 份判决，（2023）冀 0902 民初 2259 号、（2023）冀 0902 民初 2263 号、（2023）冀 0902 民初 4084 号、（2023）冀 0902 民初 4123 号。

在广信公司重整案中，部分抵账房购房户在向最高人民法院申请再审时，提交了广信公司原法定代表人出具的《证人证言》和《付款证明》，拟证明抵账房购房户是在广信公司售楼处购买的房屋，并在广信公司原法定代表人的指示下向抵账房权利人支付了房款，但最高人民法院均未采信。最高人民法院认为，再审提交的新证据破产企业原法定代表人出具的《证人证言》和《付款证明》，用于证明再审申请人向第三方支付款项的行为是根据广信公司的指示而进行的，目的是购买涉案房产而不是消灭债务。但该证据不足以推翻原审认定的以房抵债的事实。原审法院判决不属于消费者驳回其要求办理不动产过户的诉讼请求并无不当。

相关案例：最高人民法院生效再审裁定 7 份，（2020）最高法民申 2674 号、（2020）最高法民申 2969 号、（2020）最高法民申 3303 号、（2020）最高法民申 3342 号、（2020）最高法民申 3812 号、（2020）最高法民申 3618 号、（2020）最高法民申 3815 号。

第三节　驳回抵账房权利人诉讼请求的各种裁判理由

一、诉讼请求类型一：主张诉争房产不属于破产财产

（一）请求适用最高人民法院 2002 年《破产案件若干问题规定》第七十一条，主张诉争的房产不属于债务人财产（或破产财产）

债权人依据最高人民法院 2002 年《破产案件若干问题规定》第七十一条第（五）项"特定物买卖中，尚未转移占有但相对人已完全支付对价的特定物"不属于破产财产的规定，主张涉案房产不属于债务人财产。对此，山东省高级人民法院二审判决均驳回了债权人的诉讼请求。

山东省高级人民法院的判决理由如下：根据新法优于旧法的法律适用规则，应适用《破产法司法解释二》，根据《破产法司法解释二》，涉案房产应当属于债务人财产；涉案房产属于债务人财产符合物权法定的不动产物权登记生效原则，所有权仍属于债务人，应为债务人财产。最高人民法院再审亦维持了该判决理由。相关案例：最高人民法院再审裁定 13 份，（2020）最高法民申 477 号、（2020）最高法民申 1403 号、（2020）最高法民申 1405 号、（2020）最高法民申 1408 号、（2020）最高法民申 1409 号、（2020）最高法民申 2187 号、（2020）最高法民申 2674 号、（2020）最高法民申 2969 号、（2020）最高法民申 3794 号、（2020）最高法民申 5757 号、（2020）最高法民申 6304 号、（2020）最高法民申 6460 号、（2019）最高法民申 5623 号。

（二）请求适用《破产法司法解释二》第十五条，主张诉争的房产不属于债务人财产

债权人依据《破产法司法解释二》第十五条"债务人经诉讼、仲裁、执行程序对债权人进行的个别清偿，管理人依据企业破产法第三十二条的规定请求撤销的，人民法院不予支持"的规定，主张涉案房产不属于债务人财产，对此，山东省高级人民法院二审判决均驳回了债权人的诉讼请求。

山东省高级人民法院的判决理由如下：当事人双方并未依据执行和解协议完成清偿行为，不存在管理人行使撤销权的条件；涉案房产并未被执行法院确认所有权人为债权人；和解协议或商品房买卖合同也未被赋予强制执行的效力，在双方当事人尚未履行完毕之前仍属于债务人财产。最高人民法院

再审亦维持了该判决理由。相关案例：最高人民法院再审裁定 2 份，（2019）最高法民申 5036 号、（2020）最高法民申 3815 号。

二、诉讼请求类型二：要求确认为清偿债务而签订的房产买卖协议有效并继续履行合同

在房地产企业破产案的抵账房衍生诉讼中，债权人为取得房产、确保利益最大化，在诉讼中提出不同表达方式的诉讼请求，如确认房产所有权、请求继续交付房产、请求协助过户、主张取回权等，归根结底都属于债权人请求债务人继续履行合同，因此各级法院给出了以下四大方面的裁判理由。

（一）继续履行属于个别清偿

山东省高级人民法院认为，继续履行属于以诉讼方式要求个别清偿，有违破产程序的相关制度，驳回债权人的诉讼请求，山东省高级人民法院二审终审共 26 份判决。最高人民法院再审亦维持了该判决理由。相关案例：最高人民法院再审裁定 6 份，（2019）最高法民申 4145 号、（2020）最高法民申 3303 号、（2020）最高法民申 3763 号、（2020）最高法民申 3812 号、（2020）最高法民申 3815 号、（2020）最高法民申 3958 号。

（二）破产程序构成阻却合同继续履行的法定事由

山东省高级人民法院认为，债务人企业进入破产程序，实质上构成阻却普通债权人主张继续履行合同的法定事由，且债务人破产时涉案房屋尚未竣工验收，不符合继续履行的条件，构成事实上的不能履行，驳回债权人的诉讼请求。相关案例：山东省高级人民法院二审终审共 30 份判决。

（三）合同事实上不能履行，预告登记失效

山东省高级人民法院认为，预告登记所依据的合同被管理人依法解除，预告登记所赖以维系的债权基础消灭，预告登记失效。合同属于事实上不能履行，可以认定为债权消灭，预告登记失效。山东省高级人民法院二审终审共 25 份判决，最高人民法院再审亦维持了该判决理由。相关案例：最高人民法院再审裁定 13 份，（2020）最高法民申 1403 号、（2020）最高法民申 1405 号、（2020）最高法民申 2355 号、（2020）最高法民申 2674 号、（2020）最高法民申 2969 号、（2020）最高法民申 3342 号、（2020）最高法民申 3576 号、（2020）最高法民申 3618 号、（2020）最高法民申 3619 号、（2020）最高法民申 3794 号、（2020）最高法民申 5757 号、（2020）最高法民申 6304 号、（2020）

最高法民申 6460 号。

（四）债权人不享有所有权，不具备行使取回权的基础条件

债权人为取得诉争房产、实现利益最大化，主张对涉案房屋实际占有并享有取回权，山东省高级人民法院驳回了债权人的诉讼请求，判决理由如下：不动产物权的设立、变更、转让和消灭，经依法登记发生效力。涉案房产不具备物权登记条件，尚未办理所有权转移登记，债权人不享有所有权，不具备行使取回权的基础条件，驳回债权人的诉讼请求。最高人民法院再审亦支持该判决理由。同时，最高人民法院认为，涉案房产属于破产财产（或债务人财产），归债务人所有，债权人尚未取得所有权。双方当事人的协议未履行完毕，债权人未实际占有涉案房产，也未进行不动产权利变更登记，债权人不具有对特定物进行管理、支配的权利。债权人基于以物抵债协议享有的是债权请求权，不能对抗物权，更不能产生对特定物的取回权，因此，驳回债权人的诉讼请求。相关案例：最高人民法院再审裁定 4 份，（2019）最高法民申 1529 号、（2019）最高法民申 5623 号、（2020）最高法民申 477 号、（2020）最高法民申 966 号。

第四节　涉抵账房权利具体案例评析

一、办理预告登记的抵账房在预告登记失效后按基础法律关系认定为普通债权

参考案例：（2020）最高法民申 3802 号　徐××、威海广信房地产开发有限责任公司破产债权确认纠纷案[1]

【基本案情】

徐××申请再审称：其与广信公司签订的百度城二期 1B 号-2515、1B 号-2718、1D 号-1701 3 份《商品房预售合同》和 37 份地下停车位合同是双方借

---

〔1〕《徐××、威海广信房地产开发有限责任公司破产债权确认纠纷案》，载 https://wenshu.court.gov.cn/website/wenshu/181107ANFZ0BXSK4/index.html? docId=Xo/iK6Op8tojQ2ROsaen9F0yJckTQhkVxJ5mkUKWnNCwC49KlBFrwpO3qNaLMqsJHM33eANCu2gm0/86KSdwQ9qAfbE0j0aFWllbczIKwepCDZN3YhrW7dexIxKKPmcB，最后访问日期：2024 年 10 月 30 日。

款合同到期后，经结算达成的新的房屋买卖合同关系，是双方的真实意思表示，且依法办理了预告登记手续，应当受到法律的保护。破产撤销权是管理人对债务人在破产申请前法定期间内进行的欺诈债权人或损害对全体债权人公平清偿的行为，申请法院予以撤销的权利。申请人、被申请人签订的 3 份《商品房预售合同》和 37 份地下停车位合同的行为均不属于《企业破产法》第三十一条、第三十二条的行为，管理人无权行使撤销权。双方于 2015 年 8 月 30 日借款到期后，经协商于 2015 年 12 月 22 日达成的抵账协议是双方真实意思的表达，合法有效。最高人民法院《破产案件若干问题规定》第七十一条第五项明确规定特定物买卖中，尚未转移占有但相对人已完全支付对价的特定物不属于破产财产。涉案百度城二期 1B 号-2515、1B 号-2718、1D 号-1701 房屋和 37 个地下停车位不应属于破产财产。山东省高级人民法院认为涉案商品房买卖合同虽然有效，但是属于法律上或者事实上不能履行的合同，徐××作为债权人可以向广信公司管理人申报相应的债权，并按《企业破产法》的相关规定实现权利。徐××不服，提起再审。

【裁判理由】

（1）关于认定破产财产的法律适用问题。《企业破产法》第三十条规定，"破产申请受理时属于债务人的全部财产，以及破产申请受理后至破产程序终结前债务人取得的财产，为债务人财产"。本案所涉房屋虽在登记机关办理了预告登记，但尚未登记至徐××名下，依法应当认定案涉房屋的所有权属于广信公司。徐××主张，依据《破产案件若干问题规定》第七十一条第五项关于"特定物买卖中，尚未转移占有但相对人已完全支付对价的特定物"不属于破产财产的规定，案涉商品房不属于广信公司破产财产。本院认为，《破产案件若干问题规定》系为正确适用《企业破产法（试行）》所制定的司法解释，而随着 2007 年 6 月 1 日《企业破产法》的施行，《企业破产法（试行）》已经废止，针对该部法律所制定的司法解释原则上应不再适用。且《破产法司法解释二》第二条对不应认定为破产财产的情形，作出了新的规定。根据"新法优于旧法"的法律适用规则，本案应适用《破产法司法解释二》认定案涉房屋是否属于破产财产，故徐××依据《破产案件若干问题规定》第七十一条主张案涉房屋不属于广信公司破产财产，缺乏法律依据，本院不予支持。

（2）关于预告登记的效力问题。《物权法》第二十条规定，"当事人签订买卖房屋或者其他不动产物权的协议，为保障将来实现物权，按照约定可以向登记机构申请预告登记。预告登记后，未经预告登记的权利人同意，处分该不动产的，不发生物权效力。预告登记后，债权消灭或者自能够进行不动产登记之日起三个月内未申请登记的，预告登记失效"。据此，预告登记系为保全一项请求权而进行的不动产登记，其登记内容是对物权的请求权，能够排除在后的物权变动，故原则上应认可其破产保护的效力，但不应一概而论。本案所涉房屋虽已办理预告登记，但广信公司进入破产重整程序之时，案涉房屋尚未竣工验收，也不符合实际交付并办理产权过户手续的条件，并无证据证明案涉经预告登记的房屋已具备转为本登记的条件。如果允许交付案涉房产将对整个破产重整计划的实施产生重大不利影响，再结合本案的预告登记行为发生在人民法院受理破产申请前六个月内等因素，原审法院认定预告登记所依据的《商品房买卖合同（预售）》被解除后债权消灭导致预告登记依法失效，并无不当。

综上所述，徐××的再审申请不符合《民事诉讼法》（2017年修正）第二百条第二、六项规定的情形。本院依照《民事诉讼法》（2017年修正）第二百零四条第一款、《民事诉讼法解释》第三百九十五条第二款之规定，裁定如下：驳回徐××的再审申请。

【裁判要旨】

依据《企业破产法》及《破产法司法解释二》，案涉房屋属于债务人财产，商品房买卖合同被解除后预告登记失效。

本案中，徐××在借款合同履行期届满后，因广信公司没有偿债能力，与广信公司签订了以房抵债协议，该抵债协议依法被认定为有效合同。但在破产程序中，徐××并不能直接要求履行该抵债协议，而应当向管理人申报债权，由管理人根据其债权性质确定其清偿顺位，否则就构成了在破产后的个别清偿主张。另外，本案中，虽然徐××已经办理了预告登记，但在破产受理时房产不具备交付条件的情况下，破产构成了阻却继续履行抵债协议的法定事由，抵债协议应当依法解除，预告登记失效，并不具有破产保护效力，应当按照基础法律关系认定其债权性质为普通债权。

二、原债务人法定代表人证言证明系指示付款亦不能否定以房抵债的事实

参考案例：（2020）最高法民申 2969 号 张××、威海广信房地产开发有限责任公司破产债权确认纠纷案[1]

【基本案情】

再审申请人张××申请再审理由：

（1）有新的证据足以推翻原判决，应依法再审。张××提供了广信公司原法定代表人姚××出具的付款证明及姚××宣读该证明的视频。该付款证明上，明确载明 2015 年 11 月张××购买了广信公司开发的百度城房产，是广信公司法定代表人姚××安排财务部经理于××通知张××，将购房款的一部分汇到广信公司账户，剩余的购房款直接汇给于××，由于××按广信公司的规定流程办理相关审批、签字手续。新证据二为山东省高级人民法院（2020）鲁民终 380 号判决书，该判决案涉房屋与本案所涉房屋为同一小区相邻房屋。2016 年 6 月 29 日，一审法院裁定广信公司破产重整，涉案房产在该时间节点并未竣工，至二审审理时，涉案房产已具备交付条件。据此，二审法院认为，消费者享有涉案房产预告登记的破产保护效力和涉案房产的优先权，且涉案房产现已具备交付条件，故广信公司在进入破产重整程序后，应继续履行涉案《商品房买卖合同（预售）》并交付涉案房屋。因此，本案案涉房屋亦不存在履行不能的情况，依法应当在破产程序中优先履行商品房买卖合同约定的交付已建成房屋并协助办理所有权转移登记的义务。（2）原判决认定的基本事实缺乏证据证明，应依法再审。①原审判决以张××购房目的在于帮助于××实现债权，并非为生活、居住需要，否定了其作为商品房消费者就涉案房产应享有的优先权，明显与事实不符，并且缺乏证据予以证实。②原审判决认为涉案商品房买卖合同属于法律上或者事实上不能履行的合同，与事实不符，依法应予以改判。根据《破产案件若干问题规定》第七十一条第（五）项，

---

[1] 《张××、威海广信房地产开发有限责任公司破产债权确认纠纷案》，载 https://wenshu. court. gov. cn/website/wenshu/181107ANFZ0BXSK4/index. html? docId=Rb8l7fMlrxcODYekQLZ9yYVImGka sdZg0quvnF+7CVskpa8hq0gmkpO3qNaLMqsJHM33eANCu2gm0/86KSdwQ9qAfbE0j0aFWllbczIKweoo8EZCUG dzhD6no2LSJROw，最后访问日期：2024 年 9 月 30 日。

特定物买卖中，尚未转移占有但相对人已完全支付对价的特定物不属于破产财产。原审判决认为广信公司进入破产程序之时，涉案房屋尚未竣工验收，而本案中张××已经选定了涉案房屋，并就涉案房屋与广信公司签订了《商品房买卖合同（预售）》，经选定后该房屋的房号、坐落、面积等均已明确，属于特定物且张××已完全支付购房款，根据《破产案件若干问题规定》不属于破产财产。且目前涉案房产可以交付并办理预告登记，亦不存在事实上不能履行的情况，不符合《合同法》第一百一十条第一项中关于法律上或者事实上不能履行的规定，依法应由广信公司继续履行合同，交付已建成房屋并协助办理所有权转移登记。（3）原判决适用法律确有错误，应当再审。预告登记具有准物权效力，经预告登记的请求权具有类似物权的特征，在债务人进入破产程序后，因预告登记而受保护的债权人，仍可向破产管理人请求履行，原审法院判决背离案件事实，适用法律错误，依法应予撤销。预告登记具有破产保护效力，张××对涉案房屋办理了预告登记之后，广信公司进入破产程序，预告登记权人可以阻却管理人的合同解除权，有权请求破产管理人交付已建成房屋并办理房屋所有权转移登记，张××要求破产管理人办理房屋所有权转移手续不构成个别清偿。原审法院认定涉案商品房预告登记失效，张××作为普通债权人按《企业破产法》的相关规定去申报债权，张××作为商品房消费者应享有的优先权沦为普通债权，严重损害了张××的合法权益。

【裁判理由】

（1）关于张××是否属于消费者购房人。根据《建工优先权批复》第二条、《执行异议和复议的规定》第二十九条的规定，消费性购房户应是以生活居住为目的的购房人。本案中，第三人于××在广信公司无力偿还其借款的情况下，双方达成以物抵债的合意并签订《顶房协议》，约定广信公司将涉案房产抵顶给于××，并对抵顶房产的面积与金额作出明确约定。于××与张××系朋友关系，且欠付张××借款，其后张××与广信公司签订涉案《商品房买卖合同（预售）》，虽然合同约定的付款方式为支付定金并采取一次性付款的方式，但张××并未按照合同约定的付款方式向广信公司支付购房款。综合本案事实，广信公司与于××之间的借款行为，以房抵债行为，张××与于××之间的借款行为，以及张××与广信公司之间的房屋买卖行为，相互关联、密不可分，其实质是实现以物抵债的交易目的。原审法院据此认定张××不属于商品房消费者，驳回其要求办理不动产过户登记的诉讼请求，并无不当。

张××提出的第一份新证据是广信公司原法定代表人姚××出具的付款证明，用于证明张××将购房款的一部分汇到广信公司账户，剩余的购房款直接汇给于××，由于××按广信公司的规定流程办理相关审批、签字手续。该证据没有银行流水的佐证，不能推翻原审认定的以房抵债的事实。

（2）关于认定破产财产的法律适用问题。《企业破产法》第三十条规定，"破产申请受理时属于债务人的全部财产，以及破产申请受理后至破产程序终结前债务人取得的财产，为债务人财产"。本案所涉房屋虽在登记机关办理了预告登记，但尚未登记至张××名下，依法应当认定案涉房屋的所有权属于广信公司。张××主张，依据《破产案件若干问题规定》第七十一条第（五）项关于"特定物买卖中，尚未转移占有但相对人已完全支付对价的特定物"不属于破产财产的规定，案涉商品房不属于广信公司破产财产。本院认为，《破产案件若干问题规定》系为正确适用《企业破产法（试行）》所制定的司法解释，而随着2007年6月1日《企业破产法》的施行，《企业破产法（试行）》已经废止，针对该部法律所制定的司法解释原则上应不再适用。且《企业破产法》施行后发布的《破产法司法解释二》第二条对不应认定为破产财产的情形，作出了新的规定，其中已无《破产案件若干问题规定》第七十一条第（五）项规定的情形。本案案情发生在《企业破产法》及《破产法司法解释二》施行之后。根据"新法优于旧法"的法律适用规则，本案应适用《破产法司法解释二》认定案涉房屋是否属于破产财产，故张××依据《破产案件若干问题规定》第七十一条主张案涉房屋不属于广信公司破产财产，缺乏法律依据，本院不予支持。

（3）关于预告登记的效力问题。《物权法》第二十条规定，"当事人签订买卖房屋或者其他不动产物权的协议，为保障将来实现物权，按照约定可以向登记机构申请预告登记。预告登记后，未经预告登记的权利人同意，处分该不动产的，不发生物权效力。预告登记后，债权消灭或者自能够进行不动产登记之日起三个月内未申请登记的，预告登记失效"。据此，预告登记系为保全一项请求权而进行的不动产登记，其登记内容是对物权的请求权，能够排除在后的物权变动，故原则上应认可其破产保护的效力，但不应一概而论。

房地产企业破产重整疑难复杂问题解析

本案所涉房屋虽已办理预告登记，但广信公司进入破产重整程序之时，案涉房屋尚未竣工验收，也不符合实际交付并办理产权过户手续的条件，并无证据证明案涉经预告登记的房屋已具备转为本登记的条件。如果允许交付案涉房产将对整个破产重整计划的实施产生重大不利影响，再结合本案的预告登记行为发生在人民法院受理破产申请前六个月内，而《企业破产法》第三十一条、第三十二条规定人民法院受理破产申请前一年内债务人对没有财产担保的债务提供财产担保，或人民法院受理破产申请前六个月内，债务人有该法第二条第一款规定的情形，仍对个别债权人进行清偿的，管理人有权请求人民法院予以撤销。原审法院对张××要求交付房屋并办理产权登记的请求未予支持，认为张××作为债权人可以向广信公司管理人申报相应的债权，并按《企业破产法》的相关规定实现权利，亦无不当。张××提出的第二份新证据是山东省高级人民法院（2020）鲁民终380号判决书，但该判决书并不能证明本案二审判决结果错误，因此不属于《民事诉讼法》（2017年修正）第二百条第一项规定的"新的证据"。

综上所述，张××的再审申请不符合《民事诉讼法》（2017年修正）第二百条第一项、第二项、第六项规定的情形。本院依照《民事诉讼法》（2017年修正）第二百零四条第一款、《民事诉讼法解释》（2015年）第三百九十五条第二款之规定，裁定如下：驳回张××的再审申请。

【裁判要旨】

张××不属于消费者购房人，依据《企业破产法》及《破产法司法解释（二）》，案涉房屋属于债务人财产，商品房买卖合同被解除后预告登记失效，应当进行债权申报并按破产法规定实现权利。

本案中，张××为获得债权的优先保护，主张自己为消费性购房户，其向第三人付款的行为是在广信公司的指示下进行的支付，但其购房合同中并没有约定款项直接支付至第三人。虽然其事后提供了原广信公司法定代表人的证明，但掩盖不了其购房行为是为实现第三人与广信公司以房抵债的目的，其不属于商品房消费者，不予优先保护。

三、仅凭当事人自述系基于原债务人指示付款即判决享有消费性优先权

参考案例：（2023）冀 0902 民初 2263 号　李××、北京博达房地产开发有限公司破产债权确认纠纷案

【基本案情】

原告李××诉讼请求为：依法确认原告的债权为消费性购房债权并享有优先受偿权，债权金额为 407 400 元；依法判令被告继续履行购房合同，向原告交付三里家园 11-2-2005 室房屋，本案诉讼费由被告承担。事实理由为：2014 年 11 月 11 日，原告与被告签订《意向客户确认单》，约定原告购买三里家园 11-2-2005 室房屋，房屋面积 105 平方米，单价为每平方米 3880 元，房屋总价款为 407 400 元。原告按照被告要求将购房款转入被告指定的第三方账户，被告当日向原告出具房款收据。原告认为，被告与原告之间存在债权债务关系，原告应为合法的债权人。后被告破产时原告得知，案外人丰××对被告公司享有债权，被告以三里家园房产进行抵顶（包括案涉房产）。正因如此，原告购买案涉房产，被告才要求原告向指定的第三方账户进行转款，被告向原告出具的确认单及收款收据表明其已将涉案房屋出卖给了原告。上述证据能够证实原告已经实际支付了购房款项并与被告形成了关于案涉房屋的买卖合同关系，被告应履行购房合同，确认原告的债权并交付房屋。且原告购买案涉房屋是为了自行居住，是为了生活消费需要，应属于消费性购房，并享有优先受偿权。

被告博达公司辩称，2018 年 10 月 9 日，原告向管理人申报债权，称 2014 年 11 月 11 日与博达公司签订意向客户确认单，约定购买三里家园 11-2-2005 室房屋，约定总房款为 407 400 元，以全款现金形式交付。当时原告名下有房屋 1 套，原告并未签订合法有效的商品房买卖合同，名下有其他用于居住的房屋且未实际支付款项给博达公司。管理人对该债权申报主张不予确认。

【裁判理由】

本案为破产债权确认纠纷，原告主张的破产债权为消费者购房人优先债权，包括交付房屋请求权和价款优先请求权。本案双方争议的主要焦点为：原告是否已经实际履行了向被告博达公司沧州分公司交付购房款的义务及实际交付购房款的数额，原告所购房屋是否为消费者购房且是否享有消费者购

房人优先权。

关于原告是否已经实际履行了向博达公司交付购房款的义务及交付购房款的具体数额。原告提交的与博达公司沧州分公司于2014年11月11日签订的意向客户确认单证实其购买了三里家园项目11-2-2005室房产,单价为每平方米3880元,总价为407 400元。关于房款交付,原告提交加盖博达公司沧州分公司财务专用章的收据(购房款数额为407 400元),但仅凭该收据不足以证实付款事实,原告对其实际交付购房款仍负有举证责任。原告提交的转账流水证实李××向史××账户支付87万元,支付的是11-3-17A03、11-2-2005两套房子的购房款。结合本院(2023)冀0902民初2502号民事案件中李××提交的"在售楼处签的客户确认单"以及认定李××所主张的支付房款数额为462 600元,可以认定原告所支付房款数额为407 400元。博达公司对其为原告开具收款收据的行为不能作出合理解释,亦未提交相应证据对原告主张的事实予以反驳。根据《民事诉讼法解释》第一百零八条第一款"对负有举证证明责任的当事人提供的证据,人民法院经审查并结合相关事实,确信待证事实的存在具有高度可能性的,应当认定该事实存在"之规定,本院认定原告交纳购房款407 400元。

当原告购房时,被告建设的三里家园项目售楼处正常运营,原告与李××在三里家园项目售楼处与售楼人员就购房事宜进行交易洽谈,并按照售楼人员的指示向指定账户交纳购房款,售楼人员也与原告签订《意向客户确认单》并出具收据;原告作为普通购房户,有理由相信上述售楼人员能够代表博达公司与其进行购房交易且有理由相信其交易对象为被告博达公司。在上述购房交易过程中,原告的行为善意且无过错。被告仅以管理人提供博达公司预收账款审计中预收账款明细表没有记载的收款而否定原告已经交款,不能对抗原告提供的证据,故被告博达公司的抗辩理据不足,本院不予支持。

关于涉案房屋是否为原告在案外第三人处购买的抵账房。博达公司主张原告所购买的房屋来源于案外第三人以物抵债的抵账房,其与博达公司签订合同,仅为使案外第三人自身的债权得以实现。本院认为,被告博达公司主张涉案房产已经抵债给案外人,但原告购房时,上述涉案房产仍在三里家园项目售楼处作为待售房源正常进行销售,且博达公司并未提交证据证实其与案外第三人之间存在真实的债权债务关系及以物抵债协议,因此案涉房屋是否涉及抵账及相关事实并不确定。故不能以博达公司主张的对其给其他债权人的以房抵债行为否认购房人与博达公司实际进行购房交易的事实。

关于原告是否具有消费者购房人优先受偿权。根据《建设工程施工司法解释一》第三十六条、《商品房消费者批复》第一款第二项之规定，商品房消费者以居住为目的购买房屋并已支付全部价款，主张其房屋交付请求权优先于建设工程价款优先受偿权、抵押权以及其他债权的，人民法院应当予以支持。只支付了部分价款的商品房消费者，在一审法庭辩论终结前已实际支付剩余价款的，可以适用前款规定。本案中，原告所购商品房系用于居住且已经交付了大部分款项，故对原告的消费者购房人资格及优先债权额 407 400元，本院予以确认。博达公司已于 2018 年 8 月进入破产重整程序，各债权人在法律规定的债权清偿顺序内按照债权人会议表决通过的重整计划草案公平受偿，故对原告的其他诉讼请求，本院不予支持。

本案中，法院仅以债权人自述在售楼处购买商品房，是受售楼处人员的指示将款项支付给案外第三人，在未有其他证据佐证的情况下，据此认定债权人向破产企业履行了付款义务。但并未查清售楼处人员是哪位工作人员，该工作人员是否有权指示交付，该工作人员是否有指示交付行为。在博达公司涉抵账房衍生诉讼中，因所有购房户购买抵账房的行为均发生在十年前，根据现有证据直接查清每个购房户购买房屋的全部事实经过，确实有难度，但是，无论如何不能仅凭购房户自述。《民事诉讼法》（2021 年修正）第七十八条第一款规定："人民法院对当事人的陈述，应当结合本案的其他证据，审查确定能否作为认定事实的根据。"《最高人民法院关于民事诉讼证据的若干规定》第九十条规定："下列证据不能单独作为认定案件事实的根据：（一）当事人的陈述；……"因此，本案应当结合联合调查组对大债权人所做调查笔录以及当时售楼人员的调查笔录综合判断。

管理人认为，判断购买抵账房行为是否属于主观明知有两种情形，一是当事人自己承认购买的系抵账房，二是可以推定当事人明知购买的系抵账房。博达公司进入破产程序后，联合调查组对以房抵账数额大的权利人对外转让房产的经过进行了调查，从所做的调查笔录可以看出，以房抵账数额大的权利人基本是通过自己雇佣人员将抵账房产对外进行了销售。虽然部分购房户否认明知购买的系抵账房，但公安部门对博达公司售楼人员以及购买抵账房的购房户调查笔录，非常清楚地证实当时博达公司售楼处抵账房源和正常销售房源是有区别的，抵账房源的价格均在每平方米 3800 元以下，已经起诉要求确认优先权的购买抵账房群体购买均价在每平方米 2000 元至 3000 元，而博达公司破产案中确认的 830 户真正消费性购房户的合同最高价为每平方米 5300 元，平均交易价为每平方米 4200 元，消费性购房户的均价每平方米要高出抵账房价格 500 元到 1000 多元不等。从联合调查组整体调查情况以及交易价格上可以推定其明知购买的系抵账房。

第八章
税款债权

在讨论本书第二编各章内容时，主要考虑房地产企业特有债权，任何企业破产几乎都会有税务债权，但税务债权并不属于房地产特有债权，因管理人队伍大部分组成人员是执业律师，企业税务具有独有的专业性，对于税务债权的审查大多不是执业律师的强项，作为房地产企业税务债权仍有很多不同于工业企业或其他类型企业的自身特点，所以还是决定将管理人接收破产企业后面临的报税以及在税务债权审查中遇到的难点问题进行梳理和解析。

第一节　税款债权的优先性

对税收"超级优先权"的争议，源于企业破产法与税收征收管理法对税收债权与担保物权在破产程序中清偿顺序的不同规定。

一、税款债权优先的法律依据

一是《税收征管法》第四十五条规定，"税务机关征收税款，税收优先于无担保债权，法律另有规定的除外；纳税人欠缴的税款发生在纳税人以其财产设定抵押、质押或者纳税人的财产被留置之前的，税收应当先于抵押权、质权、留置权执行。纳税人欠缴税款，同时又被行政机关决定处以罚款、没收违法所得的，税收优先于罚款、没收违法所得。税务机关应当对纳税人欠缴税款的情况定期予以公告"。该规定明确了税款债权优先于无财产担保债权，如果欠缴税款发生在纳税人以其财产设定抵押、质押或者纳税人的财产被留置之前的，税收应当先于抵押权、质权、留置权执行。赋予税款债权的清偿顺位在一定条件下优先于有财产担保债权。二是《企业破产法》第一百零九条规定，"对破产人的特定财产享有担保权的权利人，对该特定财产享有优先受偿的权利"。第一百一十三条规定，"破产财产在优先清偿破产费用和共益债务后，依照下列顺序清偿：（一）破产人所欠职工的工资和医疗、伤残补助、抚恤费用，所欠的应当划入职工个人账户的基本养老保险、基本医疗保险费用，以及法律、行政法规规定应当支付给职工的补偿金；（二）破产人欠缴的除前项规定以外的社会保险费用和破产人所欠税款；（三）普通破产债权。破产财产不足以清偿同一顺序的清偿要求的，按照比例分配。破产企业的董事、监事和高级管理人员的工资按照该企业职工的平均工资计算"。《破产法司法解释二》第三条规定，"债务人已依法设定担保物权的特定财产，人民法院应当认定为债务人财产。对债务人的特定财产在担保物权消灭或者实现担保物权后的剩余部分，在破产程序中可用以清偿破产费用、共益债务和其他破产债权"。从《企业破产法》及司法解释的相关规定可以推导出，税务债权在破产程序中的清偿顺序为有财产担保债权（担保物价值范围内）、破产费用、共益债务、职工债权、税款债权、普通债权。

二、破产程序中税款债权清偿顺位的法律适用

《企业破产法》第六十四条第一款规定，"债权人会议的决议，由出席会议的有表决权的债权人过半数通过，并且其所代表的债权额占无财产担保债权总额的二分之一以上。但是，本法另有规定的除外"。在破产程序中，债权实际上被分为有财产担保债权和无财产担保债权，税款债权实际上被归类于无财产担保债权，并无优先于有财产担保债权受偿的规定，而《企业破产法》第一百零九条、第一百一十三条规定了税款债权在破产程序中仅优先于普通债权清偿。与《税收征管法》第四十五条第二款规定存在冲突。因上述法律均是全国人民代表大会常务委员会制定的。《立法法》第一百零三条规定，"同一机关制定的法律、行政法规、地方性法规、自治条例和单行条例、规章，特别规定与一般规定不一致的，适用特别规定；新的规定与旧的规定不一致的，适用新的规定"。《税收征管法》对税收的规定范围明显宽泛于《企业破产法》对税收的规定，是一般法，《企业破产法》是专门针对破产程序中的税收规定，是特别法，所以《税收征管法》第四十五条与《企业破产法》

第一百零九条规定以及第一百一十三条规定并存的情况下，优先适用《企业破产法》。即使按照"新的规定与旧的规定不一致的，适用新的规定"的法律适用规则，《税收征管法》第四十五条是在 2001 年修订《税收征管法》时作出的，而《企业破产法》是 2006 年 8 月 27 日新制定的法律，也应当适用《企业破产法》，即顺位为有财产担保债权（担保物价值范围内）、破产费用、共益债务、职工债权、税款债权、普通债权。在司法实践中也多数如此认定。

参考案例：江苏省苏州市中级人民法院（2020）苏 05 民终 3917 号　国家税务总局苏州市吴江区税务局与云飞氨纶（苏州）有限公司、苏州资产管理有限公司破产债权确认纠纷案[1]

【基本案情】

原告国家税务总局苏州市吴江区税务局（以下简称吴江区税务局）诉称：云飞氨纶（苏州）有限公司（以下简称云飞氨纶公司）破产清算案中，税款债权形成于设立抵押权之前，应当优先于抵押债权优先受偿。

被告云飞氨纶公司、苏州资产管理有限公司（以下简称苏州资管公司）辩称：原告所提适用《税收征管法》第四十五条税款债权优于抵押权的观点在破产案件中应得到限制。根据《企业破产法》第一百一十三条税款债权的清偿顺序位于抵押权人之后。就本案而言，所涉抵押款项拍卖成交价为 100 多万元，尚不足以支付抵押权的优先债权，因此无法清偿税款债权。

法院经审理查明，2011 年 1 月 1 日至 2011 年 12 月 31 日，云飞氨纶公司结欠吴江税务局税额为 5 043 939.14 元，缴款期限为 2012 年 5 月 31 日。2014 年 4 月 3 日至 2016 年 4 月 3 日，江苏聚能硅业有限公司作为借款人，交通银行股份有限公司吴江盛泽支行作为贷款人，双方签订数份《流动资金贷款合同》与《开立银行承兑汇票合同》，贷款人共计向借款人发放借款本金 321 404 000 元。上述借款有多个保证人（含云飞氨纶公司）提供最高额保证担保以及最高额

---

〔1〕《国家税务总局苏州市吴江区税务局与云飞氨纶（苏州）有限公司、苏州资产管理有限公司破产债权确认纠纷案》，载 https://wenshu.court.gov.cn/website/wenshu/181107ANFZ0BXSK4/index.html？docId=6XjNV7Lw8POpLBmv8DkUmnovpQDPZgvuxrkBHUR5Ceh1lqLtBXj9c5O3qNaLMqsJeTuYtXeWF9i/zxfIGYBumharzCauO25nAk6LILxMhBpNYHKUVPSd+dCqfb8YMWRuxwClWwqyQ7N1EacP1Viz6RB1ZzAi76g4，最后访问日期：2024 年 9 月 30 日。

抵押担保。其中，2014年4月3日，云飞氨纶公司作为抵押人，交通银行股份有限公司吴江盛泽支行作为抵押权人，双方签订《最高额抵押合同》1份，合同约定：为了确保抵押权人债权的实现，抵押人自愿以其所有的机器设备（抵押物：纺丝设备2套）向抵押权人提供抵押担保。抵押人所担保的主债权为抵押权人与债务人江苏聚能硅业有限公司自2014年4月3日—2016年4月3日签订的全部主合同，在人民币14 992万元的最高债权额内提供最高额抵押担保。2014年4月3日，抵押合同双方就上述抵押物办理了抵押登记手续，动产抵押登记书的编号为苏E5-2-2014-0108，登记的债权数额为14 992万元。

2017年1月4日，交通银行股份有限公司吴江盛泽支行将上述债权转让给了中国东方资产管理股份有限公司江苏省分公司。2017年10月11日，中国东方资产管理股份有限公司江苏省分公司又将债权转让给了苏州资管公司。

经江苏苏州农村商业银行股份有限公司的申请，一审法院于2018年5月31日裁定受理云飞氨纶公司破产清算一案，并指定江苏新天伦律师事务所担任管理人。截至该日，江苏聚能硅业有限公司结欠苏州资管公司借款本金239 981 000元、利息62 709 620.21元，以上共计302 690 620.21元。吴江税务局在债权申报期内向管理人申报债权共计10 569 574.46元；苏州资管公司向管理人申报债权共计774 699 389.49元（包含云飞氨纶公司为借款人的债务）。经管理人审核，于2019年5月13日向各方送达债权审核结果通知书，认定：吴江税务局债权为10 567 052.50元，其中税款债权5 043 939.14元，普通债权5 523 113.36元；苏州资管公司债权为688 328 070.18元，其中优先债权14 992万元，普通债权538 408 070.18元。吴江税务局与苏州资管公司在债权异议期内未向本院提出异议，经管理人申请，一审法院于2019年6月4日作出（2018）苏0509破28号之二民事裁定书，依法裁定确认上述两个债权人的无争议债权。

案涉抵押物经拍卖处置后成交价格为1 835 008.14元。2019年6月24日，管理人向吴江税务局送达债权受偿结果告知书，告知上述变价款均由苏州资管公司以抵押优先权受偿，吴江税务局受偿的金额为剩余财产变现款214 511.53元+银行存款1273.95元-破产费用50 943元-管理人报酬19 781元=145 061.48元。吴江税务局对受偿结果告知书不服，向一审法院提起债权确认之诉。

【裁判理由】

本案核心争议在于《税收征管法》第四十五条与《企业破产法》第一百零九条、第一百一十三条规定适用冲突问题。本院认为，苏州资管公司抵押担保债权在抵押物折价或者拍卖、变卖所得价款范围内应优先于吴江税务局涉案税收债权予以清偿。理由如下：

首先，从冲突权利性质来看，税款属于破产债权，担保物权属于物权。一般而言，物权请求权的效力优先于债权请求权，适用此一般原理，担保物权理应优先于税收债权。对于前述原则，一般存在以下例外情形：一是经济上处于弱势地位的一方需要予以特殊保护（如建设工程价款优先受偿权、商品房买受人物权期待权）；二是维护交易安全、物尽其用等法定例外情形（租赁合同债权）。而就税收债权而言，其因有国家公权力予以征收保障，《税收征管法》中亦规定了多种强制手段，且税收债权为法定债权而非意定债权，不存在交易安全需要，不属于前述特殊例外情形。故，根据物权优先于债权的原则，担保物权理应优先于税收债权得到清偿，且税收债权不具备合理的优先于担保物权的理由。

其次，从法律适用规则来看，《立法法》（2015年修正）第九十二条规定，同一机关制定的法律，特别规定与一般规定不一致的，适用特别规定。《税收征管法》与《企业破产法》均由全国人大常委会制定，两部法律的位阶相同。从调整对象来看，《税收征管法》调整的是全体纳税人的税款征缴事项，《税收征管法》第四十五条规定涉及任何状态下企业的税收债权与有担保债权的清偿顺序问题，而《企业破产法》调整的是进入破产程序的非正常状态企业债权债务概括公平清偿程序，该特定程序中破产企业及破产债权人等相关主体的权利均将受到限制，属于特别规定。因此，根据特别法优于一般法的规定，应优先适用破产法规定。事实上，2019年12月12日国家税务总局下发的《关于税收征管若干事项的公告》第四条关于企业破产清算程序中的税收征管问题第（三）项规定，企业所欠税款、滞纳金、因特别纳税调整产生的利息，税务机关按照企业破产法相关规定进行申报，可见国家税务总局亦明确了破产企业所欠税款税务机关应当按照企业破产法规定申报，认可适用破产法的规定。

最后，从法律体系内在逻辑来看，在破产背景下适用《税收征管法》第四十五条的规定，则会发生如果税收债权全额大于抵押物变现金额，以抵押物变现金额为限的税收债权优先于破产费用、共益债务和职工债权清偿，超出部分则将劣后于破产费用、共益债务和职工债权清偿，税收债权在破产程序中的清偿顺序出现混乱。《税收征管法》第四十五条规定与破产程序中破产债权的清偿体系不相容，二者之间存在根本性的逻辑冲突，《税收征管法》第四十五条规定只能调整常态下税收债权和担保债权的清偿顺序，无法适应破产背景下税收、债权有抵押担保债权的清偿顺序。

综上所述，在破产程序中税收债权与抵押担保债权的优先性应当依照《企业破产法》第一百零九条、第一百一十三条的规定予以认定，原审法院认定苏州资管公司抵押担保债权合法有效，且就抵押物而言应当优先于吴江税务局主张的税收债权清偿的结论正确，一审判决认定事实基本清楚，适用法律正确，本院予以维持。

税款债权是否优先于抵押债权，应区分企业处于正常经营状态还是非正常经营状态，这里的非正常经营就是指企业已经进入破产程序。如果税款债权存在纳税担保情况，税款债权在破产程序中也属于有财产担保债权，如不特别指出，本书中所涉及的税款债权均不包含存在纳税担保情况的税款债权。正如案例中二审法院观点"《税收征管法》第四十五条规定与破产程序中破产债权的清偿体系不相容，二者之间存在根本性的逻辑冲突，《税收征管法》第四十五条规定只能调整常态下税收债权和担保债权的清偿顺序，无法适应破产背景下税收、债权有抵押担保债权的清偿顺序"。假设破产企业的财产均没有设立担保物权，税款债权的清偿顺序只能按照《企业破产法》第一百一十三条的规定进行清偿，而一旦某个财产设立了担保物权，而欠税恰好在设立担保物权之前，这种情况下税务机关就可以按照《税收征管法》第四十五条的规定，优先于有财产担保债权进行清偿，将产生一种逻辑混乱。好像这种担保物权的设立是专门为税款债权设立的，而不是为担保权人设立的，其他债权一旦设立了担保物权，税务债权就享有了优先权，不设立担保物权，税款债权就不享有优先权，这就陷入了一种法律的悖论中。因此，在破产程序中，有担保的债权就担保物应当优先于税务机关的税款债权的清偿，且税收债权产生时间与担保物权设立时间的先后顺序对何种债权更优先并无影响。

第二节　税款滞纳金是否可以超过税款本金

　　《税收征管法》第三十二条规定，"纳税人未按照规定期限缴纳税款的，扣缴义务人未按照规定期限解缴税款的，税务机关除责令限期缴纳外，从滞纳税款之日起，按日加收滞纳税款万分之五的滞纳金"。税务机关在向管理人申报债权时，不仅是申报税款本金，还依据上述法律规定申报税款滞纳金。现行《税收征管法》中并无滞纳金不能超过本金的规定，而有时候房地产破产企业由于开发周期较长，加之因资金链断裂而导致欠税时间较长，按照日万分之五计算的滞纳金都高于欠缴的税款本金。而《行政强制法》第四十五条规定，"行政机关依法作出金钱给付义务的行政决定，当事人逾期不履行的，行政机关可以依法加处罚款或者滞纳金。加处罚款或者滞纳金的标准应当告知当事人。加处罚款或者滞纳金的数额不得超出金钱给付义务的数额"。对此法律适用冲突，司法实践中存在两种不同的观点，一种是不超过本金，另一种是超过本金。无论是"滞纳金是否可以超过本金"，抑或"按照日万分之五的标准收取滞纳金是否过高"，隐藏在这重重争议之下的是一个更为核心的问题，即税收滞纳金到底是什么性质，是否属于《行政强制法》中"行政机关可以依法加处罚款或者滞纳金"，是否具有惩罚性质，抑或一种"税收利息"。《税收征管法》规定"从滞纳税款之日起，按日加收滞纳税款万分之五的滞纳金"，按年折算，年化滞纳金率约为 18.25%，该年化率已经远高于法律所保护的民间借贷年利率标准，这是将税款滞纳金不认定为税收利息而认定为惩罚性质观点的根据所在。反对观点则认为："税务罚款要起到震慑作用，罚款肯定不应该局限于本金额度范围之内，不然震慑作用大打折扣。《税收征管法》中多处规定了 5 倍的罚款。所以，若《行政强制法》不适用于税收罚款，又如何适用于税收滞纳金的要求呢？"

　　2024 年 5 月 7 日，最高人民法院发布的《人民法院案例库建设运行工作规程》第十九条规定，"各级人民法院审理案件时，应当检索人民法院案例库，严格依照法律和司法解释、规范性文件，并参考入库类似案例作出裁判"。案例库中录入了国家税务总局南京市某区税务局诉南京某公司破产债权确认纠纷案，认为税款滞纳金不能超过税款本金，管理人在债权审查时也应参考。

参考案例：江苏省南京市中级人民法院（2023）苏01民终6513号　国家税务总局南京市××区税务局诉南京××公司破产债权确认纠纷案[1]

【基本案情】

原告国家税务总局南京市××区税务局诉称：2015年12月14日，南京××公司（以下简称××公司）经法院裁定受理破产清算。国家税务总局南京市××区税务局（以下简称××税务局）向管理人申报债权共计690 909.24元，其中税款343 479.61元，滞纳金347 429.63元。2022年9月1日，原告收到管理人送达的《债权申报初审函》，载明：全额确认税款债权343 479.61元，确认滞纳金普通债权343 479.61元，对税收滞纳金超税款本金部分3950.02元不予确认。原告认为，管理人对超税款本金部分的滞纳金不予确认为破产债权违反法律规定，对于确认税款滞纳金的数额不能以《行政强制法》为依据，应依据《税收征管法》作出认定。请求：判决确认××税务局对××公司所欠税款对应的滞纳金3950.02元享有破产债权。

被告××公司辩称：《行政强制法》是一部规范所有行政机关实施行政强制行为的法律，税务机关的行政强制行为应属于行政强制法调整范围。《税收征管法》与《行政强制法》既是特别法与一般法的关系，也是新法与旧法的关系。若仅从特别法优于一般法来理解《行政强制法》与《税收征管法》的关系，并以此为依据确认滞纳金只能适用《税收征管法》是不全面的。《行政强制法》第四十五条第二款规定加处罚款或者滞纳金不得超出金钱给付义务的数额，这是法律强制性规定，且对滞纳金上限加以限制更有利于国家及时征收税款。综上所述，请求依法驳回××税务局的诉讼请求。

法院经审理查明：2015年12月14日，法院作出（2015）江宁商破字第17号民事裁定，裁定受理对××公司的破产清算申请。2022年7月25日，××公司管理人向××税务局出具《情况说明》1份，载明：××公司2009年度存在

---

〔1〕《国家税务总局南京市××区税务局诉南京××公司破产债权确认纠纷案》，载 https://rmfyalk. court. gov. cn/dist/view/content. html? id = 78if0HMHLZNcnOCXnQSyugeUKkAlSHZupR%252F4bdg4T1E%253D&lib=ck&qw=%E6%B1%9F%E8%8B%8F%E7%9C%81%E5%8D%97%E4%BA%AC%E5%B8%82%E4%B8%AD%E7%BA%A7%E4%BA%BA%E6%B0%91%E6%B3%95%E9%99%A2%EF%BC%882023%EF%BC%89%E8%8B%8F01%E6%B0%91%E7%BB%886513%E5%8F%B7，最后访问日期：2024年9月30日。

因账册未找到而难以查账征收的情况。后××税务局对××公司 2009 年企业所得税进行核定。2022 年 8 月 11 日，××税务局向××公司申报债权，载明：债权总额 690 909.24 元，其中税款 343 479.61 元，滞纳金 347 429.63 元；缴款期限为 2010 年 5 月 31 日至破产受理日，共经过 2023 天，按日万分之五计算滞纳金为 347 429.63 元。2022 年 8 月 31 日，××公司管理人作出《债权申报初审函》，认为税金滞纳金不能超过税本本身，最终确认债权总额为 686 959.22 元（其中税款本金 343 479.61 元，滞纳金 343 479.61 元，滞纳金列入普通债权参与分配）。对于超出部分 3950.02 元，管理人不予确认。

江苏省南京市××区人民法院于 2023 年 1 月 5 日作出（2022）苏 0115 民初 15643 号民事判决：确认××区税务局对××公司所欠税款超出本金限额部分的滞纳金 3950.02 元享有破产债权。××公司不服一审判决，提起上诉。江苏省南京市中级人民法院于 2023 年 7 月 25 日作出（2023）苏 01 民终 6513 号民事判决：撤销一审判决并驳回××税务局的全部诉讼请求。

【裁判理由】

（1）税务机关加收滞纳金系依法强制纳税人履行缴纳税款义务的行为。《税收征管法》第三十二条规定，纳税人未按照规定期限缴纳税款的，扣缴义务人未按照规定期限解缴税款的，税务机关除责令限期缴纳外，从滞纳税款之日起，按日加收滞纳税款万分之五的滞纳金。纳税人应当在规定的期限内缴纳税款，此系纳税人依法所负的纳税义务。纳税人未按照规定期限缴纳税款的，系不依法履行义务，税务机关应当责令限期缴纳。同时，法律规定税务机关在滞纳税款之外加收滞纳金。因此，滞纳金系税务机关依法对纳税人的税款义务之外加收的金额，其目的在于促使纳税人履行其依法应当负担的缴纳税款义务。而《行政强制法》第二条第三款规定，行政强制执行，是指行政机关或者行政机关申请人民法院，对不履行行政决定的公民、法人或者其他组织，依法强制履行义务的行为。故加处滞纳金属于《行政强制法》设定的行政强制执行的方式之一，是行政机关对逾期不履行义务的相对人处以一定数额的、持续的金钱给付义务，以促使其履行义务的一种强制行为。税务机关为依法强制纳税人履行缴纳税款义务而加收滞纳金，属于税务机关实施行政强制执行的方式。

（2）税务机关加收滞纳金的行为应当符合《行政强制法》的规定。作为规范行政机关设定和实施行政强制的一般性程序法,《行政强制法》通过明确规定行政强制行为及其具体的种类、实施条件和程序等,对行政强制予以统一规范。《税收征管法》在税款征收方面规定了税务机关可以采取加收滞纳金、税收保全以及强制执行措施等行为。对于其中税务机关实施的属于行政强制执行的行为,除法律明确规定有例外情形外,亦应当遵守《行政强制法》的规定。《行政强制法》第四十五条规定,行政机关依法作出金钱给付义务的行政决定,当事人逾期不履行的,行政机关可以依法加处罚款或者滞纳金。加处罚款或者滞纳金的标准应当告知当事人。加处罚款或者滞纳金的数额不得超出金钱给付义务的数额。《税收征管法》及其实施细则规定了加收税款滞纳金的起止时间、计算标准,而针对滞纳金这一事项,《行政强制法》明确规定了行政机关在实施该行为时需遵守的上述限制性规定,应当依法适用。因此,税务机关加收滞纳金的行为,符合《行政强制法》第四十五条规定的适用条件,应当遵守滞纳金的数额不得超出金钱给付义务数额的规定。而且,税务机关在实施税收征收管理行为时应当适当,对于税务机关加收滞纳金的行为,适用滞纳金的数额不得超出金钱给付义务数额的规定,在促使义务人履行缴纳税款义务的同时,既可以避免对相对人造成过重的金钱义务负担,在税收征收管理和相对人利益保护之间形成均衡,也有利于督促税务机关积极履行职责及时采取其他强制执行措施,提高行政管理效率,符合税收征收管理的目的。

综上所述,税务机关对滞纳税款加收的滞纳金数额不得超过税款数额。结合《企业破产法》关于破产债权审查的规定,本案中,对于××税务局申报的债权中滞纳金超过税款部分的3950.02元,管理人未予认定,符合法律规定。对于××税务局一审提出的请求确认对该部分3950.02元享有破产债权的诉讼请求,应予驳回。据此,二审判决撤销一审判决,驳回××税务局的诉讼请求。

【裁判要旨】

税务机关针对滞纳税款加收滞纳金的行为,属于依法强制纳税人履行缴纳税款义务而实施的行政强制执行,应当适用《行政强制法》第四十五条第二款的规定,加收的滞纳金数额不得超出税款数额。在破产程序中,税务机关申报的滞纳金超过税款数额的部分不能认定为普通债权。

最高人民法院通过公布参考案例的方式，向社会传达了税款滞纳金不能超过税款本金的司法观点。反对观点认为，《税收征管法》中多处规定5倍于税款的罚款，因此认定税收罚款及税款滞纳金均不适用《行政强制法》第四十五条第二款的规定，实际上是混淆了行政处罚行为与行政强制行为的概念。《税收征管法》规定的5倍罚款属于行政处罚，行政处罚的罚款数额由相关法律法规或规章进行规定，没有不能超过本金的规定，《税收征管法》规定的罚款与滞纳金并非同一性质，但不缴纳罚款而加处的罚款与不缴纳税款而加处的滞纳金均属于间接行政强制执行行为，根据《行政强制法》第四十五条第二款的规定，加收的滞纳金数额不得超出税款数额。

第三节　房地产企业破产后新生税款及滞纳金的性质

一、新生的税款债权

在房地产企业进入破产程序后，其法律主体资格并没有立即丧失，在税务机关眼里，其纳税主体资格也没有丧失，仍应依照《税收征管法》的规定进行纳税申报。2019年12月12日，国家税务总局公布了《国家税务总局关于税收征管若干事项的公告》（国家税务总局公告2019年第48号）第四条第二款规定，"在人民法院裁定受理破产申请之日至企业注销之日期间，企业应当接受税务机关的税务管理，履行税法规定的相关义务。破产程序中如发生应税情形，应按规定申报纳税。从人民法院指定管理人之日起，管理人可以按照《中华人民共和国企业破产法》第二十五条规定，以企业名义办理纳税申报等涉税事宜。企业因继续履行合同、生产经营或处置财产需要开具发票的，管理人可以以企业名义按规定申领开具发票或者代开发票"。

在房地产企业破产受理前的欠税和滞纳金，由税务机关向管理人进行申报，依法进行债权确认。但对破产受理后新发生的税款如何处理，在实践中存在很大争议。房地产企业破产后纳税义务的发生一般分两种情况，一是积极性质的税种，是由管理人依法积极主动实施的行为而发生的纳税义务，如管理人对外出售房产而发生的增值税、土地增值税、城市维护建设税（以下简称城建税）、印花税、教育附加税及地方教育附加税，这类税种被称为积极性质税种。二是消极性质的税种。所谓消极的税种，是指破产受理后无论管理人或债务人是否发生持续经营或特定行为，该税种的税款将持续产生。例如，房地产企业因持有土地和房产而发生按年计算分期缴纳的房产税、城镇土地使用税，不论是在破产清算程序中还是破产重整程序中，该税款将会持续产生。有司法观点认为，依照《企业破产法》第四十一条第二项规定的破产费用包括"管理、变价和分配债务人财产的费用"，破产后新生的积极性质税种的税款属于上述费用应当认定为破产费用；而对于因持有土地、房产而持续发生的房产税和城镇土地使用税属于共益债务，理由是，根据《企业破产法》第四十二条对共益债务的范围界定可以看出，共益债务发生的目的系为全体债权人之共同利益，税款的本质属于行政征收，具有法定性与强制性，故破产企业在注销登记以前均有依法纳税的法定义务，在法律法规未规定例外的情况下，法定义务不因企业进入破产程序而免除，该笔税款也是为破产企业及全体债权人之利益而发生，应适用《企业破产法》第四十二条第四项的规定，属于为债务人继续营业由此产生的其他费用，可认定为共益债务。笔者不同意上述观点，具体论述如下。

（一）积极性质税种的认定

笔者认为，对于变价处置资产所发生的积极性税种应当认定为实现债权的费用，无论该资产是否属于担保物，对于处置资产所发生包含税费的各类费用本质上均属于为实现债权而发生的费用，均应在变价款中优先支付，优先于担保债权清偿。举例来说，房地产企业 A 拥有土地一设定抵押债权 1200 万元但其现变现价值仅为 1000 万元；假设现在将土地一成功以 1000 万元的价格卖出，变现土地一过程中发生评估费、税费等费用 100 万元，其中税费为 70 万元。按照上述观点，变现土地过程中发生的费用 100 万元（包含 70 万元的税费），应认定为破产费用，而破产费用的清偿顺位在抵押债权之后，按此认定抵押债权人能够获得 1000 万元的清偿，而为实现抵押债权发生的 100 万元的费用无人买单，明显不符合公平原则及谁受益谁承担的原则。

参考案例：最高人民法院（2023）最高法民申 2768 号　鲁××、沈阳××轨道交通装备有限公司等破产债权确认纠纷案[1]

【基本案情】

原告鲁××诉称：处置抵押物新增税款应当由担保财产的变价款优先支付，实现担保物权的费用应当由债务人承担，其原因在于该费用本质上是因债务人不及时履行债务所致。抵押担保债权先于税收债权设立的，抵押担保债权优先受偿。在本案中，鲁××的抵押权设立于 2018 年 7 月 12 日，而税收债权发生于 2022 年 9 月 10 日对装备公司破产财产进行网络拍卖成交，鲁××的抵押权设立时间先于税收债权发生，其抵押担保债权优先于税收债权，装备公司管理人将税收债权 6 910 061.38 元从鲁××的优先清偿额中扣除的行为违反法律规定，装备公司和装备公司管理人应对上述 6 910 061.38 元全额清偿。

装备公司管理人辩称：原审判决认定事实清楚，适用法律正确，请求驳回申请人的再审申请，维持原判。

【裁判理由】

法院经审查认为，鲁××再审申请不符合《民事诉讼法》（2021 年修正）第二百零七条第六项之规定，理由如下：

（1）关于案涉 6 910 061.38 元税款应否从鲁××享有抵押权的房产变现价值中予以先行扣除的问题。虽然别除权属于破产法中特有的概念，但其是以民法中的财产担保制度为法律基础的，实质是民法中担保物权在破产法中的延伸，有关债权清偿顺序问题，原审适用《民法典》并无不当。《民法典》第三百八十九条规定："担保物权的担保范围包括主债权及其利息、违约金、损害赔偿金、保管担保财产和实现担保物权的费用。当事人另有约定的，按照其约定。"鲁××提起本案诉讼需要解决的争议在于其有担保的债权和为处置抵押物产生的税收债权的权利实现顺位问题，而《民法典》第三百八十九条明确的仅是担保物权的担保范围问题，并未涉及权利实现顺位。该条相关理

---

〔1〕《鲁××、沈阳××轨道交通装备有限公司等破产债权确认纠纷案》，载 https://wenshu. court. gov. cn/website/wenshu/181107ANFZ0BXSK4/index. html？docId=sRZgiDDe+6kXLl6PD4CsS3NImx0lOXNp OZZbRI0uJAeZi1ADMLqEl5O3qNaLMqsJeTuYtXeWF9i/zxfIGYBumharzCauO25nAk6LILxMhBpNYHKUVPSd+ dCqfb8YMWRuxwClWwqyQ7N1EacP1Viz6YZRWu8GfAOK，最后访问日期：2024 年 9 月 30 日。

解中明确的拍卖费用、评估费用、变卖费用是指可以列入担保物权担保范围的债权人费用，与权利实现顺位无关。针对清偿顺序，《民法典》第五百六十一条规定："债务人在履行主债务外还应当支付利息和实现债权的有关费用，其给付不足以清偿全部债务的，除当事人另有约定外，应当按照下列顺序履行：（一）实现债权的有关费用；（二）利息；（三）主债务。"故实现担保债权的税费等费用应当从担保财产的变价款中优先支付。一审判决适用法律结果并无不当，鲁××此项再审理由不成立。

（2）关于《税收征管法》第四十五条能否适用本案的问题。该条规定纳税人"欠缴"的税款发生在抵押设立之前的，税收应当优先于抵押权执行，并未否定作为实现抵押权费用的税款应优先于主债权，故该条内容与《民法典》相关规定及《城市房地产抵押管理办法》第四十七条规定并不存在冲突，鲁××再审主张适用《税收征管法》第四十五条规定能够认定其抵押权优先于税款理由不成立。

（3）本案审理的是权利顺位问题，鲁××所主张的装备公司和装备公司管理人是否侵害了鲁××的合法权益，不属于本案的审查范围。鲁××以此申请再审，本院不予审查。

综上所述，鲁××再审申请不符合《民事诉讼法》（2021年修正）第二百零七条第六项规定之情形。依照《民事诉讼法》（2021年修正）第二百一十一条第一款、《民事诉讼法解释》第三百九十三条第二款之规定，裁定：驳回鲁××的再审申请。

【裁判要旨】

实现担保债权的税费等费用应当从担保财产的变价款中优先支付。

在上述案例中，在担保物价值不能全部覆盖担保物变现税款等费用及担保债权时，清偿的权利顺位将是利益相关方争议的焦点。《民法典》第五百六十一条之所以规定实现债权的费用排在清偿顺位首位，是因为上述费用是为实现担保债权所服务的，理应优先支付。因处置担保物所发生的税费属于实现债权的费用，而非破产费用，因此优先于抵押债权清偿，只有如此才能在破产程序清偿顺位中达到逻辑自洽。

（二）消极性税种认定

对于消极性税种，在房地产破产企业中比较常见的是城镇土地使用税及房产税，司法实践中多认定为破产费用或共益债务。例如，贵州省高级人民法院和国家税务总局贵州省税务局《关于企业破产程序涉税问题处理的实施意见》第十二条规定，"破产清算期间，企业名下不动产涉及的房产税、城镇土地使用税由管理人以企业名义申报缴纳，相关税款依法按照共益债务或者破产费用，由破产财产随时清偿，主管税务机关无需另行申报债权，由管理人直接申报缴纳"。四川省成都市中级人民法院、国家税务总局成都市税务局《关于企业破产程序涉税事项合作备忘录》第二条第四项规定，"人民法院裁定受理破产申请后，破产企业新产生的房产税、城镇土地使用税作为共益债务由破产财产随时清偿，税务机关无需另行申报债权，由管理人按规定申报缴纳。破产企业纳税确有困难的，管理人可按相关规定向税务机关申请房产税和城镇土地使用税困难减免"。

在破产程序中，破产费用是维持破产程序进行必然发生的费用；共益债务是为增进全体债权人利益而产生的非程序性费用，并不必然发生。对于破产受理后的因消极行为新生的城镇土地使用税、房产税等税种，既不属于推进破产程序的费用，也并非为增进全体债权人利益而发生的费用，而是属于一种无对价的行政征收行为，并没有解释为破产费用和共益债务的逻辑空间，同时其也不符合普通破产债权的定义，应当认定为除斥债权，不予清偿。

一般来说，破产财产在优先清偿破产费用和共益债务后，首先应清偿职工工资、社会保险费用等，其次才是所欠税款，最后是普通破产债权。而破产受理后新生的房产税和城镇土地使用税一跃成为破产费用或共益债务，直接提高了其优先清偿顺序，而在企业破产受理前的欠税反而清偿顺位靠后。在房地产企业破产前，企业尚处于正常经营状态所欠的房产税和城镇土地使用税，清偿顺位竟然低于房地产企业进入破产程序后的非正常经营状态下所产生的房产税和城镇土地使用税，其他债权人的计息债权在进入破产程序后，均停止计算利息，而城镇土地使用税和房产税不仅不停止计税，反而提高了其清偿顺位，进入破产程序到底是在保护谁的权益。

2018 年 3 月 4 日最高人民法院印发的《破产审判会议纪要》第 28 条规定，"破产债权的清偿原则和顺序。对于法律没有明确规定清偿顺序的债权，人民法院可以按照人身损害赔偿债权优先于财产性债权、私法债权优先于公法债权、补偿性债权优先于惩罚性债权的原则合理确定清偿顺序。因债务人侵权行为造成的人身损害赔偿，可以参照企业破产法第一百一十三条第一款第一项规定的顺序清偿，但其中涉及的惩罚性赔偿除外。破产财产依照企业破产法第一百一十三条规定的顺序清偿后仍有剩余的，可依次用于清偿破产受理前产生的民事惩罚性赔偿金、行政罚款、刑事罚金等惩罚性债权"。在《税收征管法》及《企业破产法》均没有对企业破产后新生的消极税种如何清偿作出明确规定的情况下，参照上述文件精神，企业破产后新生的房产税和城镇土地使用税等消极性税种应当认定为公法债权，劣后于私法债权进行清偿。只有普通债权全额清偿后有剩余再进行清偿，其地位等同于民事惩罚性赔偿金、行政罚款、刑事罚金等惩罚性债权，应认定为除斥债权或劣后债权。

现实中，中国各省税务机关也相应颁布了城镇土地使用税、房产税困难减免的规定，将企业进入破产程序认定为缴税困难的情形，可以申请减免城镇土地使用税、房产税，从而达到破产企业无须缴纳破产后新生的城镇土地使用税、房产税的目的；但对于房地产破产企业，税务机关则依照《国家税务总局关于进一步加强城镇土地使用税和土地增值税征收管理工作的通知》第二条"……除经批准开发建设经济适用房的用地外，对各类房地产开发用地一律不得减免城镇土地使用税……"的相关规定不予减免，尚需管理人、法院及税务机关协调解决。虽然在司法实务中，大多将城镇土地使用税、房产税作为破产费用或共益债务进行处理，但仍需要区分房产和土地是否抵押，如果破产企业房产和土地已经抵押，按谁受益谁承担的原则，相应的房产税和城镇土地使用税也应优先从相应的抵押房产和土地变价款内优先支付，不应由其他债权人承担。

二、房地产企业破产后新生税款滞纳金的性质

（一）新生税款被认定为实现债权的费用时产生的滞纳金

如前所述，如果认定对外变价房地产企业财产所发生的税费为实现债权的费用，该变价行为属于市场经济下的行为，应遵循正常的市场运行准则，按期缴纳税款。因该变价行为是管理人主导进行，管理人应强化纳税意识，注意变价款的支付条件符合税法要求，避免逾期缴税而产生滞纳金的风险，在财产变价成功的情况下，及时按期申报缴纳税款。如果因管理人怠于履行相关职责而产生滞纳金的，则属于《企业破产法》第四十二条第一款第五项"管理人或者相关人员执行职务致人损害所产生的债务"，应认定为共益债务。管理人将面

临违反勤勉义务的风险，同时也将承担被法院罚款及赔偿债权人损失的风险。

（二）新生税款被认定为破产费用或共益债务时产生滞纳金的性质

如果将新生税款认定为破产费用或共益债务，那么其产生的滞纳金性质如何？虽然《企业破产法》第四十三条规定破产费用和共益债务是随时清偿的，但实践中只有在破产企业有支付能力时才能支付，并非即时清偿，该条也没有规定需要支付滞纳金或利息。举轻以明重，破产前企业正常经营期间发生的房产税和城镇土地使用税的滞纳金也仅计算至破产受理日，之后就不再计算。破产后，在企业非正常状态下新发生的房产税和城镇土地使用税，如果允许其继续计算滞纳金，明显加重破产企业的负担，由其他债权人承担不利后果，加重了其他债权人与税务机关的利益冲突，也明显不符合逻辑。在企业已经进入破产程序的非正常经营状态下，更不应计算滞纳金。

参考案例：湖南省郴州市中级人民法院（2020）湘10民终1585号　国家税务总局桂阳县税务局、湖南黄沙坪铅锌矿破产债权确认纠纷案[1]

【基本案情】

原告国家税务总局桂阳县税务局诉称：黄沙坪铅锌矿在破产受理后的城镇土地使用税、房产税、增值税、城建税以及破产管理人处置资产和出租门面等应税行为所产生的新生税款属于破产费用、共益债务；黄沙坪铅锌矿因欠缴破产受理后产生的城镇土地使用税、房产税、增值税、城建税等税款所产生的滞纳金也属于破产费用、共益债务。

被告黄沙坪铅锌矿辩称：（1）桂阳税务局主张的新生税款不属于该条规定的共益债务范围，桂阳税务局请求确认黄沙坪铅锌矿从2019年10月1日起至注销期间的城镇土地使用税、房产税、增值税、城建税为有效税务债权，属于共益债务的主张无法律依据。（2）根据《税务机关债权确认之诉批复》和《破产案件若干问题规定》第六十一条、《破产法司法解释三》第三条的

---

〔1〕《国家税务总局桂阳县税务局、湖南黄沙坪铅锌矿破产债权确认纠纷案》，载 https://wen-shu. court. gov. cn/website/wenshu/181107ANFZ0BXSK4/index. html? docId = 7JPLMOaNZ + KEhLrmtxfCM-DzX0uNPMWxvF1CCujaAXFZkGqX3m6OuXpO3qNaLMqsJeTuYtXeWF9i/zxfIGYBumharzCauO25nAk6LILxMh BpNYHKUVPSd+dCqfb8YMWRuxwClWwqyQ7Ng46r6yMDn87bnWhpfUOR1，最后访问日期：2024年9月30日。

规定，欠缴税款产生的滞纳金不能认定为债权和共益债务，桂阳税务局要求确认破产受理后因欠缴城镇土地使用税、房产税、城建税至2019年10月18日产生的滞纳金163 320.25元为税务债权，属于共益债务、随时清偿的主张无法律依据。（3）桂阳税务局要求确认黄沙坪铅锌矿自破产受理后至注销前因门面出租、资产处置等各种行为，应申报的城镇土地使用税、房产税、增值税、教育附加税和地方教育附加税等税费及未及时缴纳所产生的滞纳金属于共益债务，无事实和法律依据。

【裁判理由】

关于焦点一。就企业进入破产清算程序后的新生税款的定性问题，我国法律目前没有作出具体规定。根据《税收征管法》及其相关法律法规的规定，企业设立后直至注销登记前，依法纳税是法定义务。黄沙坪铅锌矿虽然已经进入破产清算程序，但并未注销，纳税主体资格依然存在，仍然负有法定的纳税义务。在破产清算过程中产生的城镇土地使用税、房产税、增值税、城建税等税款，以及资产处置和出租门面等行为产生的房产税、增值税、教育附加税等税款，都是在破产程序中为全体债权人的共同利益所支付的各项费用或承担的必要债务，其主要目的旨在保障破产程序的顺利进行，在使用效果上，可以增进所有债权人的利益，与我国《企业破产法》第四十一条和第四十二条所规定的"破产费用""共益债务"的本质属性是相同的，属于"破产费用""共益债务"，一审法院确认为"共益债务"处理正确，本院予以维持。

桂阳税务局请求确认的城镇土地使用税、房产税、增值税、城建税在黄沙坪铅锌矿进入破产清算程序后直至注销登记前，随着时间的延续而不断产生，一直处于持续产生的状态，相应的金额也是动态变化的，因此，对于2019年10月1日以后的新生税款，桂阳税务局可以按照法律规定，以"破产费用""共益债务"向黄沙坪铅锌矿的破产管理人继续申报。

对于资产处置和出租门面等行为产生的房产税、增值税、教育附加税等税款，因黄沙坪铅锌矿资产处置并未完结，相应的税款金额尚未确定，桂阳税务局亦未明确提出请求确认的具体金额，因此，对该部分的税款，桂阳税务局可在破产财产分配前，请求列入"破产费用""共益债务"进行分配。

关于焦点二。《国家税务总局关于税收征管若干事项的公告》第四条第三项规定，"企业所欠税款、滞纳金、因特别纳税调整产生的利息，税务机关按照企业破产法相关规定进行申报,其中,企业所欠的滞纳金、因特别纳税调整产生的利息按照普通破产债权申报"。《破产法司法解释三》第三条规定,"破产申请受理后,债务人欠缴款项产生的滞纳金,包括债务人未履行生效法律文书应当加倍支付的迟延利息和劳动保险金的滞纳金,债权人作为破产债权申报的,人民法院不予确认"。根据上述规定,黄沙坪铅锌矿欠缴税款所产生的滞纳金,不予确认为破产债权,桂阳税务局请求确认为"共益债务"于法无据,本院不予支持。

综上所述,桂阳税务局关于确认黄沙坪铅锌矿2019年10月1日后至注销登记前的城镇土地使用税、房产税、增值税、城建税,以及破产管理人在资产处置过程产生的房产税、增值税、教育附加税等税款均属于破产费用、共益债务的上诉请求成立,本院予以支持。由于该请求的具体金额处于动态变化和不确定状态,本院对一审确定的具体金额不再调整,但桂阳税务局就后续新生税款,可以以"破产费用""共益债务"继续向黄沙坪铅锌矿破产管理人申报。桂阳税务局确认新生税款欠税所产生的滞纳金属于破产费用、共益债务的上诉请求不能成立,本院依法予以驳回。黄沙坪铅锌矿的上诉请求不能成立,应予驳回。一审判决认定事实清楚,适用法律正确,处理恰当,依照《民事诉讼法》(2017年修正)第一百七十条第一款第一项的规定,判决:驳回上诉,维持原判。

【裁判要旨】

破产受理后新生税款,按照法律规定,属于"破产费用""共益债务",新生税款欠税所产生的滞纳金不属于破产费用、共益债务。

在上述案例中,法院对破产受理后新生税款没有进行区分,认为黄沙坪铅锌矿虽然已经进入破产清算程序,但并未注销,纳税主体资格依然存在,仍然负有法定的纳税义务。在破产清算过程中产生的城镇土地使用税、房产税、增值税、城建税等税款,以及资产处置和出租门面等行为产生的房产税、增值税、教育附加税等税款,都是在破产程序中为全体债权人的共同利益所支付的各项费用或承担的必要债务,其主要目的旨在保障破产程序的顺利进行,在使用效果上,可以增进所有债权人的利益,与我国《企业破产法》第四十一条和第四十二条所规定的"破产费用""共益债务"的本质属性是相同的，属于"破产费用""共益债务"。其忽视了税款产生原因是管理人的积极行为产生还是资产因破产后的时间持续而被动消极产生，一刀切地认定为破产费用或共益债务，既有处于法律空白而无明确法律依据的困境所致，也有对维护国有资产不流失的政治考量。而对于新生税款所产生的滞纳金，一审法院根据破产法原理，从破产费用和共益债务的定义及目的进行了论述，否认了税务机关关于新生税款产生的滞纳金为破产费用或共益债务的主张。

第四节　包税拍卖的税款债权确认

房地产企业在进入破产程序前，大多已经缺乏现金清偿能力，因此债权人申请对房地产企业所持有的房产进行拍卖偿债的情况频繁发生。房产拍卖成交后，涉及缴纳增值税、土地增值税、印花税、城建税、教育附加税及地方教育附加税及契税后才能办理不动产登记。2016年5月30日最高人民法院通过的《网络司法拍卖若干问题规定》第三十条规定，因网络司法拍卖本身形成的税费，应当依照相关法律、行政法规的规定，由相应主体承担；没有规定或者规定不明的，人民法院可以根据法律原则和案件实际情况确定税费承担的相关主体、数额。如果房产拍卖成交了，可以自拍卖款中扣除应当由房地产企业承担的税款，但如果流拍了，在申请执行人同意以物抵债的情况下，执行法院一般会出具以物抵债裁定，并约定由申请执行人承担房产过户过程中所产生的税费。如果房地产企业之后进入了破产程序，在申请执行人并未缴纳房产过户所产生的税费的情况下，税务机关是向申请执行人追收税费，还是能向管理人申报上述房产过户所产生的税费？

参考案例：重庆市高级人民法院（2021）渝民终15号　国家税务总局重庆市大足区税务局、重庆华川置业有限公司破产债权确认纠纷案[1]

【基本案情】

原告国家税务总局重庆市大足区税务局诉称，（1）华川置业公司将案涉

---

　　[1]《国家税务总局重庆市大足区税务局、重庆华川置业有限公司破产债权确认纠纷案》，载 https://wenshu.court.gov.cn/website/wenshu/181107ANFZ0BXSK4/index.html? docId=sRZgiDDe+6lZwUSFIpa5D/61L+OBSt09AsvPLIZKQetjzWpz/BQLYpO3qNaLMqsJeTuYtXeWF9i/zxfIGYBumharzCauO25nAk6LILxMhBpNYHKUVPSd+dCqfb8YMWRuxwClWwqyQ7MqjBVJtiWRAJGWizdRu+Ay，最后访问日期：2024年9月30日。

房屋以物抵债的行为，属于销售房地产的应税行为，应该按照税法相关规定缴纳税款。（2）本案所涉的以物抵债裁定中关于相关税费由申请执行人负担的约定，属于税费负担的转移条款，仅约束申请执行人和被执行人，不改变税收法定原则下纳税人及其纳税义务。（3）华川置业公司即使进入破产程序，也不会免除其纳税义务。大足区税务局作为法定税务机关，对华川置业公司欠缴的 1 407 533.14 元税费及滞纳金享有破产债权。（4）大足区税务局无权向案外人重庆中泰创展典当有限公司追缴税款。

被告华川置业公司辩称，一审事实认定清楚，法律适用准确，请求驳回上诉，维持原判。事实与理由：案涉以物抵债裁定并未改变纳税义务主体，但改变了税款负担主体。税务机关应该依照以物抵债裁定向申请执行人重庆中泰创展典当有限公司追缴税款。

【裁判理由】

《税收征管法》第四条规定：法律、行政法规规定负有纳税义务的单位和个人为纳税人。法律、行政法规规定负有代扣代缴、代收代缴税款义务的单位和个人为扣缴义务人。纳税人、扣缴义务人必须依照法律、行政法规的规定缴纳税款、代扣代缴、代收代缴税款。由上可知，不论是税务机关对纳税人征税，还是纳税人缴纳税款，都必须有法律、行政法规的依据。对法律、行政法规没有规定负有纳税义务的单位和个人，任何机关、单位和个人都不得向其征收任何税收。

本案中，重庆市渝北区人民法院作出的 3 份以物抵债裁定书，载明相关过户的税费等费用由重庆中泰创展典当有限公司自行负担，是确定相关税费的负担主体，并未改变法律、行政法规规定的纳税义务主体。同时，其法律效力仅约束作为以物抵债裁定书当事人的华川置业公司和重庆中泰创展典当有限公司，不约束非当事人的税务机关。

另外，《企业破产法》第一百一十三条第一款规定，破产财产在优先清偿破产费用和共益债务后，依照下列顺序清偿：（一）破产人所欠职工的工资和医疗、伤残补助、抚恤费用，所欠的应当划入职工个人账户的基本养老保险、基本医疗保险费用，以及法律、行政法规规定应当支付给职工的补偿金；（二）破产人欠缴的除前项规定以外的社会保险费用和破产人所欠税款；（三）普通破产债权。《税务机关债权确认之诉批复》规定：依照企业破产法、税收征收管理法的有关规定，破产企业在破产案件受理前因欠缴税款产生的滞纳金属于普通破产债权。由上可知，欠缴税款本金和滞纳金均属于破产债权。

综上所述，大足区税务局的上诉请求成立，予以支持。依照《企业破产法》第五十八条、第一百一十三条第一款、《民事诉讼法》（2017 年修正）第一百七十条第一款第二项的规定，判决：一、撤销重庆市第三中级人民法院（2020）渝 03 民初 1930 号民事判决；二、确认国家税务总局重庆市大足区税务局对重庆华川置业有限公司享有 1 407 533.14 元的破产债权。

【裁判要旨】

以物抵债裁定书，载明相关过户的税费等费用由买受人自行负担，是确定相关税费的负担主体，并未改变法律、行政法规规定的纳税义务主体。同时，其法律效力仅约束作为以物抵债裁定书当事人而不约束非当事人的税务机关。

在上述案例中可以看出，在司法拍卖中，对于不动产过户所产生的税费约定由买受人承担的条款，在最高人民法院公布《网络司法拍卖若干问题规定》之前很常见。主要原因是被执行人不会配合过户，法院执行人员对不动产过户所发生的税费在没有税务机关配合的情况下，也无法准确计算。在法院执行人员与税务机关沟通不畅的情况下，法院执行人员为了准确计算可用于偿债的变价款，一般会倾向于在拍卖公告中约定对不动产过户所产生的税费由买受人承担的条款。对于不动产过户应当由房地产企业承担的税款，是《税收征管法》及其他相关法律法规规定的纳税义务。在司法拍卖中虽然约定了由买受人承担所有税费，但实际上属于一个债务转移条款，依据《民法典》第五百五十一条"债务人将债务的全部或者部分转移给第三人的，应当经债权人同意。债务人或者第三人可以催告债权人在合理期限内予以同意，债权人未作表示的，视为不同意"的规定，在没有征得税务机关同意的情况下，纳税义务负担条款对税务机关不发生法律效力，税务机关可以向法定的纳税主体追收税费，在破产程序中自然可以向管理人申报债权，管理人也应当依法审查确认税款债权，但同时管理人也可以向买受人追收相应的税款及相关损失。

第五节　破产程序中的纳税争议解决途径

《税收征管法》第八十八条规定，"纳税人、扣缴义务人、纳税担保人同税务机关在纳税上发生争议时，必须先依照税务机关的纳税决定缴纳或者解缴税款及滞纳金或者提供相应的担保，然后可以依法申请行政复议；对行政复议决定不服的，可以依法向人民法院起诉。当事人对税务机关的处罚决定、强制执行措施或者税收保全措施不服的，可以依法申请行政复议，也可以依法向人民法院起诉。当事人对税务机关的处罚决定逾期不申请行政复议也不向人民法院起诉、又不履行的，作出处罚决定的税务机关可以采取本法第四十条规定的强制执行措施，或者申请人民法院强制执行"。《税收征管法》中规定了对纳税有争议的，必须是行政复议前置，且必须是先缴纳或者解缴税款及滞纳金或者提供相应的担保，然后可以依法申请行政复议。而在房地产企业已经进入破产程序后，债权清偿应当按照财产分配方案或和解协议、重整计划进行，无法先行缴纳税款及滞纳金，且房地产企业进入破产程序，资金链早已经断裂，也无资金缴纳税款及滞纳金。当税务机关和管理人就税款数额及滞纳金发生争议时，解决的法律途径如何，在司法实践中法院观点并不一致。

参考案例： 河南省高级人民法院（2020）豫民终 1286 号　国家税务总局荥阳市税务局、康达精密齿轮股份有限公司破产债权确认案[1]

【基本案情】

原告荥阳市税务局诉称，荥阳市税务局提起的债权确认之诉是民事案件的受案范围。《土地增值税暂行条例》第二条规定，转让国有土地使用权、地上的建筑物及其附着物并取得收入的单位和个人，为土地增值税的纳税义务人，应依照本条例缴纳土地增值税。本案经法院拍卖的土地系康达公司名下

---

[1] 《国家税务总局荥阳市税务局、康达精密齿轮股份有限公司破产债权确认案》，载 https://wenshu. court. gov. cn/website/wenshu/181107ANFZ0BXSK4/index. html? docId = 2Fh5SZQZfVCTRsXcvs1GpXP153B+m5xlH/fG7cYa99k5rWUajYxMfZO3qNaLMqsJeTuYtXeWF9i/zxfIGYBumharzCauO25nAk6LILxMhBpNYHKUVPSd+dCqfb8YMWRuxwClWwqyQ7MqjBVJtiWRAFVIz22s+n5y，最后访问日期：2024 年 9 月 30 日。

土地，康达公司作为土地转让方系纳税义务人，应当缴纳土地增值税等相关税费，该纳税义务人身份系法律明确规定，不能因为当事人之间的约定或者法院拍卖公告而改变法律对纳税人身份的确认。一审中，康达公司对其纳税人的身份不持异议，只是辩称税款不应由其承担。康达公司进入破产清算程序，根据破产法的相关规定，荥阳市税务局即使是税务征管机关，也应当依法对康达公司在破产前所欠税款、滞纳金等向管理人进行债权申报，而不能再通过行政征管程序向康达公司征收税款。另，根据行政复议法及行政诉讼法的相关规定，行政机关在行政复议及行政诉讼程序中恒定为被申请人或被告，荥阳市税务局作为行政机关，在该程序中无法作为原告提起诉讼，一审法院对康达公司破产债权不作出裁判，纳税义务人又不提起行政复议或诉讼，将导致国家税款无法征收的结果。综上所述，一审法院混淆了债权申报与纳税争议，裁定驳回荥阳市税务局的起诉错误，应当撤销一审裁定。

被告康达公司辩称，荥阳市税务局主张的与土地拍卖有关的税款，经合法有效的拍卖成交确认书确认，该部分税款的实际承担人应当是本案的第三人新润公司，管理人对荥阳市税务局提出的这部分债权不予确认正确。

【裁判理由】

纳税人的主体确认应当依据《税收征管法》的相关规定进行确认。税收管理法规对于各种税收明确规定了纳税义务主体。《土地增值税暂行条例》第二条规定，转让国有土地使用权、地上的建筑物及其附着物并取得收入的单位和个人，为土地增值税的纳税义务人。本案经法院拍卖的土地系康达公司名下土地，康达公司作为土地转让方系纳税义务人，应当缴纳相应税费。在网络司法拍卖中通过拍卖公告确定税费由买受人承担，仅是土地使用权所有人与买受人之间对税费缴纳实际承担主体的约定，并未改变税费承担的法定义务主体。根据《企业破产法》第一百一十三条规定，破产人欠缴的税款是破产财产依法清偿的债务之一。康达公司作为纳税主体并未对荥阳市税务局的征收行为申请复议，因此荥阳市税务局在作为纳税主体的康达公司破产后对康达公司欠缴税款依法申报债权不被管理人确认后，提起破产债权之诉有事实和法律依据，一审法院驳回荥阳市税务局的起诉不当。撤销一审判决，指令郑州市中级人民法院对本案进行审理。

【裁判要旨】

破产人欠缴的税款是破产财产依法清偿的债务之一。康达公司作为纳税主体并未对荥阳市税务局的征收行为申请复议，因此荥阳市税务局在作为纳税主体的康达公司破产后对康达公司欠缴税款依法申报债权不被管理人确认后，提起破产债权之诉有事实和法律依据。

2019年12月12日发布的《国家税务总局关于税收征管若干事项的公告》第四条第一项规定，"税务机关在人民法院公告的债权申报期限内，向管理人申报企业所欠税款（含教育费附加、地方教育附加，下同）、滞纳金及罚款。因特别纳税调整产生的利息，也应一并申报。企业所欠税款、滞纳金、罚款，以及因特别纳税调整产生的利息，以人民法院裁定受理破产申请之日为截止日计算确定"。第三项规定，"企业所欠税款、滞纳金、因特别纳税调整产生的利息，税务机关按照企业破产法相关规定进行申报，其中，企业所欠的滞纳金、因特别纳税调整产生的利息按照普通破产债权申报"。依据《企业破产法》第五十六条、第五十八条的规定，债权人在债权申报期内向管理人申报债权，管理人应当依法进行审查并出具审查结果，税务机关对管理人的审查结果有异议的，可以向受理破产人民法院提起诉讼，没有对税务机关的税款债权作出例外规定，国家税务总局也要求各税务机关向管理人申报税款债权。对税款债权有争议的，应当依照《企业破产法》规定允许税务机关提起破产债权确认之诉。如果不允许税务机关提起破产债权确认之诉的民事诉讼，税务机关对管理人出具的税款债权审查结果既不能提起行政复议，税务机关也不能以原告身份向法院提起行政诉讼，那么纳税争议就会进入无解的状况中。

2012年6月26日发布的《税务机关债权确认之诉批复》规定，"税务机关就破产企业欠缴税款产生的滞纳金提起的债权确认之诉，人民法院应依法受理。依照企业破产法、税收征收管理法的有关规定，破产企业在破产案件受理前因欠缴税款产生的滞纳金属于普通破产债权。对于破产案件受理后因欠缴税款产生的滞纳金，人民法院应当依照《最高人民法院关于审理企业破产案件若干问题的规定》第六十一条规定处理"。虽然上述批复是针对税款滞纳金的批复，但纳税争议本身就包括税款及滞纳金的争议，纳税争议法院就应当依法按民事案件的破产债权确认案由进行审理。

　　在破产程序涉税问题处理中，由于《企业破产法》与《税收征管法》衔接不畅，折射出破产法与税法之间的价值冲突和规则失调。为化解司法与税务之间的冲突，需要明确的是，《企业破产法》属于特别法，破产程序应作为课税特区，征税机关应当慎入。

第九章
债权确认之诉的期限与无异议债权裁定的性质

第一节　债权人提起债权确认之诉的期限问题

《企业破产法》第四十四条规定："人民法院受理破产申请时对债务人享有债权的债权人，依照本法规定的程序行使权利。"第五十六条第二款规定："债权人未依照本法规定申报债权的，不得依照本法规定的程序行使权利。"根据上述规定，债权人在债务人进入破产程序后，必须依照破产法的规定行使权利，而行使权利的路径首先必须申报债权，其后须经管理人审查、债权人会议核查，最后法院出具无异议债权裁定方才最终确定破产债权的性质及数额（以上系就无异议债权而言，有异议债权须经诉讼确定），债权性质和数额的确定是债权人在破产程序中的"通行证"，是债权人行使权利的前提和基础。

那么，债权人如何拿到这个"通行证"呢？我们来看一下相关法律和司法解释的具体规定。《企业破产法》第五十七条第一款规定："管理人收到债权申报材料后，应当登记造册，对申报的债权进行审查，并编制债权表。"该条仅规定了审查债权是管理人的职责之一，但未明确审查的内容。《破产法司法解释三》第六条第一款规定，"管理人应当依照企业破产法第五十七条的规定对所申报的债权进行登记造册，详尽记载申报人的姓名、单位、代理人、申报债权额、担保情况、证据、联系方式等事项，形成债权申报登记册"。第二款规定，"管理人应当依照企业破产法第五十七条的规定对债权的性质、数额、担保财产、是否超过诉讼时效期间、是否超过强制执行期间等情况进行审查、编制债权表并提交债权人会议核查"。该条第一款规定了债权登记的形式要件，第二款规定了管理人审查债权的具体内容，从内容上看，管理人的审查属于实质性审查，但这并不意味着管理人具有"司法裁判"的权力，而仅属于破产法赋予管理人的一项职权，因为对管理人审查的结果——"债权表"，还要经过债权人会议核查、债权人异议、无异议债权的法院裁定、有异议债权的诉讼等后续程序，也就是说，只有得到法院的最终裁决，债权人才能拿到破产程序的"通行证"。

在上述获得"通行证"的程序流转过程中，存在多个主体：对债权进行形式和实质审查的是管理人，对管理人债权审查结果进行核查的是债权人会议，对核查结果提出异议的可以是债权人也可以是债务人，对债权审查结果进行最终确认的是法院。其中，债权人的异议，既包括债权人对自己的债权审查结果提出异议，也包括债权人对其他债权人的债权审查结果提出异议。《企业破产法》第五十八条第三款规定："债务人、债权人对债权表记载的债权有异议的，可以向受理破产申请的人民法院提起诉讼。"该款规定了债权人对于债权表中（自己或他人）的债权有异议的，可以向法院提起诉讼进行确认，但并未明确债权人向法院提起诉讼的期限及逾期后果。长期以来，实践操作中产生了诸多问题，如在债权人会议核查后经过多长时间债权人不起诉的，管理人可以将债权表所列债权以无异议债权提请法院裁定确认？在实践操作中，一般是管理人自行将债权人提起诉讼的权利设置一个期限，但管理人自行设置期限的行为并无法律依据，债权人是否因超越管理人所设置的期限而丧失诉权存在很大争议。

为解决这一争议性问题，2019 年 3 月 28 日起施行的《破产法司法解释三》第八条规定，"债务人、债权人对债权表记载的债权有异议的，应当说明理由和法律依据。经管理人解释或调整后，异议人仍然不服的，或者管理人不予解释或调整的，异议人应当在债权人会议核查结束后十五日内向人民法院提起债权确认的诉讼"。该司法解释首次明确规定了破产程序中债权人对于债权表所列债权审查结果提出异议和诉讼的期限为十五日。此十五日期限的设置，极大地督促债权人行使其自身权利，避免破产债权长期处于不确定状态，进而影响整个破产程序的进程。在该司法解释施行后，管理人直接将债权人未在十五日内提起债权确认之诉的债权审查结果视为无异议结果，并报送法院予以裁定确认。但该条司法解释在实践操作中仍存在诸多不足与争议。

争议一：实践中，债权人会议开会时间往往很短，并且管理人在债权表中所公示的仅为债权审查结果及简要的说明，管理人不可能将所有债权审查的证据、法律依据、理由等详细公示，债权人很难在短时间内仅凭简单的公示内容而对自己或其他债权提出异议。况且，如若债权人提出了异议，管理人对债权人所提出的异议进行审查时可能还需要对债权审查过程进行复盘，对此情形，管理人也不可能在债权人会议现场便可以完成复查并向异议债权人进行答复。而司法解释规定，债权人提起债权确认之诉十五日期限的起算点在债权人会议核查结束后，前文已述，其中并未考虑债权人提出异议及管理人复审债权的期限问题，且管理人审查债权是一个长期而复杂的过程，很多债权审查结果并不能恰好赶在债权人会议期间审查完毕并公示审查结果。实务中，为了尽快确认债权结果，有的管理人在对债权审查完毕后，会在第一时间通知债权人本人，管理人此时一般也会限期债权人在十五日内提出异议，但此部分债权审查结果仍要在债权人会议上进行公示核查，此时还有一个十五日的核查期。对于债权人本人而言，前后两个十五日的债权异议期是否重复？同时，有些债权人未按期申报，导致管理人未能将审查结果提交第一次债权人会议核查，那么，在非债权人会议期间，未经债权人会议核查债权，债权人如何提出异议或诉讼？

争议二：司法解释并未明确十五日期限的法律性质，即该期限是诉讼时效还是除斥期间并不明确。诉讼时效与除斥期间的本质区别有两个，一是诉讼时效可以因主张权利而中断并重新计算，而除斥期间为固定期间不能中断；二是诉讼时效经过后当事人丧失的是胜诉权，而除斥期间经过后当事人丧失的则是形成权。从司法解释条文规定及实践操作来看，该十五日期限设置一般认为并不适用中断重新起算，如债权人在债权人会议后十五日内向法院提起了债权确认之诉，但该案最终以债权人撤诉结案，此时应认定债权人认可了此前债权人会议审查的债权确认结果，并不能自其撤诉之日起重新按照十五日计算再次起诉的期限，从这一点来看，该十五日的期限更应属于除斥期间而非诉讼时效，而此十五日的期限若为除斥期间，则该期间经过后权利人自然应当丧失诉权。但对这一问题在实践中存在较大争议，不同地方法院对此问题的理解与操作有所不同。有的法院采取除斥期间的观点，即若债权人在十五日期限内未向法院提起债权确认之诉，超过十五日后再行起诉的，法院不予受理债权人的起诉。但是也有较多的法院认为该十五日的期限只是为了督促债权人及时行使其权利，该期限的经过并不能直接导致债权人权利的丧失。

关于争议一。本书认为，解决争议的关键点在于对债权人会议性质的认识和理解。众所周知，破产法脱胎于民事诉讼法[1]，相对于民事诉讼法而言，破产程序仅是民事诉讼的一种特殊程序，其基本逻辑仍符合民事诉讼的原理。民事诉讼一旦启动，便形成了原告、被告（个别案件还有第三人）和法院之间的"诉讼法律关系"，原告、被告和法院均为"诉讼法律关系"的主体；同理，破产程序一旦启动，便形成了债务人、债权人、管理人、债权人会议和法院之间的"诉讼法律关系"，债权人会议也是破产"诉讼法律关系"的主体，这是从法理层面理解。从《企业破产法》第七章债权人会议的具体条文规定看，明确规定了债权人会议的组织形式、职权、议事规则等，很显然，债权人会议是破产法上的一个机构，而不是一种虚无缥缈的、临时性的、开会时显形、散会时消失的一种存在，这个机构从第一次会议由人民法院召集并指定债权人会议主席时设立，直至破产程序终结一直存在。确实，《企业破产法》第五十八条第一款规定的"依照本法第五十七条规定编制的债权表，应当提交第一次债权人会议核查"，是比较理想化的，这样规定的前提条件一是债权人均按期申报；二是管理人在第一次债权人会议前对申报的债权均审查完毕。但实务中除个别小型破产企业外，很少存在这种理想情形。而《破产法司法解释三》第八条规定并未限定管理人仅能在第一次债权人会议上提交，如果我们将债权人会议理解为一个机构，而不仅是某次会议，那么该条解释实际上已经解决了争议一所提到的问题，我们可以理解为：债权人会议在未开会时仍"存在"，第八条规定的"债权人会议核查"可以在"会下"进行。本书倾向于以下实操方式：根据个案具体情况，在第一次债权人会议之前，管理人尽可能将申报的债权审查完毕，并将审查结果告知债权人，同时告知相关异议及诉讼的权利和期限，在第一次债权人会议核查后十

---

[1] 1986年《企业破产法（试行）》仅适用于"全民所有制企业"，1991年《民事诉讼法》第十九章规定了"企业法人破产还债程序"，主要解决集体企业、私营企业、外商投资企业，以及其他企业法人破产还债问题，2007年修改《民事诉讼法》时，因新《企业破产法》已颁布施行，故删除了原第十九章。

五日内将未提起诉讼的无异议债权提交法院裁定；对于第一次债权人会议之前管理人未审查完毕的债权和逾期申报的债权审查完毕后，如遇债权人会议召开，则提交债权人会议"会上"核查，如债权人会议闭会，则发送所有债权人会议成员，因为债权人会议是一个"机构"，不因未开会而不存在，所以由债权人会议"会下"核查（同时根据该案一般召开会议的时长设定一个核查期限，最多不超过七日，因为很少存在连续召开七日的债权人会议），"会下"核查期内和核查结束后十五日内异议人均可要求管理人解释或调整，可能存在管理人不予解释或调整的情形，但无论何种情形，异议人均应在债权人会议核查结束后十五日内向人民法院提起债权确认的诉讼。如此操作，既符合债权人会议作为一个破产法上的"机构"的法理逻辑，也符合上述第八条的规定，同时提高了效率，降低了诉讼成本，而且不但不会损害债权人利益，反而充分保障了债权人的知情权、异议权。当然，并非所有债权人会议的职权都适合"会下"行使，如通过重整方案、破产财产分配方案等职权仍需在"会上"通过表决方式行使，无须表决事项可以在"会下"行使，如《企业破产法》第六十一条规定的"监督管理人"事项，该事项类似债权核查事项，不能通过表决形成决议，亦可以在"会下"行使。在此也向立法机关建议，在修改《企业破产法》时，将第六十一条的债权人会议职权进行分类，区分为"会上"行使职权和"会下"行使职权，并进一步明确其"机构"属性。

关于争议二。在《破产法司法解释三》实施前后，个别高级人民法院发布了一些司法文件，对十五日期限的认识确实存在分歧[1]。

从检索到的文件看，《破产法司法解释三》实施前，部分高级人民法院已经设定了异议人十五日的起诉期限，但未明确十五日期限的性质，如《北京市高级人民法院企业破产案件审理规程》（2013 年 7 月 22 日　京高法发〔2013〕242 号）中第一百七十四条规定，【有异议债权的处理】债务人、债权人对债权表记载的债权有异议的，应当说明理由和法律依据。经管理人解释或者调整后，仍有异议的，按照以下原则处理：

（1）债务人、对他人债权有异议的债权人，可以在核查债权之债权人会议结束后十五日内，向受理破产案件的人民法院提起债权确认诉讼。逾期未

---

〔1〕　以下检索到的北京市高级人民法院、江西省高级人民法院、山东省高级人民法院、广东省高级人民法院的司法文件均来源于法信网，检索日期：2024 年 10 月 22 日。

起诉的，该债权确定；

（2）对本人债权有异议的债权人，可以向受理破产案件的人民法院提起债权确认诉讼。人民法院可以依照企业破产法第五十九条第二款之规定，为其行使表决权而临时确定债权额。破产财产分配时，该债权确认诉讼案件尚未作出生效裁判的，应当根据该债权人申报债权额和破产案件清偿率计算其分配额并提存。

对于债权人会议核查的债权，如该债权有担保人的，管理人应将审查情况书面告知担保人。担保人有异议的，可以要求管理人更正。管理人不予更正的，担保人可以在收到不予更正决定之日起十五日内，向受理破产案件的人民法院提起债权确认诉讼。逾期未起诉的，该债权确定。

又如，《江西省高级人民法院企业破产案件审理规程（试行）》（2018年8月8日　赣高法〔2018〕162号）中第九十五条规定，债务人、债权人对债权表记载的债权有异议的，应当说明理由和法律依据。经管理人解释或者调整后，仍有异议的，按照以下原则处理：

（1）债务人、对他人债权有异议的债权人，可以在核查债权之债权人会议结束后十五日内，向受理破产案件的人民法院提起债权确认诉讼。逾期未起诉的，该债权确定；

（2）对本人债权有异议的债权人，可以在核查债权之债权人会议结束后十五日内，向受理破产案件的人民法院提起债权确认诉讼。逾期未起诉的，该债权确定；

（3）债权尚未确定的债权人，人民法院可以依照《中华人民共和国企业破产法》第五十九条第二款之规定，为其行使表决权而临时确定债权额。破产财产分配时，该债权确认诉讼案件尚未作出生效裁判的，应当根据该债权人申报债权额和破产案件清偿率计算其分配额并预留。

对于债权人会议核查的债权，如该债权有担保人的，管理人应将审查情况书面告知担保人。担保人有异议的，可以要求管理人更正。管理人不予更正的，担保人可以在收到不予更正决定之日起十五日内，向受理破产案件的人民法院提起债权确认诉讼。逾期未起诉的，该债权确定。

《破产法司法解释三》实施后，也有部分高级人民法院出台相关司法文件，有的仍未明确异议人十五日起诉期限的性质，有的予以明确，如山东省高级人民法院未明确。《山东省高级人民法院企业破产案件审理规范指引（试行）》（2019 年 9 月 26 日　鲁高法〔2019〕50 号）中第一百一十一条规定，债务人、债权人对债权表记载的债权有异议的，应当说明理由和法律依据。经管理人解释或调整后，异议人仍然不服的，或者管理人不予解释或调整的，异议人应当在债权人会议核查结束后十五日内向人民法院提起债权确认的诉讼。逾期未起诉的，该债权确定。

债权人未申报债权而直接起诉要求确认债权的，应告知其向管理人申报债权，对其起诉应不予受理；已经受理的，应当裁定驳回起诉。

广东省高级人民法院予以明确为除斥期间：《广东省高级人民法院关于审理企业破产案件若干问题的指引》（2019 年 11 月 29 日　粤高法发〔2019〕6 号）中第七十八条规定，【有异议债权的处理】债权人、债务人对债权表记载的债权有异议的，应当说明理由和依据。经管理人解释或调整后，异议人不服的，应当在债权人会议核查结束后 15 日内提起债权确认之诉或按照当事人约定申请仲裁。

债权人、债务人在债权人会议核查结束后 15 日后提出诉讼的，人民法院一般不予受理。因不可抗拒的事由或其他正当理由耽误期限的，可以依照《中华人民共和国民事诉讼法》（2017 年修正）第八十三条的规定申请顺延。

债权未确认且债权人未按照规定提起诉讼的，重整计划与和解协议执行完毕后，债权人主张按照同类债权受偿比例清偿的，人民法院不予支持。

由于实践中存在重大争议，最高人民法院通过案例对此问题一锤定音。该案例首先刊登在 2022 年第 12 期最高人民法院公报上，属于公报案例，同时也是最高人民法院案例库入库案例（检索日期：2024 年 10 月 30 日）。具体内容如下：

沙××与河南某科技公司、商丘某设备公司等破产债权确认纠纷案（入库编号：2024－08－2－295－001，最高人民法院公报 2022 年第 12 期总第 316 期）——破产债权人超过《破产法司法解释三》第八条规定的十五日期间向人民法院提起债权确认诉讼的，人民法院不得拒绝受理。

关键词：民事　破产债权确认　《破产法司法解释三》第八条　十五日期间

【基本案情】

2020 年 6 月 10 日，河南省商丘市中级人民法院裁定受理河南某科技公司、商丘某设备公司合并破产重整一案，并指定管理人。2020 年 11 月 20 日，管理人召开第一次债权人会议，告知沙××其申报的债权未被确认。2020 年 11 月 25 日，沙××向管理人提交债权异议申请书。2020 年 11 月 30 日，管理人作出书面异议答复函，告知沙××其债权未被确认，如沙××有异议，可于 2020 年 12 月 5 日前向一审法院起诉，该函于 2020 年 12 月 2 日邮寄送达。2021 年 3 月 29 日，沙××提起本案破产债权确认之诉。

河南省商丘市中级人民法院于 2021 年 7 月 30 日作出（2021）豫 14 民初 26 号之一民事裁定，认为沙××起诉已经超过破产债权确认起诉期限，裁定驳回沙××的起诉。沙××提起上诉，河南省高级人民法院于 2021 年 9 月 27 日作出（2021）豫民终 1114 号民事裁定：驳回上诉，维持原判。沙××申请再审，最高人民法院于 2022 年 7 月 20 日作出（2022）最高法民再 233 号民事裁定：撤销一、二审裁定，指令一审法院审理。

【裁判理由】

法院生效裁判认为：《破产法司法解释三》第八条规定的十五日期间，系附不利后果的引导性规定，目的是督促异议人尽快提起诉讼，以便尽快解决债权争议，提高破产程序的效率，防止破产程序拖延。异议人未在该十五日内提起债权确认的诉讼，推定其同意债权人会议核查结果，破产程序按债权人会议核查并经人民法院裁定确认的结果继续进行，给异议人财产分配和行使表决权等带来的不利后果，由其自行承担。但《破产法司法解释三》第八条规定的十五日期间并非诉讼时效、除斥期间或起诉期限，该十五日期间届满并不导致异议人实体权利或诉权消灭的法律后果。一、二审法院以沙××超过十五日起诉期限为由驳回起诉，适用法律错误。

【裁判要旨】

《破产法司法解释三》第八条规定的十五日期间并非诉讼时效、除斥期间或起诉期限，该十五日期间届满并不导致异议人实体权利或诉权消灭的法律后果。异议人超过上述法律规定的十五日期间向人民法院提起债权确认诉讼的，人民法院不得以超期为由拒绝受理。

【关联索引】

《破产法司法解释三》第八条；

一审：河南省商丘市中级人民法院（2021）豫 14 民初 26 号之一民事裁定（2021 年 7 月 30 日）；

二审：河南省高级人民法院（2021）豫民终 1114 号民事裁定（2021 年 9 月 27 日）；

再审：最高人民法院（2022）最高法民再 233 号民事裁定（2022 年 7 月 20 日）。

上述案例的裁判理由对十五日期限的性质已经表达得非常清晰，不再赘述。

第二节　法院无异议债权裁定的性质争议

债权人的债权经过债权申报、管理人审查、债权人会议核查后，若无人对债权审查结果提出异议，经管理人申请后，由法院依据《企业破产法》第五十八条第二款之规定予以裁定确认。对于法院确认无异议债权裁定的性质与效力问题，在实践中存在较大的争议。

一、法院无异议债权裁定为程序性裁定，债权人仍可就其债权实体性权利提起债权确认之诉

这种观点认为，法院的无异议债权裁定仅为破产程序中的程序性裁定，并不具备对破产债权的确权效力。此观点主要理由有三，其一，《企业破产法》第五十八条第二款规定："债务人、债权人对债权表记载的债权无异议的，由人民法院裁定确认。"即法院无异议债权裁定确认的是"债务人、债权人对债权表记载的债权无异议"这一事实，而不是对债权表中所列债权的确权。法院无异议债权裁定仅是《企业破产法》所设置的破产债权确认程序中的一个环节，并非对债权人债权合法性、真实性和准确性的确认。其二，在破产程序中，债权人申报破产债权所依据的证据材料及其对破产债权主张的真实性与合法性是由管理人进行具体审查的，法院既未对债权人所提供的证据进行审查，也没有对管理人审查确认债权是否正确进行审查。因此，法院所出具的无异议债权裁定不能对其未进行任何实质性审查的权利进行实体性确权。其三，部分债权可能涉及除债权人与债务人之外的第三人（如担保关系），但第三人不是破产程序的参与人，其无权利对管理人审查确认的债权提

出异议，此时，法院以债权人无异议而作出的无异议债权裁定，若具备实体权利确权效力，则可能会直接影响第三人的权益。

若法院无异议债权裁定仅为程序性裁定，并不具备实体权利确认效力，则在法院作出无异议债权裁定之后，债权人对债权审查结果仍有异议的，自然可以向法院提起债权确认之诉。

参考案例：河南省高级人民法院（2022）豫民终 330 号　梁××、安阳中广发汇成置业有限公司破产债权确认纠纷案[1]

【基本案情】

一审法院经审理查明：（1）中广发公司成立于 2010 年 9 月 29 日，注册资本 12 000 000 元，企业类型为其他有限责任公司，经营范围为房地产开发、销售。初始股东为北京中广发置业有限公司（持股比例为 57%）和河南润安建设集团房地产开发有限公司（持股比例为 43%）。2014 年 4 月 30 日，北京中广发置业有限公司的持股比例变更为 37%，河南润安建设集团房地产开发有限公司退出，增加沈×、姬××、张××为股东，其中沈×的持股比例为 28%，姬××的持股比例为 20%，张××的持股比例为 15%。（2）梁××因与中广发公司房屋买卖合同纠纷向安阳市文峰区人民法院提起诉讼，诉请判令解除双方的房屋买卖合同、中广发公司返还购房款、购车位款共计 4 233 100 元，并赔付一倍定金 1 200 000 元，共计 5 433 100 元。安阳市文峰区人民法院于 2020 年 1 月 21 日作出（2019）豫 0502 民初 4538 号民事判决，判令解除双方的房屋买卖合同，中广发公司返还梁××购买第 2-1-1-S101 号商铺、第 3-21 号车位、第 C01 号车位、第 C02 号车位款共计 4 233 100 元。中广发公司不服，向一审法院提起上诉，一审法院于 2020 年 5 月 7 日作出（2020）豫 05 民终 1745 号民事判决，驳回上诉，维持原判。（3）中广发公司于 2020 年 12 月 25 日以不能清偿到期债务为由向一审法院申请破产重整，该院于 2020 年 12 月 30 日作出（2020）豫 05 破申 10 号民事裁定书，受理了中广发公司的重整申请。该院于 2021 年 1 月 11 日作出（2021）豫 05 破 1 号决定书，指定上海市海华永泰（郑州）律师事务所担任中广发公司管理人，聂××为负责人。（4）一

---

[1] 案例来源于中国裁判文书网，2022 年 4 月 26 日发布。

审法院于 2021 年 10 月 28 日作出（2021）豫 05 破 1-1 号民事裁定书，载明：在债权申报期限内，共 989 位申报人向中广发公司管理人申报债权，管理人审查后编制了《债权表》，并于 2021 年 9 月 26 日提交中广发公司债权人会议核查，对有异议的债权进行复审并向异议人送达了《债权复审通知书》。截至 2021 年 10 月 25 日，除确认继续履行合同的购房申报人外，141 位债权人对其向管理人申报的 152 笔债权认定结果无异议，无异议债权金额 427 950 715.41 元，其中普通债权 376 310 590.14 元，优先性债权 51 640 125.27 元，另有提存金额 6 585 191.59 元。该民事裁定书确认了王永刚等 141 位债权人的 152 笔债权，裁定书所附的无异议债权表中，梁××的债权在商铺类第一批的统计表之内，该表显示：梁××申报债权 4 578 936.73 元，债权确认金额 4 578 936.73 元，债权性质为普通债权。2021 年 11 月 4 日，中广发公司在阿里破产管理平台发布通知，通知债权人：您申报的债权已经管理人审核，并提请安阳市中级人民法院予以确认，现安阳市中级人民法院已就管理人提交的无异议债权表进行确认并作出民事裁定书，请您在收到短信通知之日起 7 日内，前往管理人办公场所领取无异议债权民事裁定书。

【裁判理由】

一审法院认为，交付全部或者大部分购房款的房屋买受人，就该商品房而言，相较于承包人享有的工程价款具有优先性，但是房屋买受人的优先权是与特定的商品房相对应的。本案中，梁××与中广发公司之间的房屋买卖合同在中广发公司破产重整前就已经判决解除，梁××基于合同解除享有的购房款返还请求权已无特定的商品房相对应，而是以中广发公司的一般责任财产予以清偿，因此，在中广发公司破产重整后，梁××基于房屋买卖合同解除而享有的债权系普通债权，无权主张优先受偿。而且，就程序而言，一审法院对无异议债权予以确认的（2021）豫 05 破 1-1 号民事裁定已经发生法律效力，梁××再行提起本案诉讼请求确认其债权，实际系请求对（2021）豫 05 破 1-1 号民事裁定确认的债权予以变更，其起诉属于对人民法院已经发生法律效力的裁定所认定的法律事实、法律关系提起诉讼，不符合诉讼程序。综上所述，梁××的诉讼主张于法无据，理由不能成立，且不符合法律规定的受理条件。依照《民事诉讼法解释》第二百四十七条的规定，裁定如下：驳回梁××的起诉。梁××预交的案件受理费 43 032 元予以退还。

本院二审查明的事实与一审一致。

本院认为，在中广发公司进入破产程序后，梁××就其债权向中广发公司破产管理人进行申报，管理人对梁××申报的债权确认为普通债权。中广发公司管理人辩称，2021 年 9 月 26 日在第三次债权人会议上将包含梁××在内的债权表予以公示，但未提交证据证明其向梁××进行了送达或告知，因此，中广发公司辩称梁××的起诉已经超过《破产法司法解释三》第八条规定的 15 日起诉期限的理由不能成立。后一审法院对管理人制作的无异议债权表予以确认，并作出（2021）豫 05 破 1-1 号民事裁定。虽然该裁定已经发生法律效力，且确认的债权中包括梁××申报的债权，但是该裁定系法院在破产程序中，对债务人、债权人对债权表记载的债权无异议的程序性事项，其性质仅属程序性裁定，不具有确认各项债权真实、合法的实体性法律效力，在债权人对债权表上的债权及债权性质存在异议的情况下，有权通过提起债权确认之诉寻求法律的救济。一审法院认为（2021）豫 05 破 1-1 号民事裁定已经发生法律效力，梁××再行提起本案诉讼属于对该裁定所认定的法律事实、法律关系提起诉讼，不符合诉讼程序，并裁定驳回其起诉显属不当，本院予以纠正。

综上，梁××的上诉请求成立，本院予以支持。一审裁定不当，本院予以纠正。依照《民事诉讼法》（2021 年修正）第一百七十七条第一款第二项之规定，裁定：（1）撤销河南省安阳市中级人民法院（2021）豫 05 民初 50 号民事裁定；（2）指令本案由河南省安阳市中级人民法院审理。

【裁判要旨】

法院在破产程序中所作的无异议债权裁定，仅系法院在破产程序中，对债务人、债权人对债权表记载的债权无异议的程序性事项，其性质仅属程序性裁定，不具有确认各项债权真实、合法的实体性法律效力，在债权人对债权表上的债权及债权性质存在异议的情况下，有权通过提起债权确认之诉寻求法律的救济。

二、法院无异议债权裁定为实体性确权裁定，在法院裁定后债权人无权再就裁定中已确认的债权提起债权确认之诉

这种观点认为，法院无异议债权裁定并非只是破产中的一个程序性文件，而是对裁定中的债权具有实体权利的确权效力。此观点理由有三，其一，虽然法院对债权人的债权证据资料没有具体审查而是由管理人进行审查，但是管理人在破产程序中系受法院指定并行使《企业破产法》所赋予的职责，管理人在破产程序中所扮演的角色类似于"法定受托人"，其职责不能完全脱离法院，尤其是对破产债权审查的过程与结果，有着极为鲜明的类司法审判的特点，因此，即便法院没有直接参与审查破产债权的证据材料，对于管理人依法审查确认的债权结果，法院也可以直接以无异议债权裁定确权。其二，从破产法对破产债权确认程序的设置来看，法院的无异议债权裁定系整个破产债权确认程序的最后一步，也理应是在这最后一步对破产债权进行最终确认；同时，前文已述，《破产法司法解释三》第八条新增关于债权人提起债权确认之诉十五日的期限，就是为了督促债权人及时行使权利，避免破产债权长期处于权利不定状态。若法院无异议债权裁定仍不能作为破产债权确认程序的终结，则在破产程序中，债权人的债权将可能出现无休止的循环不定状态。其三，若认为法院的无异议债权裁定并不具备对破产债权实体权利的确权效力，那么在破产程序中，如何才能对破产债权进行实体确认？管理人对破产债权的审查结果是在法院无异议债权裁定之前，并且法院无异议债权裁定所确认的内容就是管理人审查确认的结果，在法院无异议债权裁定不能实体确权的情况下，管理人的审查结果更不应具备实体确权之效力；若认为法院对于债权人所提起的债权确认之诉的判决是对破产债权实体权利确权的程序，那么其余未提起债权确认之诉的债权如何才算确认其在破产程序中的实体权利？因此，法院以无异议债权裁定作为统一确认破产债权实体权利的程序也是最为恰当的程序。

参考案例：最高人民法院（2020）最高法民申 284 号崔××、海南中度旅游产业开发有限公司破产债权确认纠纷再审审查与审判监督案[1]

【基本案情】

崔××申请再审称：（1）原审法院认定事实错误。崔××向海南省高级人民法院提交了《债权核查异议书》《邮寄凭证》，可以证明崔××于 2017 年 6 月 28 日向海南省三亚市中级人民法院（以下简称三亚中院）邮寄《债权核查异议书》，该异议书已于 2017 年 7 月 3 日被签收，即崔××已及时对债权审查结果

---

〔1〕　案例来源于中国裁判文书网，2020 年 7 月 6 日发布。

提出异议，海南省高级人民法院未采信上述证据，认定事实存在错误。（2）原审法院适用法律错误。①我国相关法律法规及司法解释并未对破产案件中债权人提起债权确认之诉的期限，以及违反相应期限的法律后果作出明确规定。因此，破产管理人在债权确认相关文件中所确定的起诉期限不属于法定起诉期间，不能因债权人违反该期间而被认定为丧失起诉权利或实体权利。②经债权人会议核查并经法院裁定确认的债权表并不具有等同于判决的既判力，债权人对此有异议的，可以提起债权确认之诉，法院应当受理，海南省高级人民法院认定崔××系对生效裁定不服，违反一事不再理原则，并据此驳回崔××的起诉，属适用法律错误。③三亚中院以崔××起诉超过合理期限为由，驳回崔××的诉讼请求，系适用法律错误。根据《企业破产法》第九十二条第二款的规定，未按规定申报债权的债权人可在重整计划执行完毕后按同类债权的清偿条件得以清偿，崔××于破产程序终结前未提起债权确认之诉并非因其主观恶意，依据举重以明轻的解释方法，崔××可以按照上述规定行使权利。（3）崔××对中度旅游公司享有合法债权，人民法院应予确认，并判决中度旅游公司按照《中度旅游公司重整计划草案》确定的普通债权比例清偿债务。综上，依照《民事诉讼法》（2017年修正）第二百条第二项、第六项的规定申请再审，请求撤销原审裁定，确认崔××对中度旅游公司享有债权 147 088 436.17 元，判令中度旅游公司向崔××给付 44 126 530.85 元。

中度旅游公司提交意见称：（1）原审法院认定崔××提起本案债权确认之诉已超过法定期限，并裁定驳回其起诉，认定事实清楚，适用法律正确。（2）崔××二审期间提交的证据并非一审庭审后出现的新证据，且不能证明其依照法律规定正确行使了权利。（3）崔××请求法院确认其债权没有事实和法律依据。

【裁判理由】

本院经审查认为，本案审查重点是崔××提起诉讼是否符合法律规定的受理条件。

重整是指当企业法人不能清偿全部到期债务时，在法院主持下由债务人与债权人达成协议，制定重整计划，规定在一定期限内，债务人按一定方式全部或者部分清偿债务的特殊程序。《企业破产法》对重整程序有专门规定，根据特别法优于一般法的原则，对重整中相关法律纠纷的处理应当首先适用破产法的规定。《企业破产法》第五十八条规定：依照本法第五十七条规定编制的债权表，应当提交第一次债权人会议核查。债务人、债权人对债权表记载的债权无异议的，由人民法院裁定确认。债务人、债权人对债权表记载的债权有异议的，可以向受理破产申请的人民法院提起诉讼。第九十二条第一款、第二款规定：经人民法院裁定批准的重整计划，对债务人和全体债权人均有约束力。债权人未依照本法规定申报债权的，在重整计划执行期间不得行使权利；在重整计划执行完毕后，可以按照重整计划规定的同类债权的清偿条件行使权利。三亚中院受理中度旅游公司重整申请后，崔××已向中度旅游公司管理人申报案涉债权，中度旅游公司管理人对债权不予确认，并告知其申请复核的权利。之后崔××逾期申请复核，中度旅游公司管理人仍出具复核意见，对崔××的意见不予采信，并告知崔××如仍有异议，可在收到复核结论通知书之日起5日内向三亚中院提起债权确认之诉。崔××收到中度旅游公司管理人作出的复核意见后，直至重整结束，一直未向三亚中院提起债权确认之诉。2017年5月27日，中度旅游公司管理人提请法院确认无异议债权（其中登记崔××的债权为0元）。2017年6月2日，三亚中院作出（2016）琼02破1号之二民事裁定对无异议债权予以确认，该裁定已发生法律效力。崔××提起本案诉讼，请求对该裁定确认的债权予以变更，海南省高级人民法院认为其起诉属对人民法院已经发生法律效力的裁定所认定的法律事实、法律关系提起诉讼，依照《民事诉讼法解释》（2015年）第三百三十条规定裁定驳回崔××的起诉，并无不妥。

崔××主张其向海南省高级人民法院提交了《债权复核异议书》《邮寄凭证》，可以证明其向三亚中院提出了异议。二审法院已查明《邮寄凭证》未载明邮件内容，崔××并未提供新证据推翻该认定，且崔××向法院邮寄《债权复核异议书》亦不等同于向人民法院提起诉讼，因此崔××以此主张原审认定事实错误的理由不能成立。

崔××还主张依照《企业破产法》第九十二条第二款的规定，其有权要求中度旅游公司按同类债权的清偿条件向其清偿债务。因第九十二条第二款适用的情形为债权人未依照本法规定申报债权的情形，本案中崔××已向中度旅游公司管理人申报案涉债权，并经人民法院生效裁定确认为0元，故崔××主张适用上述规定的理由不能成立。

综上，崔××申请再审的理由不能成立。本院依照《民事诉讼法》（2017

年修正）第二百零四条第一款、《民事诉讼法解释》（2015年）第三百九十五条第二款规定，裁定：驳回崔××的再审申请。

【裁判要旨】

法院已经作出的无异议债权裁定，债权人对无异议债权裁定中已经确认的债权再提起诉讼，是对人民法院已经发生法律效力的裁定所认定的法律事实、法律关系提起诉讼，应当驳回起诉。

第三节　法院无异议债权裁定性质认定的新思路

从以上分析和案例中可以看出，在司法实践中，各地对于法院无异议债权裁定性质的认定有较大的争议，各地法院对于债权人在法院作出无异议债权裁定之后是否可以再向法院提起债权确认之诉的理解不一，甚至最高人民法院在不同时期对此也有截然相反的判例。目前，在《企业破产法》未作修改、最高人民法院未出台新的司法解释予以明确的情况下，尚无法就该问题进行明确的统一理解。但最高人民法院在近几年的几份判决中对此问题给出了新的处理思路。

参考案例：最高人民法院张××、河南雅乐颂置业有限公司等破产债权确认纠纷案〔1〕

【基本案情】

张××向一审法院起诉请求：（1）依法裁定确认张××对河南雅乐颂置业有限公司、开封市金耀置业有限公司享有本金债权440万元及利息债权4243.13万元；（2）一审诉讼费用由河南雅乐颂置业有限公司、开封市金耀置业有限公司承担。

一审法院认定事实：双方对"本次债权人会议核查结束时间点"存在异议，张××认为因本次债权人会议召开时间与《企业破产法》规定的提前十五日通知债权人不一致，经法院同意，本次债权人会议对有关事项的表决及核

---

〔1〕　案例来源于中国裁判文书网，2023年8月1日发布。

查期限向后延长十日；管理人认为是债权人会议召开当日。关于张××对案涉债权确认提出异议情况，张××称其于2020年1月19日向有关领导反映第五次债权人会议及其债权确认存在问题，并向管理人及法院反映情况。张××提交其于2020年5月17日制作的关于对张××债权依法予以核查确认的申请书，并于2020年5月19日通过国内挂号信函向管理人、法院寄出。2020年11月3日张××向法院提起债权确认诉讼，后因张××未交纳诉讼费，裁定按张××撤回起诉处理。张××于2021年11月8日再次向河南省开封市中级人民法院提起债权确认之诉。一审法院认为，《破产法司法解释三》第八条规定，债务人、债权人对债权表记载的债权有异议的，应当说明理由和法律依据。经管理人解释或调整后，异议人仍然不服的，或者管理人不予解释或调整的，异议人应当在债权人会议核查结束后十五日内向人民法院提起债权确认的诉讼。当事人之间在破产申请受理前订立有仲裁条款或仲裁协议的，应当向选定的仲裁机构申请确认债权债务关系。本案系破产债权确认纠纷，张××因对河南金瓯房地产开发有限公司、河南金耀置业有限公司、河南东建置业有限公司、河南雅乐颂置业有限公司管理人于2020年1月8日作出的河南金瓯房地产开发有限公司、河南金耀置业有限公司、河南东建置业有限公司、河南雅乐颂置业有限公司债权拟确认表提出异议，其于2020年11月3日向人民法院提起债权确认之诉，审核案涉债权的债权人会议于2020年1月8日召开，虽双方就债权人会议核查结束时间存在异议，但即使按照张××所述，债权人核查债权自债权人会议召开推迟十日（2020年1月18日），其向人民法院提起诉讼的时间仍超出法定期间十五日（2020年1月18日至2020年11月3日）。故其已不具备提起债权确认之诉的资格。据此，一审法院裁定驳回张××的起诉。

张××不服一审裁定，提起上诉，请求撤销一审裁定，指令一审法院审理本案。二审法院认为，本案系张××对管理人作出的债权确认表中关于张××申报债权拟确认情况存在异议而提起的债权确认之诉。关于张××提起本案债权确认之诉是否应当受理的问题。首先，《破产法司法解释三》第八条对该问题有明确规定。张××所申报的案涉债权于2020年1月8日召开的第五次债权人会议进行表决，表决须知第四项及债权拟确认表的尾部均明确告知债权人对债权拟确认表有异议的救济途径和期限，即应当联系管理人说明理由和法律依据。经管理人解释或调整后，异议人仍然不服的，或者管理人不予解释或调整的，异议人应当在本次债权人会议核查结束后十五日内向人民法院提起债权确认的诉讼，而张××就其债权提起债权确认之诉的时间分别为2020年11月3日、2021年11月8日。即使按照张××首次提起诉讼的时间来计算也远超法定的十五日期限。其次，在破产案件的办理中，法律规定了诸多程序保障债权人的利益。就债权申报来说，无论是在申报期限内申报还是补充申报，债权人均会经历债权申报、提供证据、补充提供证据、债权审查、收到债权审查结果、债权人会议核查、债权复核等程序，经过这些程序后，债权人对自己的债权情况、管理人审查情况都非常清楚，在规定的期限内提起诉讼并不存在困难和障碍。并且，关于债权是否确认的核查表已经明确告知诉权及相应后果，如果债权人在此期间不及时起诉，就会使债权表记载的相关债权长期处于不确定状态，并进而影响其他债权人的受偿，阻碍破产案件进程的推进，债权人在规定的期限内未向人民法院提起确认之诉视为对自己权利的放弃，债权人应当自行承受怠于行使权利所产生的不利后果。据此，经审判委员会研究，二审法院裁定驳回上诉，维持原裁定。

【裁判理由】

本院再审认为，债权申报和确认是债权人在破产程序中行使权利的前提基础，《企业破产法》第四十五条所规定的债权申报期限，以及《破产法司法解释三》第八条所规定的向人民法院提起债权确认诉讼的期限，目的均是督促债权人、债务人及时行使权利，尽快明确债权债务关系，由此促进破产程序的推进效率，避免对全体债权人的公平、及时清偿利益造成损害。如异议人未在《破产法司法解释三》第八条所规定十五日内提起债权确认诉讼，应视为其同意债权人会议核查及管理人解释、调整的结论，并在人民法院裁定确认后按此在破产程序中行使权利，由此对异议人表决权行使和破产财产分配等带来的不利后果，由其自行承担。但前述十五日期限届满并不产生异议人诉权或实体权利消灭的法律后果。一、二审法院以张××超过十五日起诉期限为由驳回起诉，适用法律错误。

综上，依照《民事诉讼法》（2021年修正）第二百一十四条第一款、第一百七十七条第一款第二项、第一百七十八条规定，裁定：一、撤销河南省高级人民法院（2022）豫民终431号民事裁定及河南省开封市中级人民法院（2021）豫02民初310号民事裁定；二、指令河南省开封市中级人民法院对本案进行审理。

最高人民法院上述裁定书对前述两种争议观点进行了一定程度的相互融合，为法院无异议债权裁定的理解拓展了新的思路。具体是指法院的无异议债权裁定是破产中的一项程序性裁定，其本身并不对相关债权人债权实体权利作实质性的确权；同时，无异议债权裁定为破产中的一项重要的程序，最高人民法院认为在一定程度上应当维护其在破产中的程序性价值。对于在明确无异议债权裁定并不产生债权人诉权和实体权利消灭的法律后果前提下，要如何维护无异议债权裁定在破产中的程序性价值，最高人民法院的上述案例给出如下处理思路：

无异议债权裁定并不产生债权人诉权和实体权利消灭的法律后果，即债权人在法院作出无异议债权裁定后仍然可以通过诉讼重新确认其实体权利，但是在债权人通过诉讼变更无异议债权裁定所确认的债权结果之前，依据无异议债权裁定所确认的债权性质与债权数额已经进行的财产分配，如果低于最终诉讼结果确认的债权数额的应分配数额，该债权人无权要求追加分配，反之，为全体债权人利益计，如果已经分配的财产多于应分配的数额，管理人应当追回，因债权人怠于在十五日内提出异议并诉讼的不利法律后果应由债权人自行承担。只有在债权人通过诉讼程序改变原无异议债权裁定所确认的债权结果之后，债权人才能以新的诉讼所确认的债权来参与后续破产程序并行使权利。例如，债权人甲申报破产债权后，管理人审查确认其债权数额为50万元，经债权人会议核查后，债权人甲未在十五日内向法院提起债权确认之诉，其后管理人申请法院确认债权人甲的无异议债权为50万元。此时，债权人甲以50万元行使表决权，并参与破产财产的分配。其后，债权人甲向法院提起诉讼，法院经审理确认其债权为60万元。在此之前，债权人甲以50万元行使的表决权及已经完成的分配仍然有效，并不以60万元的债权额对甲进行权利调整或补充分配。但在此之后，债权人甲将以60万元的破产债权参与其后的破产程序。反之，甲虽然主张其债权为60万元，但经法院审理认定为40万元，则甲基于50万元所得分配中的10万元对应部分应由管理人追回，并向全体债权人追加分配。

我们再了解一下域外破产的立法例。日本破产法认为，确定的债权表具有与确定判决同等的效力，"所以，如果对其效力和记录内容有争议时，应准用确定判决的原则，即提起再审之诉。"〔1〕"受到异议的债权者如胜诉，可以接受领取其被寄托或供托保管的分配额（第 271 条第 1 款、第 280 条第 1 款）；如败诉，这分配额就在其他债权者之间分配，为此，必须对分配表进行更正，以实施这种追加分配（第 283 条）。"〔2〕即日本破产法采取启动再审程序的方式对无异议债权表进行变更。从我国民事诉讼的实践来看，直接提起诉讼相较于启动再审程序而言，直接起诉对当事人的救济程度更高，启动方式更加简约和便利，也更加节省诉讼成本。

美国破产法上，就法院作出的确认或不予确认债权的裁定也不是终局的，根据《美国破产法典》第 502 条的规定，根据第 501 条提交债权和权益的证明即视为该债权或权益已被确认，除非利益相关方提出异议，对于提出异议的债权，法院经通知和听证后予以确认〔3〕。第 502 条（j）规定，出于特定事由，被予以确认或不予确认的债权可重新审查〔4〕，作为美国破产法典附

---

〔1〕 ［日］石川明：《日本破产法》，何勤华、周桂秋译，中国法制出版社 2000 年版，第 122 页。

〔2〕 ［日］石川明：《日本破产法》，何勤华、周桂秋译，中国法制出版社 2000 年版，第 132 页。

〔3〕 《美国破产法典》，李曙光审定，申林平译，法律出版社 2021 年版，第 194－203 页。§ 502. Allowance of claims or interests（a）A claim or interest, proof of which is filed under section 501 of this title, is deemed allowed, unless a party in interest, including a creditor of a general partner in a partnership that is a debtor in a case under chapter 7 of this title, objects. 译文：第 502 条　债权或权益的确认（a）根据本篇第 501 条提交债权或权益的证明即视为该债权或权益已被确认，除非利益相关方，包括本篇第 7 章案件中债务人为合伙组织时普通合伙人的债权人，对此提出异议。

〔4〕 《美国破产法典》，李曙光审定，申林平译，法律出版社 2021 年版，第 200－201 页。（j）A claim that has been allowed or disallowed may be reconsidered for cause. A reconsidered claim may be allowed or disallowed according to the equities of the case. Reconsideration of a claim under this subsection does not affect the validity of any payment or transfer from the estate made to a holder of an allowed claim on account of such allowed claim that is not reconsidered, but if a reconsidered claim is allowed and is of the same class as such holder´s claim, such holder may not receive any additional payment or transfer from the estate on account of such holder´s allowed claim until the holder of such reconsidered and allowed claim receives payment on account of such claim proportionate in value to that already received by such other holder. This subsection does not alter or modify the trustee´s right to recover from a creditor any excess payment or transfer made to such creditor. 译文：（j）出于特定事由，被予以确认或不予确认的债权可被重新审查。被重新审查的债权可根据案件公平性而被予以确认或不予确认。本附条中的债权的重新审查不影响破产实体基于未被重新审查的经确认债权，向经确认债权持有人所作的还款或转让的有效性；但若被重新审查的债权被予以确认并且与前述持有人的债权位于同一小组，则在被重新审查且被予以确认的债权的持有人因该债权获得的清偿比例与前述持有人已获清偿的比例相同前，该持有人不得因其持有的经确认债权从破产实体处获得任何额外的偿付或转让。本附条并不影响或变更托管人向债权人追偿其向该债权人所作的超额偿付或转让的权利。estate 有译者译为"破产实体"，也有译为"破产财团"的，笔者注。

录的《美国联邦破产程序规则》第3008条也作出了程序性规定[1]：

Rule 3008. Reconsideration of Claims

A party in interest may move for reconsideration of an order allowing or disallowing a claim against the estate. The court after a hearing on notice shall enter an appropriate order. （第3008条　债权的复议　针对就破产实体享有的债权予以确认或不予确认的裁定，利益相关方可提出动议申请对其复议。法院经过通知和听证后应作出适当的裁定）。

美国破产法在世界范围内影响广泛，我国企业破产法也受其影响，因此在立法尚未明确无异议债权裁定性质的情况下，美国破产法的做法值得借鉴。笔者倾向认为，如前所述，经人民法院以裁定形式确认后的无异议债权表即具有程序性的法律效力，各债权人可依债权表确定的债权性质和债权额行使权利，裁定确认的债权表是债权人在破产程序中的"通行证"，但该法院裁定属于程序性裁定，不同于实体性判决，不具有确认其中每项债权真实、合法的实体性法律效力，在被质疑的情况下，应当允许利益相关方提起诉讼予以确认，但未及时行权的不利后果应由相关当事人自行承担。

---

[1]　《美国联邦破产程序规则》，申林平译，法律出版社2023年版，第166-167页。

第三编

重整计划执行中的相关问题

本编主要围绕保障重整计划执行的常见法律问题进行相关梳理和论述。依照法律规定，法院批准重整计划后程序上就已经结案，但如何保障重整计划的顺利执行才是关键所在。对于重整计划的执行，《企业破产法》第八章第三节"重整计划的执行"仅有六个条文，根本无法涵盖在实践中遇到的纷繁复杂的各种问题。

一是对重整计划效力及可诉性存在争议。实践中，对重整计划的效力以及是否具有强制执行力，对重整计划中确定的内容是否可以另行起诉等问题，多有争论。

二是各方协调配合执行问题。重整计划作为经债权人会议决议以及法院裁定批准的涉及多方权利义务的生效法律文书，实践中需要债务人、重整投资人、债权人以及各有关机构的密切配合才能顺利执行，特别是有许多需要法院裁定协助执行的事项。

三是管理人如何监督执行以及执行不能如何处理。例如，管理人在重整计划执行中对重整计划监督执行的深度和广度、重整计划的变更和延长、重整计划无法执行是否可以采取挽救方案，重整计划执行过程中对未依法申报的债权如何处理等。

上述任何一个环节和问题处理不当都将影响重整计划的执行。

第十章
重整计划强制执行力和可诉性

第一节　经法院批准的重整计划的法律性质和效力

一、以重整计划的内容为视角简析其法律性质

《企业破产法》第九十二条第一款规定，经人民法院裁定批准的重整计划，对债务人和全体债权人均有约束力。据此，对于重整计划的法律约束力毋庸置疑，但对于重整计划的法律性质有争议，存在合同说（或契约说）、裁定说、混合行为说等多种学说。[1]笔者从重整计划包含的主要内容展开，分析一下重整计划的法律性质。

根据《企业破产法》第八十一条规定，重整计划应当包括债务人的经营方案、债权分类、债权调整方案、债权受偿方案、重整计划的执行期限、重整计划执行的监督期限及有利于债务人重整的其他方案等内容。

经营方案主要是重整投资人对重整后的企业如何生产经营的描述，更像重整投资人对全体债权人表明其经营计划及履行重整计划的可行性单方说明。

债权分类与调整方案主要是对分类各组债权人在模拟破产清算状态下对全部或者部分债权加以调整，每个破产企业的具体情况不同，债权分类与调

---

[1]　张志远：《重整计划能否强制执行》，载国浩律师事务所微信公众号（微信号：grandall），最后访问日期：2024 年 11 月 15 日。

整方案的很多内容难以简单概括，仅举例说明。笔者团队办理的九乐公司重整案件，在债权调整方案中均载明，按法院裁定受理破产重整申请时的房产现状予以优先保护。重整计划中消费性购房债权的调整方案及受偿方案最终修订补充为："付款比例低于50%的消费性购房人，按照所购房屋建筑面积每平方米2100元另行补交续建费用；在重整计划裁定通过之日后且其所购房产达到预售许可条件2个月内付清房屋余款及续建费用后，按照重整计划规定向其交付房屋。"且该补充方案98%以上的购房户单独签字同意，另博达公司、安居公司重整计划也均约定消费性购房户在补足应分担的部分续建费用或购地费用以及达到竣工验收的相关费用后，重整后的企业才向消费性购房户交付房屋并办理产权证，该内容相当于重整投资人向消费性购房户发出了一个要约，由同组债权人以多数决的方式予以承诺，具有明显的契约性质。

债权受偿方案通常也称债权清偿方案，实质也是重整投资人对各组债权人债权清偿的方式、清偿时间和清偿比例的最终要约，该要约内容提交债权人会议后，由各组债权人通过投票方式采用多数决作出承诺。

以上重整投资人与各组债权人相关的履约性质的内容也是重整计划性质属于合同说（或契约说）的主要依据。

王欣新教授认为，重整计划虽然具有合同的法律性质，但与一对一地协商一致的合同有本质区别，因债权人人数众多且存在利益冲突，无法做到协商一致，重整计划作为特殊性质的合同，具有利益冲突的团体性、非完全自愿协商的约束性、法律性质多样的复合性以及经司法确认生效的强制性。这些特性具体表现为：①合同的团体性。重整计划不是一对一（包括参加方为有限多数）的合同，而是一方为不确定多数方（债权人可能多达数万乃至数十万）的合同，其个体利益间既有共同之处也有矛盾冲突。②合同的协商非完全自愿。由于合同一方为具有利益冲突的多数方，所以无法适用合同订立需自愿协商一致的合同法原则。重整计划的协商是非完全自愿的，一是实行少数服从多数的原则，债权人分组会议以法定多数通过重整计划后，反对者也要受约束；二是债权人会议通过的重整计划必须经过法院裁定批准后生效。[1]

---

〔1〕 王欣新：《谈重整计划执行中的协助执行》，载《人民法院报》2016年7月13日，第07版。

重整计划采用多数决，即出席会议的同一表决组人数过半且代表的债权总额占该组债权总额的三分之二即通过，所以重整计划从法律上讲属于依据《企业破产法》采用多数决方式达成的特殊合同。依据契约必守的原则，参与的各方主体应当严格按照约定履行义务。

笔者认为，经法院裁定批准的重整计划类似于法院作出的民事调解书，区别点是重整计划债权人一方人数众多，意思表示需要多数决作出，而调解书的各方当事人无论人数多少，只有一个意思表示（即使代表人诉讼，也是一个意思表示）。共同点则是二者均系当事人意思自治与司法审查确认的结合体，即当事人的意思自治和法院司法审查确认的结合。因此，笔者赞同折中说（混合行为说）。

二、重整计划具有强制执行力

《企业破产法》第八十六条规定，各表决组均通过重整计划草案时，重整计划即为通过。自重整计划通过之日起十日内，债务人或者管理人应当向人民法院提出批准重整计划的申请。人民法院经审查认为符合本法规定的，应当自收到申请之日起三十日内裁定批准，终止重整程序，并予以公告。从该条规定可以看出，即使重整计划各组债权人均通过也不当然发生法律效力，只有在法院审查批准后才发生法律效力，法院审查属于实质审查，通过批准裁定将原来债权人、重整投资人等所有参与主体合约的内容转化成一份生效法律文书[1]。《企业破产法》第八十七条规定，部分表决组未通过重整计划草案的，债务人或者管理人可以同未通过重整计划草案的表决组协商。该表决组可以在协商后再表决一次。未通过重整计划草案的表决组拒绝再次表决或者再次表决仍未通过重整计划草案，但重整计划草案符合法定条件的，债务人或者管理人可以申请人民法院批准重整计划草案。实践中，重整计划各组均表决通过的情况不是很常见，因为债权人不投重整计划赞成票的理由非常复杂，很多情况下债权人从自身利益最大化出发，从个体角度去争取权利，根本目的不是不同意重整计划，而是以赞成票作为向重整方或管理人谈判交换的筹码和手段，而法院裁定批准重整计划是基于全体债权人的利益甚至公

---

[1]　这也是理论界认为重整计划属于裁定说的重要依据，但这种学说仅从最终结果考量，未考量法院裁定前当事人意思自治的环节。

共利益的考量，所以《企业破产法》规定了法院的强裁权，且经裁定批准，重整计划即发生效力，对债务人和全体债权人均有约束力。

因为部分债权人不同意重整计划而法院强裁通过，对于重整计划中需要该类债权人协助的事项，债权人一般也不会予以配合，甚至为达到个人利益故意阻碍重整计划执行。《企业破产法》没有对该类不配合执行重整计划的行为进行规范，但第四条规定，破产案件审理程序，本法没有规定的，适用民事诉讼法的有关规定。根据我国《民事诉讼法》相关规定，对于生效的法律文书，当事人拒绝履行的，法院有权依申请对其强制执行。据此，重整计划作为生效法律文书，有关当事人如拒绝按照重整计划履行其义务或者妨碍重整计划执行的，法院是可以以重整计划作为执行依据的。

例如，四川省德阳市中级人民法院审理的一起破产案件中（（2019）川0603破3号），债务人以战略投资人已按重整计划规定支付2亿元偿债资金，而债权人Y建设公司未按重整计划规定撤场并移交为由，向法院提出强制执行申请，请求依据重整计划强制执行Y建设公司立即退出原施工地块。该案重整计划"复建方案"第三条规定，"原所有施工企业与债务人签署的相关协议不再继续履行，原所有施工企业（含人员、设施设备等）在投资人支付第一笔1亿元资金后办理撤场工作并移交工作场地，将施工场地交于投资人接收、管理，在投资人支付第二笔1亿元资金后办理完毕所有移交手续"。投资人已完成第一、二期偿债资金2亿元的支付义务，Y建设公司系重整计划中"原施工企业"之一，其以对管理人审查认定的债权金额持有异议为由拒绝撤场并移交施工场地。经债务人申请，法院强制执行该债权人腾退场地，从而保证了重整计划的顺利执行[1]。

三、不赋予强制执行力则重整计划无法执行

《企业破产法》规定，重整计划在人民法院裁定批准后，即应由债务人负责执行，但法院对相关事项不作出执行裁定或出具协助执行通知的，重整计划大多会陷入寸步难行的境地。最常见的是将债务人股权让渡给重整方，这是让重整方按约定条件投资并执行重整计划的前提，因大多进入重整程序的

---

〔1〕 张军、肖贝：《法院裁定批准的重整计划之强制执行效力刍议》，载 http://dyjyfy. scssfw. gov. cn/article/detail/2021/03/id/6156474. shtml，最后访问日期：2024 年 12 月 21 日。

破产企业已资不抵债，在重整计划的股权调整方案中，原债务人股东的股权都是按零价格转让给重整方，大部分原债务人股东不会配合办理股权过户手续。重整计划制作的基础是重整方取得破产企业股权，由新的重整投资人对重整后的企业注入资金进行经营管理，如果法院不裁定股权登记机关协助办理过户手续，重整方不能依法取得股权，就无法对企业进行正常经营管理，也不会按约定进行投资，将导致重整失败。有经验的重整投资人在制作重整计划时就会要求加上相关约束条款，如约定在重整计划批准后一定时间内不能取得破产企业股权的法律后果，通常是停止投资或顺延重整计划执行直至退出重整等。

此外，法院批准重整计划后，房地产企业重整中常见的抵押债权人拒绝配合涤除抵押，若土地或在建工程抵押不涤除，房产的网签备案及按揭贷款等将全部受限不能办理，且一般房地产企业重整计划中关于尾款和续建费的补交等都以能为消费性购房户办理网签手续为前提，如不能办理网签，消费性购房户不可能按重整计划要求交付尾款或续建费，因此，如抵押权不涤除，重整企业无法正常销售和经营。另外，还有大量法院受理破产前因为担保借款或其他各种原因而签订的根本无真实交易的商品房网签备案合同等，债权人如拒绝配合注销，那就相当于重整资产不能释放，重整计划很容易陷入无法执行的停滞状态。

以上情形都需要法院作出裁定，要求相关部门协助办理股权转移登记、涤除抵押登记和涂销网签，否则重整计划无法执行。

第二节　各地法院对重整计划强制执行力的规定

目前全国各地法院单独或者联合相关行政部门，制定了很多有关重整计划执行层面的规定，对重整计划可强制执行的具体问题和申请主体都作了明确与细化。

一、对各地法院关于重整计划可以申请法院强制执行的梳理[1]

发布时间	发布主体	规范性文件	具体规定
2019-09-26	山东省高级人民法院	山东省高级人民法院企业破产案件审理规范指引（试行）	第一百五十七条 重整计划对债务人、全体债权人有约束力。 重整计划涉及出资人权益调整的事项，对债务人的全体出资人均有约束力。债务人资不抵债，重整计划所调整的股权已设定质押的，质押权人应当配合办理解除股权质押手续。重整计划所调整的股权未被质押与冻结，但出资人拒不配合办理股权转让手续的，人民法院可以依据债务人的申请向有关单位发出协助执行通知书
2019-11-29	广东省高级人民法院	广东省高级人民法院关于审理企业破产案件若干问题的指引	第九十八条【债务人股权的处置】涉及调整债务人股权的，管理人或债务人在重整计划草案制定时应当与股东、对股权采取保全措施的权利人、对股权享有担保物权的权利人进行协商处置。协商不一致的，管理人或债务人应当在重整计划草案中提出股权处理意见。 人民法院批准重整计划时，应当结合债务人资产价值、负债情况、重整计划中债务人受偿比例、调整后原股东保留权益大小等进行审查。经审查批准的，应当按照重整计划的规定执行。对股权采取查封措施的人民法院或登记机关不予执行的，管理人可以向人民法院申请协助执行
2021-10-23	河南省高级人民法院	河南省高级人民法院审理企业重整案件的工作指引	63. 重整计划所调整的股权未被质押与冻结，出资人应当配合办理股权转让手续。 债务人进入重整程序前资不抵债，重整计划所调整的股权已设定质押的，质押权人应当配合办理解除股权质押手续
2020-12-31	陕西省高级人民法院	陕西省高级人民法院破产案件审理规程（试行）	第一百八十六条 经法院裁定批准的重整计划，对债务人和全体债权人有约束力。重整计划涉及出资人权益调整的事项，对债务人的全体出资人均有约束力。 重整计划所调整的股权已设定质押的，质押权人应当按照重整计划的相关规定，配合办理解除股权质押手续。重整计划所调整的股权未被质押与

---

[1] 表内资料均来源于各法院官网。

发布时间	发布主体	规范性文件	具体规定
			冻结，但出资人拒不配合办理股权转让手续的，人民法院可以依据债务人的申请向有关单位发出协助执行通知书。 抵押权人、质押权人拒绝配合办理解除抵押、质押手续的，人民法院可以作出解除抵押、质押的民事裁定并向有关单位发出协助执行通知书
2021-03-25	湖南省高级人民法院、湖南省市场监督管理局	湖南省高级人民法院关于推进企业破产程序中公司登记便利化的实施意见	六、规范破产重整企业变更股东登记 破产重整企业因出资人权益调整需要变更股东事项，但企业原股东持有的企业股权被质押或查封的，由人民法院出具解除质押或查封协助执行通知书，管理人可持案件受理裁定书、批准重整计划裁定书、指定管理人（清算组）决定书以及人民法院出具的解除质押或查封协助执行通知书等材料到企业登记机关办理股权变更登记
2021-11-16	江苏省高级人民法院、江苏省市场监督管理局	江苏省高级人民法院关于做好破产企业登记事项办理优化营商环境的实施意见	5. 依法办理破产企业股东变更登记。根据人民法院裁定批准的破产重整计划，需要办理破产重整企业股东登记事项变更，但因企业原股东持有的股权已被质押或被法院查封，管理人无法申请办理股东变更登记的，破产法院可以采取出具协助执行通知书的方式，通知市场监管部门协助解除查封、涤除质押，并办理股权变更登记。查封解除或者质押涤除后，破产法院应当及时将有关情况告知质押权人和原采取保全措施的法院
2024-03-18	河北省高级人民法院	河北省高级人民法院破产案件审理规程	第八十二条　重整计划涉及出资人权益调整事项的，原出资人应当配合办理股权变更登记。 无法办理股权变更登记的，管理人可以依据人民法院批准重整计划裁定书申请强制执行
2019-03-14	深圳市中级人民法院	审理企业重整案件的工作指引（试行）	第一百零九条　重整计划对债务人、全体债权人有约束力。重整计划涉及出资人权益调整的事项，对债务人的全体出资人均有约束力。 债务人资不抵债，重整计划所调整的股权已设定质押的，质押权人应当配合办理解除股权质押手续。 第一百一十条　重整计划所调整的股权未被质押与冻结，但出资人拒不配合办理股权转让手续的，合议庭可以根据债务人的申请向有关单位发出协助执行通知书。

续表

发布时间	发布主体	规范性文件	具体规定
			第一百一十一条 重整计划执行期间，合议庭可依据债务人的申请，协调办理债务人恢复正常生产经营的相关手续，包括移除经营异常名录、恢复营业执照、删除征信不良记录、移除纳税失信名单、删除失信被执行人信息等
2019-12-30	北京市第一中级人民法院	北京破产法庭破产重整案件办理规范（试行）	第一百三十二条 重整计划执行期间，出资人、债权人等无正当理由拒不配合办理出资权益变更手续的，人民法院可以根据管理人、利害关系人的申请向有关单位发出协助执行通知书。 第一百三十三条 重整计划执行期间，管理人、利害关系人可就重整计划的执行向人民法院申请必要的协助。人民法院可以根据申请，向有关单位发出协助执行通知书，但不得强制执行重整计划的清偿方案
2021-03-09	南京市中级人民法院、南京市规划和自然资源局	关于企业破产程序中涉不动产登记事项办理的实施意见	五、不动产抵押权登记的注销 债务人不动产上设定抵押权的，管理人应积极协调抵押权人配合办理抵押权的注销登记。抵押权人可以委托管理人办理注销登记。 抵押权人不配合办理抵押权注销登记的，由受理破产法院出具注销抵押权登记的协助执行通知书，办理债务人不动产抵押权登记的注销、抵押权人对抵押权登记的注销提出异议的，由管理人给予解释
2021-04-07	厦门市中级人民法院、厦门市市场监督管理局	关于推进企业破产程序中办理注销登记等有关事项便利化的实施意见	五、破产重整、和解企业股权变更登记 人民法院裁定批准重整计划或和解协议后，因执行重整计划或和解协议需要调整出资人权益的，破产管理人可以向市场监督管理部门申请办理破产重整或和解企业的股权变更登记。破产重整或和解企业的股权存在被冻结、质押等情形的，由人民法院出具《协助执行通知书》，市场监督管理部门应当根据破产管理人的申请，在解除对破产企业股权的冻结、注销质押登记后，依法协助办理股权变更登记手续

续表

发布时间	发布主体	规范性文件	具体规定
2021-08-09	南阳市中级人民法院、南阳市市场监督管理局	关于推进企业破产程序中办理变更（注销）登记等有关事项便利化的实施意见	四、破产重整、和解企业股东、股权等变更（备案）登记 人民法院裁定批准重整计划或和解协议后，因执行重整计划或和解协议需要调整出资人权益的，破产管理人可以向市场监督管理部门申请办理破产重整或和解协议的股东、股权等变更（备案）登记。破产重整或和解企业的股权存在被冻结、质押等情形的，由人民法院出具《协助执行通知书》，市场监督管理部门根据破产管理人的申请，在解除对破产企业股权的冻结、注销质押登记后，依法协助办理股东、股权等变更（备案）登记手续。 ……
2022-06-17	沈阳市中级人民法院、沈阳市市场监督管理局	关于优化办理破产企业股权登记事项服务营商环境的实施意见	第三条　破产重整或和解企业因出资人权益调整需要变更股东登记事项，但企业原股东持有的企业股权被质押或查封、冻结的，破产案件受理法院可以出具协助执行通知书，管理人持该协助执行通知书、破产案件受理裁定书、指定管理人决定书、批准重整计划或认可和解协议裁定书到登记机关办理股权变更登记，登记机关予以办理

　　山东省高级人民法院、河北省高级人民法院、深圳市中级人民法院、北京市第一中级人民法院认为，出资人不配合办理股权变更登记的，人民法院可以出具协助执行通知书。江苏省高级人民法院、湖南省高级人民法院、陕西省高级人民法院、广东省高级人民法院、厦门市中级人民法院、南阳市中级人民法院、沈阳市中级人民法院等认为，破产企业的股权存在冻结、质押情形的，人民法院可以出具协助执行通知书。从以上各地法院的规定中可以看出，对于重整计划中股权调整方案具有强制执行力在实务中基本形成了一致认识，原股东不配合办理股权转让手续的，管理人可依据重整计划确定的债权调整内容直接向法院申请强制执行。北京市第一中级人民法院《北京破产法庭破产重整案件办理规范（试行）》规定，重整计划执行期间，管理人、利害关系人可就重整计划的执行向人民法院申请必要的协助。人民法院可以根据申请，向有关单位发出协助执行通知书，但不得强制执行重整计划的清偿方案。从该规定可以延伸分析，除了股权调整方案可以申请强制执行，还

有其他事项也可以申请，但清偿方案不可以强制执行。深圳市中级人民法院《审理企业重整案件的工作指引（试行）》规定，重整计划执行期间，合议庭可依据债务人的申请，协调办理债务人恢复正常生产经营的相关手续，包括移除经营异常名录、恢复营业执照、删除征信不良记录、移除纳税失信名单、删除失信被执行人信息等。从上述各法院规定上看，在重整计划执行中，如其他政府部门或有关人员负有协助执行义务而不主动履行，债务人、管理人可以向人民法院提出执行申请，人民法院应当出具协助执行通知书。重整计划具有强制执行力的本质在于重整计划是为保证全体债权人公平受偿利益而制定，不能因为少数人的反对而受阻滞。

二、重整计划的可诉性以及清偿方案和经营方案的不可强制执行

（一）清偿方案不具有强制执行力和可诉性

从前述四川省德阳市中级人民法院案例中可以看出，向法院申请强制执行的主体是债务人即重整后的破产企业，被执行的主体是不按重整计划履行撤偿义务的施工方（债权人），那么换个角度，在债务人不履行重整计划时，债权人是否可以根据法院批准的重整计划的债权调整方案和最终的债权清偿方案内容向法院申请强制执行呢？实践中，很多专业律师认为重整计划债权受偿方案规定的可获得的债权清偿很清楚，重整计划执行中债务人没有履行重整计划，按重整计划规定可以获得的清偿逾期时，可以向法院申请强制执行。因《企业破产法》第九十三条明确规定债务人不能执行或者不执行重整计划的，人民法院经管理人或者利害关系人请求，应当裁定终止重整计划的执行，并宣告债务人破产，所以对于重整计划的清偿方案，债权人不可以向法院申请强制执行，其只有向法院申请重整转破产的权利。因此，债权清偿方案不具有强制执行力，也当然不具有可诉性。前述北京市第一中级人民法院《北京破产法庭破产重整案件办理规范（试行）》第一百三十三条规定，重整计划执行期间，管理人、利害关系人可就重整计划的执行向人民法院申请必要的协助。人民法院可以根据申请，向有关单位发出协助执行通知书，但不得强制执行重整计划的清偿方案。

（二）经营方案和债权调整方案的强制执行力和可诉性

对于经营方案而言，重整后的企业生产经营行为显然也不能申请强制执行，但债权人是否可对经营方案的某些具体内容进行诉讼，笔者认为应当具

体问题具体分析。房地产企业的重整计划对经营方案通常做了详细的量化，如每栋楼的竣工交付时间以及办证时间等。如果属于可归类于债务人自身的原因，导致没有按照经营方案约定的时间对房屋进行竣工验收等，债权人是否可以起诉重整后的企业承担逾期交房违约责任呢？笔者认为，对于法院受理破产前的购房户，即在重整程序中确认的消费性购房户是否可以主张重整计划执行当中债务人出现的违约责任问题，因该部分群体其本质上属于债权人，应当受重整计划调整。如重整计划明确约定了交房时间，且约定出现延期交付房屋要承担违约责任的，应当承担责任。如果没有约定，重整后的企业就不应当承担责任。如果法院批准重整后企业正常销售过程中产生逾期交房违约责任，这属于重整计划执行当中的经营行为，新的购房户可根据房屋买卖合同以及相关司法解释规定直接起诉债务人。对于如何督促重整后的企业按投资方案注入资金严格履行重整计划，管理人应当在投资方案中提前做好安排，明确重整投资人出现因自身原因如资金不到位等导致重整计划延迟而承担的责任，常见的房地产企业破产程序中没有按期交房的，可以在投资方案中明确采取不予退还保证金等方式约束。

债权调整方案因个案不同，无法简单作出可以与不可以强制执行的结论，但是笔者认为，如果重整计划中明确约定了一方不履行义务可以申请法院强制执行的，重整计划经法院裁定批准生效后，利害关系人依据重整计划申请强制执行的应当可以强制执行。对于债权调整方案是否可以进行诉讼，或者债权人可否抛开法院批准裁定重整计划的具体内容另辟蹊径单独去法院起诉呢？笔者以安居公司重整案为例作一论述。如前所述，因安居公司重整计划债权调整方案规定消费性购房户在办证前需要交纳土地及竣工验收费用（详见第二编第四章共益债务认定及清偿），在重整计划各组通过并被法院裁定批准后，重整投资人按照重整计划规定投入资金购买了土地并补办所有手续，在达到办证条件后大部分购房户按照重整计划约定交纳了土地及竣工验收费用办理了产权证，但是少部分购房户对补交费用仍有抵触情绪，在法院、管理人多次沟通无果后，有购房户聘请律师向沧州市新华区人民法院提起了诉讼。其抛开了重整计划债权调整方案中需要补交款项后才可以办理产权证的规定，以其作为购房户且在破产前已经交纳了全部房款为由直接诉请重整后的企业为其办理产权证，法院经研究后裁定不予受理，不予受理裁定主要内容摘抄如下：

被告安居公司已于 2022 年 2 月 22 日进入破产程序。《企业破产法》第四十四条规定："人民法院受理破产申请时对债务人享有债权的债权人，依照本法规定的程序行使权利。"本案中，包括起诉人在内的无异议债权已经我院依法裁定确认，故起诉人主张要求被告安居公司协助其办理房屋所有权证的诉讼请求，属于债权人就债务人的破产财产所提起的诉讼，即债权人主张债务人进行个别清偿的请求，根据《破产法司法解释二》第二十三条规定，破产申请受理后，债权人就债务人财产提起的个别清偿诉讼，人民法院不予受理。另外，起诉人的诉讼请求，属于经人民法院裁定批准的重整计划的执行内容之一，其应当依据重整计划内容执行，如重整计划不能执行，在破产重整程序依法转入破产清算程序后，原告的诉讼请求也应当依法在破产清算程序中予以处理。

法院对上述起诉裁定不予受理后，该部分消费性购房户既不交纳土地及竣工验收等配套费用也不办理产权证，重整计划执行处于停滞状态。2024 年 5 月，管理人以不可归责于重整方的原因向法院申请延长了重整计划，但在延长期内该部分购房户仍然不交纳土地以及竣工验收等配套费用不办理产权证。为保障重整计划按期执行，债务人已经依据批准的重整计划债权调整方案向沧州市新华区人民法院起诉了上述拒绝按重整计划履行义务的购房户。为什么该案件债务人不参照前述德阳市中级人民法院的案例由债务人向法院直接申请强制执行呢？主要原因是安居公司重整计划并没有明确约定达到办证条件后购房户不及时补交土地及达到竣工验收的配套费用可以直接申请强制执行，重整计划只规定了达到办证条件三个月不交纳费用的应按一年期银行同期贷款利率承担违约责任直至还清所有费用为止。另外，直接申请法院强制执行也不利于维护稳定，通过诉讼裁判增加了说理环节，判决生效后再申请强制执行有利于缓冲矛盾。

三、实务中重整计划的强制执行仍面临种种阻力

虽然全国部分高院对重整后股权调整方案的强制执行有明确的规定，但笔者团队办理的两起涉及法院受理破产前债务人原股东股权被质押且存在查封的重整案件，都出现了过户困难问题。如果不能顺利解除股权质押，重整方则无法以破产企业股东的身份行使诸如变更法定代表人、变更注册住所地、

召开股东会形成必要的决议等相关股东权利，导致银行无法给破产企业办理按揭贷款。该两起重整案，均因股权没有及时过户导致重整方在计划通过批准后近一年的时间内都处于停滞经营状态。

在此提示一下，因各地高院规定关于股权调整申请强制执行的主要依据是重整计划，这就需要管理人要在重整计划草案中对该种情况预先设置处理机制，以便在进入重整计划执行阶段后能够顺利衔接。以下是笔者团队办理的重整案件中股权被质押且存在查封的情况下，重整计划批准后股权过户面临重重困难的解决过程。一是山东威海中天房地产案，因原债务人股权在破产受理前质押且被××中级人民法院查封，重整计划通过后破产法院向登记机关发出过户协助执行通知，但登记机关拒绝办理，破产法院到××中级人民法院协调未果，因该股权登记机构在债务人住所地，最终在属地政府的强势介入下登记机关才给予办理过户手续，从重整计划通过后到股权过户整整拖延一年，重整计划执行时间也相应延误。另一起案件是博达公司重整案。沧州市新华区人民法院裁定批准博达公司重整计划，依据重整计划的规定，博达公司的股权应当以零价格转让给重整投资人。因博达公司原股东所持有的股权设有质押，并且博达公司原股东所持有的股权还因与质押权人的诉讼又被法院查封。管理人联系质押权人，要求其申请解除对博达公司的股权冻结和质押，其没有主动配合。2022年5月，沧州市新华区人民法院委托北京市昌平区人民法院（因博达公司工商注册地在北京市昌平区）协助执行股权过户，××市场监督管理局拒绝协助办理股权过户手续。2022年6月24日，沧州市新华区人民法院再次向××市场监督管理局送达了注销股权质押和协助办理股权过户手续的裁定书。××市场监督管理局以博达公司股权被某高院冻结为由，再次拒绝办理。其间，管理人和博达公司重整方沧州东塑房地产开发有限公司（以下简称东塑公司）多次向国家市场监督管理总局反映问题，沧州市中级人民法院委派专人向河北省高级人民法院汇报恳请帮助协调××高级人民法院裁定解除博达公司股权的冻结，博达公司债权人亦向最高人民法院写信反映重整后企业不能办理股权过户对重整计划顺利执行带来的严重影响，但最终××市场监督管理局仍然拒绝办理。在众多主体努力无果的情况下，博达公司管理人向质押权人正式发函要求其主动向××高级人民法院申请解除对博达公司的股权查封冻结措施，否则要求其承担由此带来的严重法律后果。此后在新华区政府的参与协商和共同努力下，质押权人主动向××高级人民法院申请解除了对博达公司的股权查封冻结手续。2022 年 12 月 27 日，在沧州市新华区人民法院裁定批准重整计划之后整整 8 个月的时间才按重整计划股权调整方案将股权过户到重整方名下。

通过各地法院的破产案件审判指引可以看出，很多法院只规定了股权质押情况下可以裁定注销股权质押并协助办理过户手续，但是对于股权被其他法院查封的情况下如何处理，大部分高院还是没有提及。实践中债务人股权质押同时又被查封的情况大量存在，很多法院认为，破产法院可以裁定将股权质押注销，但是不能解除另一个法院对于股权的冻结查封。博达公司一案之所以解除查封是因为原债务人股东的股权质押权人和查封申请人均是博达公司的债权人，博达公司重整计划对债权人协助涤除抵押有约定，如果博达公司重整计划没有关于债权人协助办理涤除抵押等内容，或质押权人或查封申请人都不是破产企业债权人，解除办理将十分困难或根本不可行，博达公司重整案股权过户也会成为难题。

2009 年，北京市房山区人民法院在办理北京五谷道场食品公司重整案时也存在原债务人股权被全国六家法院轮候冻结的情况，北京市房山区人民法院是通过层报最高人民法院才得以处理。自 2007 年《企业破产法》实施至今已经十几年，破产企业原股东股权被质押查封导致不能办理过户的问题仍未得到解决，除各地法院破产指引作出规定之外，尚无司法解释层面的规定出台，期待本次《企业破产法》修改能对该问题予以明确。

笔者后附博达公司重整案管理人向质押权人发函全文以及以重整方名义向国家市场监督管理总局反映信的有关内容，希望我们的经验能给面临同类问题的读者带来一定的参考。（详见附录四：北京博达房地产开发有限公司管理人关于解除博达公司股权查封和质押的函、附录五：关于××区市场监督管理局拒不配合办理破产重整企业股权过户问题的反映信）

第三节　房地产企业重整计划需要强制执行的相关事项

房地产企业重整计划的执行，除通常面临的删除失信、股权调整方案协助执行过户等事项外，还存在涤除抵押、注销网签备案以及协助办理产权证书等事项。笔者从办理的房地产企业重整案中总结了几项比较典型的需要法院出具协助执行通知的相关事项加以介绍，以供参考（附管理人申请和法院裁定范本）。

一、涤除抵押权

通过对前述各地法院出台的可以要求法院出具协助执行通知规定的梳理发现，除南京市中级人民法院之外，大部分法院并没有明确规定可以申请法院出具抵押权涤除的协助执行通知。实务中，大部分房地产企业为了融资，在破产中存在土地或在建工程抵押，如果重整计划批准后不涤除抵押，根本无法给购房户办理网签备案，也不能办理按揭贷款，将直接影响重整计划执行以及企业的正常销售，甚至导致重整计划执行失败。因此，管理人或重整投资人一定要在重整计划中明确约定涤除抵押权的时间和配合主体，如果出现不配合的情形，可以申请法院强制执行。若无明确约定，在大部分法院又没有明确规定可以向法院申请强制执行的情况下，涤除抵押权就很困难，抵押权人可能会要求抵押优先权全部得到清偿才配合涤除，而实际上，不先涤除抵押权，重整后的企业就无法正常销售以回流资金，也就不能优先清偿抵押权人的债权，由此，先行涤除抵押权和先行清偿之间很容易形成僵局。笔者办理的房地产企业重整案件都在重整计划中明确约定，不配合管理人涤除抵押权的，管理人可以申请法院强制执行。涤除申请及裁定模板如下：

××公司（破产企业）管理人

关于协助××公司涤除抵押权的申请

××人民法院：

贵院于××年××月××日作出××号民事裁定书，裁定受理××公司（破产企业）重整一案，并指定××担任管理人。贵院又于××年××月××日作出××号民事裁定书，裁定批准××公司（破产企业）重整计划草案。依据重整计划的规定，在法院裁定批准本重整计划后5个工作日内，债权人应配合债务人完成对××公司（破产企业）解除财产抵押登记手续。

目前破产企业名下的他项权证号为××及在建工程号为××的不动产存在抵押，导致在建工程的预售许可证不能办理，阻碍了项目的推进。故请贵院向×
×市不动产登记中心送达强制涤除抵押权的执行通知书，以推进××公司（破产企业）重整计划的执行事宜。

特此申请。

××公司（破产企业）管理人

××年××月××日

××人民法院
民事裁定书（涤除抵押权）

申请人：××公司（破产企业）管理人。

××年××月××日，××公司（破产企业）管理人向本院提出申请，涤除××公司（破产企业）的土地使用权及××号楼的抵押登记。

本院认为，本院于××年××月××日作出××号民事裁定书，裁定批准《××公司（破产企业）重整计划草案》、终止××公司（破产企业）重整程序。该重整计划草案对债务人和全体债权人均具有约束力。该草案的第××条第×项要求：在法院裁定批准本重整计划后5个工作日内，债权人应配合债务人完成对××公司（破产企业）财产解除财产抵押登记手续。若债权人未在上述期限内配合解除财产抵押手续，对重整计划执行造成阻碍，债务人或管理人有权申请法院依照本重整计划的规定予以强制涤除抵押权。

××公司（破产企业）的土地和在建工程抵押权人没有按照《破产企业重整计划草案》规定的时间解除财产抵押登记手续。申请人申请涤除××公司（破产企业）财产抵押权符合法律规定。依照《中华人民共和国企业破产法》第九十二条第一款之规定，裁定如下：

涤除登记在破产企业名下的他项权证号为××及在建工程号为 ××的不动产的全部抵押权。

他项权证及在建工程抵押证无法收回的，予以作废。

本裁定自即日起生效。

审判长：××

审判员：××

审判员：××

××年××月××日

书记员：××

二、解除房产预售备案

如上所述，房地产企业重整案件中存在大量基础法律关系、非买卖关系的商品房网签备案合同，在重整计划中，需要予以解除此类网签备案合同以释放资产。笔者办理的房地产企业重整案件中，存在为借款融资将所有房产全部网签备案给小贷公司或其他民间借贷借款人的情况，重整计划批准后需要先解除网签释放资产，如果上述网签备案合同均需通过单独诉讼予以解除，不但造成司法资源的极大浪费，而且导致备案合同项下房产无法及时出售以回笼资金，进而影响重整计划的执行。申请及裁定模板如下：

关于××公司（破产企业）
解除房产预售备案的申请

××人民法院：

××公司（破产企业）重整案重整计划已经贵院裁定批准。××公司（破产企业）所开发的××小区有部分房产在不动产登记中心已进行预售备案，按照重整计划应当解除网签备案的商品房预售合同。

需要解除预售备案房屋的具体情况：（略）。

以上申请，望贵院予以准许。

附《需解除预售备案房屋名单》。

××公司管理人

××年　××月××日

××人民法院
民事裁定书

申请人：××公司（破产企业）管理人。

××公司（破产企业）重整一案，本院于××年××月××日作出××号民事裁定书，裁定批准破产企业重整计划草案。现××公司（破产企业）进入重整计划的执行阶段。××年××月××日，管理人向本院提出申请，对网签备案在××

· 201 ·

(其债权被审查确认为普通债权，已经贵院裁定确认为无异议债权）名下的××套房产，请求解除该××套房产的网签备案手续用以清偿债务。

本院认为，债务人重整计划草案已经本院裁定批准，对债务人和全体债权人均有约束力，应当遵照执行。管理人要求解除网签备案，符合法律规定。依照《中华人民共和国企业破产法》第九十条、第九十二条之规定，裁定如下：

解除××公司（破产企业）××套房产的网签备案手续（具体明细见附表）。

本裁定自即日起生效。

审判长：××

审判员：××

审判员：××

××年××月××日

书记员：××

三、办理契税纳税手续

在法院受理房地产企业破产之前，很多购房人交纳了部分房款，在企业经营出现困难的情况下，企业未能缴纳该部分房款的税款。还有很多房地产企业账目不全，其收入都在体外循环，根本没有报税，而且因为开发项目没有预售备案等手续，税务机关也难以监管。在法院受理破产后，税务机关向管理人申报了债权，大部分案件的重整计划中，税务债权的清偿时间滞后于给购房户办理产权证的时间，而没有清偿税务债权就不能开具增值税发票。按惯例，办理产权证的契税需要依据增值税发票征收，没有增值税发票就无法缴纳契税，就不能给消费性购房户办证。在山东省内，这种情况通过房地产涉税容缺办理程序加以解决，但河北省没有房地产涉税容缺办理相关规定，因此，笔者团队办理的几个沧州的房地产企业重整案基本按法院出具协助执行通知的程序办理。

《契税法》第四条规定，"契税的计税依据：（一）土地使用权出让、出售，房屋买卖，为土地、房屋权属转移合同确定的成交价格，包括应交付的货币以及实物、其他经济利益对应的价款；（二）土地使用权互换、房屋互换，为所互换的土地使用权、房屋价格的差额；（三）土地使用权赠与、房屋赠与以及其他没有价格的转移土地、房屋权属行为，为税务机关参照土地使用权出售、房屋买卖的市场价格依法核定的价格。纳税人申报的成交价格、互换价格差额明显偏低且无正当理由的，由税务机关依照《中华人民共和国税收征收管理法》的规定核定"。据此，管理人办理契税纳税手续，一是应与税务局确认申报税款债权涉及的购房名单，二是应当提供法院裁定的无异议消费性购房户表和新的《商品房买卖合同》。提交法院的申请以及法院裁定、通知的模板如下：

关于为××公司（破产企业）
购房人办理契税纳税手续的申请

××人民法院：

贵院于××年××月××日作出的××民事裁定书，裁定批准××公司（破产企业）重整计划，现××公司（破产企业）进入重整计划执行阶段。

根据重整计划规定，××公司（破产企业）应当在十八个月内为其开发的××项目购房人办理不动产转移登记手续。××项目现已经取得初始登记，具备办理不动产转移登记的条件。但在为购房人办理不动产转移登记时，因破产前××公司（破产企业）欠税问题，购房人无法取得房产销售发票，而国家税务总局××税务局认为应依据房产销售发票中的房款数额为其办理契税的纳税手续，致使购房人无法自行办理不动产转移登记手续。

管理人认为，依据《中华人民共和国契税法》第四条规定，契税的计税依据为房屋买卖合同确定的成交价格，而非以房产销售发票所确定的房款价格，房产销售发票并非办理契税纳税手续的条件。为执行××公司（破产企业）重整计划，现管理人申请贵院向国家税务总局××税务局发出协助执行通知书，要求其以购房人与××公司（破产企业）新签订的商品房买卖合同中的成交价格为契税计税依据，为贵院已经裁定的无异议债权表中购房人办理契税纳税手续。

特此申请。

××公司管理人
××年××月××日

××人民法院
民事裁定书

××号之××

申请人：××公司（破产企业）管理人。

××公司（破产企业）重整一案，本院于××年××月××日作出的××民事裁定书，裁定批准××公司（破产企业）重整计划。现××公司（破产企业）进入重整计划执行阶段。

××年××月××日，管理人以"在为购房人办理不动产转移登记时，因破产前××公司（破产企业）欠税问题，购房人无法取得房产销售发票，而国家税务总局××税务局认为应依据房产销售发票中的房款数额为其办理契税的纳税手续，致使购房人无法自行办理不动产转移登记手续"为由，向本院提出申请，请求依据购房人与××公司（破产企业）新签订的商品房买卖合同中的成交价格为契税计税依据，为本院已经裁定的无异议债权表中购房人办理契税纳税手续。管理人认为，依据《中华人民共和国契税法》第四条规定，契税的计税依据为房屋买卖合同确定的成交价格，而非以房产销售发票所确定的房款价格，房产销售发票并非办理契税纳税手续的条件。应当以购房人与××公司（破产企业）新签订的商品房买卖合同中确定的成交价格作为契税的计税依据，为购房人办理契税纳税手续。

本院认为，债务人××公司（破产企业）重整计划已经本院裁定批准，对债务人和全体债权人均有约束力，应当遵照执行。依据重整计划的规定，债务人应当在十八个月内为购房人办理不动产转移登记手续。依据《中华人民共和国契税法》第四条规定，契税的计税依据为房屋买卖合同确定的成交价格，而非以房产销售发票所确定的房款价格，依据购房人与债务人新签订的商品房买卖合同确定的成交价格可以确定契税的计税依据，可以为购房人办理契税的纳税手续。管理人要求以商品房买卖合同确定的成交价格作为契税的计税依据办理契税纳税手续，符合法律规定。依照《中华人民共和国企业破产法》第九十条、第九十二条之规定，裁定如下：

以购房人与××公司（破产企业）新签订的商品房买卖合同中的成交价格为契税计税依据，为本院已经裁定的无异议债权表中购房人办理契税纳税手续。

本裁定自即日起生效。

审判长：××

审判员：××

审判员：××

××年××月××日

书记员：××

××人民法院
协助执行通知书

××号之××

国家税务总局××税务局：

××公司（破产企业）重整一案，已经进入重整计划执行阶段。××人民法院××民事裁定书已经发生法律效力，现依照《中华人民共和国民事诉讼法》的相关规定，请求协助执行下列事项：

以购房人与××公司（破产企业）新签订的商品房买卖合同中的成交价格为契税计税依据，为本院已经裁定的无异议债权表中购房人办理契税纳税手续。

××年××月××日

经办人员：××

联系电话：××

附：无异议债权表

第十一章
管理人对债务人执行重整计划的监督

第一节　重整计划监督的范围和监督原则

一、重整计划执行的监督范围

对于重整计划执行的监督，《企业破产法》只在第九十条规定了两款内容："自人民法院裁定批准重整计划之日起，在重整计划规定的监督期内，由管理人监督重整计划的执行。在监督期内，债务人应当向管理人报告重整计划执行情况和债务人财务状况。"根据第一款的规定，重整计划的监督主体是管理人，但第二款仅规定了债务人应当向管理人报告相关事项，如不报告是否需要承担不利后果，管理人能否采取相应措施，没有明确规定。《企业破产法》上述条文的规定，从总体上确立了重整计划执行期间执行与监督的主体责任问题，但是具体要监督哪些事项，《企业破产法》没有予以列举。在各省高院制定的破产案件审理指引类规范性文件中，个别省高院对此作了一定程度的简要列举，如《山东省高级人民法院企业破产案件审理规范指引（试行）》第一百五十五条规定，"管理人负责监督重整计划的执行，并应当制定监督方案。在监督期内，管理人应定期听取债务人财务状况及重整计划执行情况报告，及时发现并纠正债务人执行重整计划过程中的违法或者不当行为。监督期届满后，管理人应当向人民法院提交监督报告"。实践中，管理人对重整计划到底监督什么、怎么去监督，尚没有统一明确的规范。比如，在笔者办理的某房地产重整项目中，重整后的债务人在重整计划执行过程中将建设工程施工进行了非法分包，管理人了解情况后将债务人违法分包的问题报告给建设主管部门，请求主管部门进行查处，主管部门认为该问题发生在破产程序中，属于管理人监督事项而非建设主管部门的职责。再如，重整后的房地产企业在对外销售房屋时进行了虚假宣传，政府相关部门也认为是管理人没有全面监督到位。在重整计划执行不顺利的时候，从辖区政府到债权人都会对管理人产生各种质疑，认为管理人没有监督到位，但管理人如对债务人的经营监督过多，重整后的企业又会认为管理人干涉其经营自主权。

虽然《企业破产法》对管理人的监督范围没有列举式立法，但根据重整制度的立法本意、管理人的法定职责、重整计划执行期间债务人的"准正常企业"的特征，笔者认为，无论重整后的债务人是否设立监事会，都可以参考《公司法》关于监事会的规定来界定管理人的监督范围。《公司法》第七十八条规定，"监事会行使下列职权：（一）检查公司财务；（二）对董事、高级管理人员执行职务的行为进行监督，对违反法律、行政法规、公司章程或者股东会决议的董事、高级管理人员提出解任的建议；（三）当董事、高级管理人员的行为损害公司的利益时，要求董事、高级管理人员予以纠正；（四）提议召开临时股东会会议，在董事会不履行本法规定的召集和主持股东会会议职责时召集和主持股东会会议；（五）向股东会会议提出提案；（六）依照本法第一百八十九条的规定，对董事、高级管理人员提起诉讼；（七）公司章程规定的其他职权"。根据上述规定，结合重整计划的具体内容，管理人的监督范围可以概括为对重整计划规定事项的落实和对债务人的人、财、物的监督。具体内容后文详述。

二、重整计划的监督原则

管理人根据不同的重整投资人或重整后的企业来设置不同的监督范围或监督事项，但总体应当遵循相同的基本原则。

（一）尊重债务人自主经营权原则

《企业破产法》第八十九条规定："重整计划由债务人负责执行。人民法院裁定批准重整计划后，已接管财产和营业事务的管理人应当向债务人移交财产和营业事务。"因此，重整计划执行期间，由债务人自主负责企业经营事务是基本前提，管理人对债务人执行重整计划的监督应当尽可能不影响债务人的自主经营权。在债务人能够正常执行重整计划的情况下，管理人不得以监督之名义随意干涉债务人日常经营性事务，但债务人执行重整计划期间的自主经营也是有限制的，重整计划执行完毕前只能按"准正常经营企业"看待。债务人的经营行为首先应当严格遵照重整计划对其所设定的各项义务，不得以任何形式损害全体债权人的合法权益，一旦发现债务人有损害债权人利益的行为，管理人应当随时调整监督范围和监督事项，必要时及时报法院或破产专班共同决策调整监督范围或事项。

（二）管理人应当勤勉尽责进行监督原则

监督的限制条件可在重整计划中设定，实践中大多设定在监督方案中。《企业破产法》第二十七条规定，"管理人应当勤勉尽责，忠实执行职务"，这也是《企业破产法》关于管理人监督职责的规范性条文。一方面，管理人应当对债务人报备和报审的事项进行审查、评析，分析判断债务人所报备和报审的事项是否合法合规、是否为债务人正常经营业务、是否有损债务人及债权人的合法权益；另一方面，管理人应当在监督债务人执行重整计划的过程中积极发挥主观能动性，不定时地主动对债务人的经营情况进行调查，以复查债务人报备和报审的事项真实性、准确性及完整性，尤其是要对许多重大事项进行全程审查，至于最常见的公章共管，则需要管理人委派专职人员常年派驻企业。

（三）有利于重整计划执行原则

重整计划执行过程中，企业经营事务、信用修复事务、债权清偿事务、诉讼事务等，千头万绪，哪些事务应当监督，以什么方式监督，难免无从判断。此时，应在合法的前提下，以是否有利于重整计划的执行为判断标准，确定应否监督以及监督的具体方式，以实现债权人利益，同时履行企业的社会责任。

第二节　重整计划具体监督事项和监督责任的区分

一、管理人对重整计划的具体监督事项

如按《企业破产法》第九十条第二款的规定，管理人只是听取债务人的报告，对于很多重整后的债务人的监督难免过于宽松，不能确保债权人利益在重整计划执行中得到完全保护。虽然《企业破产法》第九十条第二款只规

定了债务人的报告义务，但是毕竟表述的是应当，应当就是法定义务必须遵守。

《企业破产法》第八十九条第一款规定，"重整计划由债务人负责执行"。债务人执行重整计划首先应当遵守《民法典》《公司法》等法律法规中关于公司法人主体和民商事经营的相关法律规定，但还应当受《企业破产法》等限制性规定约束。重整计划的监督范围，最终还是要落实到对重整后的企业人、财、物三个方面具体事项的监督中。

（一）对"人"的监督

1. 任职监督

《企业破产法》第一百二十五条规定："企业董事、监事或者高级管理人员违反忠实义务、勤勉义务，致使所在企业破产的，依法承担民事责任。有前款规定情形的人员，自破产程序终结之日起三年内不得担任任何企业的董事、监事、高级管理人员。"既然有此条第一款规定情形的人员不得担任任何企业的董事、监事、高级管理人员，自然也不能担任重整计划执行期间的董事、监事、高级管理人员。

2. 行为监督

在执行重整计划期间，管理人监督债务人在执行重整计划过程中的行为，纠正债务人的违法行为；如果债务人董事、监事、高级管理人员执行职务时违反法律、行政法规或者公司章程、重整计划的规定，给债务人造成损失，且此时的损失直接影响重整计划的执行或清偿方案，债务人股东或监事未依《公司法》规定提起诉讼的，管理人可以提起诉讼，以维护全体债权人利益。

（二）对"财"的监督

1. 对重整投资人保证金的监督

重整投资人在报名参与重整投资时，都会应管理人要求向管理人交纳一定数额的投资保证金，该投资保证金的用途是保证重整方能够顺利执行完重整计划。执行重整计划主要包括完成债务人的复工复产续建以及破产债权的清偿，重整计划一般不会详细规定重整投资人所交纳的保证金的具体用法，这就需要管理人与重整方在监督方案中加以明确约定。即重整投资人所交纳的保证金中有多少作为复工复产续建资金，有多少作为债务人清偿破产债权的担保。保证金中复工复产续建资金部分，需要满足何种条件、以何种方式进行拨付，保证金中作为债务人清偿破产债权担保的，具体作为哪类破产债权清偿的担保，在何种情况下以保证金直接清偿。只有将保证金的用途以书面形式加以详尽约定，在债务人执行和管理人监管重整计划期间，债务人与管理人才不会因此问题相互推诿扯皮。

2. 对财务情况的监督

对于《企业破产法》第九十条规定的应当报告的两项内容——重整计划执行情况和债务人财务情况，其中，重整计划执行的核心是债权清偿，清偿是根据管理人的清偿通知进行的，即使债务人不报告，管理人亦可以自行调查或了解。对于财务情况具体指哪些方面，笔者认为应当作宽泛延伸解释，销售收入属于财务情况应当报告，为销售制定的销售方案管理人也应当享有知情权。只要能对财务情况造成影响的经营中的事项，能引起资产和负债变动的都应当纳入监督范围，接受管理人的监督。

（三）对"物"的监督

债务人在执行重整计划期间虽为自主经营，但其在资产处置方面受到严格的限制，即以债务人财产不受减损为前提。首先，《企业破产法》第三十一条所规定的情形系直接减损债务人资产的行为，自然应当被明文禁止。其次，管理人在拟定重整计划之时将债务人的各项资产明确作价的，即重整方同意以相应的价格来接收债务人的资产，反过来讲，债务人在执行重整计划过程中，也只有以不低于重整计划中所测定的债务人资产价值处置资产，才能保证重整计划能够实施完成。因此，原则上债务人不得以低于重整计划中所测定的债务人资产价值处置资产。最后，企业在经营过程中市场环境往往复杂多变，对于前述处置债务人资产的基本原则应当给予一定幅度的灵活调整空间。例如，在笔者团队担任管理人的某房地产企业破产重整案件中，在法院批准重整计划，重整方经营团队接管债务人经营事务后，对当地房地产市场环境进行了充分调研，发现重整计划对于销售房产价值的判定与市场反馈略有出入。债务人为了更好地将待售房产推向市场，申请将房产价值进行适当平衡与调整，将市场行情不好的房产价格略微下调，同时将市场行情看好的房产价格略微上调，财产总体价值保持不变。如此操作既保证了债务人资产不受减损，又有效提升债务人处置待售资产的速度。

（四）反监督的预防

需要特别强调的是，对于一般企业经营者而言，企业的权益就是企业股东的权益，企业股东在经营企业过程中所作出的决策都是基于企业自身利益，即便暂时的亏损性经营也是为了企业长久的营利性目的，但在重整计划执行过程中的债务人不同。重整计划通过后，重整方成为债务人新的股东，债务人的企业利益本质上是先属于全体债权人的，只有在全体债权人的权益得以优先满足后，企业利益才会属于债务人股东及重整方。在执行重整计划的过程中，对于债务人有损自身利益的经营决策，即便是短期暂时的经营行为，也应当对其进行严格监督与审查，以防止债务人经营者通过此种方式以达到绕过管理人监督实现自身利益的目的。

二、重整投资人投资责任、债务人执行重整计划责任和管理人监督责任的区分

（一）重整投资人的投资责任与债务人执行重整计划责任区分

在法院裁定批准重整计划之前，债务人的主体资格被管理人全面接管，在此期间债务人不存在对外独立的主体资格，而重整投资人对于债务人而言仅是一个意向投资方，此时的重整投资人是否能够确认其投资人身份取决于重整计划是否最终获得法院裁定批准。在法院裁定批准重整计划之后，重整投资人正式成为债务人的重整方，但其并非重整计划的执行主体，重整方的程序性权利是依据重整计划获得债务人的股权，而实体性权利义务则是依据《重整投资人招募公告》、《重整投资协议》和《重整计划》等文件而确定的。在重整计划执行期间，重整方所承担的角色类似于公司股东责任，即重整方只要完成了《重整投资人招募公告》、《重整投资协议》和《重整计划》等文件约定的出资义务，便享有重整计划执行期间债务人股东的权利，包括指派债务人负责人，组建债务人管理团队，对债务人的日常经营活动作出决策等。而在法院裁定批准重整计划之后，债务人将恢复绝大部分经营主体资格，恢复以债务人自己的名义对外进行经营活动。因此，在法院裁定批准重整计划之后，债务人为重整计划的执行主体，重整方仅为债务人的股东。

（二）债务人执行重整计划责任与管理人监督债务人责任的区分

债务人对重整计划的执行不是完全自由无限制的，其对重整计划的执行应当严格遵照重整计划的规定，而债务人是否按照重整计划的规定执行重整计划，则应由管理人进行监督。对于债务人在执行重整计划过程中自主权的限制及管理人监督职责的权限，应根据前述在法院批准重整计划之后、管理

人向重整方移交债务人经营权之前，管理人与重整方就债务人执行重整计划期间自主经营的限制及管理人的监督职责进行书面约定。债务人与管理人职责的划分应当清晰明确，债务人的自主经营要严格接受管理人的监督，同时管理人的监督不应当过度干预债务人正常的自主经营权。债务人的自主经营与管理人的监督限制应在一个动态平衡中，共同保障重整计划的平稳执行。

第三节　监督方案的广度、强度和对应的监督职责

一、根据具体案件设定监督的广度和强度

企业破产案件往往关联一个系统性的法律体系，涉及多种法律关系，每个破产案件根据破产企业的企业性质、所属行业、资产债务、破产原因等情况的不同，都会有自身特点和困难，也可能会根据破产企业自身的特殊问题在重整计划之中作出相应特殊性的规定。在重整计划经法院批准生效后，管理人应当根据破产企业自身的特殊性及重整计划中的特殊性规定，设定本案中管理人对债务人执行重整计划监督的广度与强度。笔者团队办理的重整案件往往根据重整投资人的企业背景来设定，一般分三种情况：强监督、一般性监督和宽松监督。通常情况下，重整投资人如果属于上市公司或当地享有良好声誉且本身有完善的法人治理体系和完备的内控制度，就会进行宽松型监督，反之，就会进行强监督，中间类型的属于一般性监督。

这里所说的监督广度，是指根据破产企业的具体情况设定管理人监督的具体事项，即哪些事项是需要管理人进行监督的，如有些在其他案件中并不需要管理人监督的事项和有些在其他案件中破产企业并不涉及的事项，本案中就可能需要进行监督。而监督强度，则是指根据破产企业的具体情况设定管理人对监督事项的监督方式，如有些在其他案件中仅需要债务人向管理人事后报备的事项在本案中就可能需要向管理人事前审批。

二、监督方案中对管理人监督事项的规定

管理人应如何监督债务人执行重整计划，行业内尚没有明确统一的规范，当前最行之有效的方式就是管理人与重整方直接以书面形式予以明确，即将监督事项向重整投资人、债权人、债务人予以明示，同时报告法院，否则管理人的监督可能会流于表面，甚至可能会面临债务人执行重整计划失控的

风险。

（一）事后报备类事项和事前审批类事项

1. 事后报备类事项

管理人此类监督事项是针对债务人一般经营性事务的，主要包括债务人各项规章制度、高管团队名单、全套印章印模、日常经营所发生的合同等。事后报备类事务一般不涉及债务人经营的核心事务，也不会涉及破产债权清偿和债务人财产的减损，债务人可以完全自主决策，仅在每一个月或每一个季度的时间定期向管理人进行报备即可。

2. 事前审批类事项

管理人此类监督事项主要针对涉及债务人的核心业务或债务人能否顺利执行完毕重整计划的事项，主要包括债务人核心业务的经营方案、对债务人经营起到决定性影响的关键性合同、债务人非日常经营性的资金支出、债务人非正常经营所需的合同（如民间借贷合同）、债务人对外处置债务人财产（包括出售、变卖债务人财产或在债务人财产上设置抵押担保等）等。此类事务如果不能保证正常实施和执行，则有可能导致债务人资产的减损或不利于重整计划的正常执行。对此，管理人应当加以严格监督，即此类事项，债务人应在事先向管理人进行申请，管理人经研判同意后债务人方可施行。

事后报备类事项和事前审批类事项并非一成不变，在不同的破产案件中，债务人的行业种类、破产时的现状及重整投资人的实力资信等都有所不同，管理人应当根据具体案件的客观情况灵活地掌握事后报备类事项与事前审批类事项，以确保债务人能够平稳、安全、顺利地完成重整计划的执行。

（二）《企业破产法》规定的债务人应履行义务的事项

法院在批准重整计划的裁定主文中，除了表述批准重整计划，还会表述终止债务人重整程序。此处的终止重整程序并非终结重整程序，更不是终结整个破产程序。《企业破产法》第八章第三节明确将重整计划的执行列为重整程序的一部分，而重整程序是《企业破产法》规定的子程序，债务人在按照重整计划自主经营期间，自然也应受《企业破产法》一般性规定的限制与保护。比如，《企业破产法》第十九条规定："人民法院受理破产申请后，有关债务人财产的保全措施应当解除，执行程序应当中止。"此条的规定应理解为在整个破产程序中，对于债务人的保全措施应当解除，执行程序应当中止，自然也应当包括重整计划执行期间。在重整计划执行期间债务人虽然已恢复自经营状态，但整个债务人的财产仍属于破产程序范围内，应当按照《企业破产法》及重整计划的规定进行处置。若此期间法院对债务人财产进行保全和执行，则有可能破坏重整计划对债务人财产的分配，进而影响整个重整计划的执行。再如，《企业破产法》第三十一条规定，"人民法院受理破产申请前一年内，涉及债务人财产的下列行为，管理人有权请求人民法院予以撤销：（一）无偿转让财产的；（二）以明显不合理的价格进行交易的；（三）对没有财产担保的债务提供财产担保的；（四）对未到期的债务提前清偿的；（五）放弃债权的"。此条是对于法院受理债务人破产前一年内的行为的否定性规定，根据"举轻以明重"的法理，法院受理债务人破产前一年内的上述行为都为《企业破产法》所否定，仍在破产程序中的债务人在执行重整计划期间自然也是禁止实施上述行为。

（三）禁止关联交易事项

关于关联交易，《公司法》第二十二条规定，公司的控股股东、实际控制人、董事、监事、高级管理人员不得利用关联关系损害公司利益。违反前款规定，给公司造成损失的，应当承担赔偿责任。此条是公司法中对于公司关联交易限制性的规定，但此处并非直接全面禁止公司与其控股股东、实际控制人、董事、监事、高级管理人员进行关联交易，而是禁止关联方利用关联关系在关联交易中损害公司的利益。对于重整计划执行过程中的破产企业而言，不能简单套用《公司法》第二十二条规定来考量关联交易。前文已论述，重整计划执行过程中的破产企业，其公司利益只有在完全满足了债权人应清偿的破产债权后才会属于债务人股东，即重整方，也就是说，原则上在破产债权清偿完毕之前，重整方不应当从重整计划执行过程中获取利润。因此，在债务人执行重整计划过程中，债务人若与重整方、重整方股东或重整方其他关联公司之间发生关联交易，则难以避免重整方或相关人员通过关联交易而从债务人处获得额外收益。重整方在经营过程中，债务人受益并不等同于重整方受益，所以无法基于经营者的决策均是有益于或希望有益于公司利益这一基本前提来考量重整计划执行期间的关联交易。综上所述，笔者坚持认为，债务人在执行重整计划期间，任何与重整方、重整方股东、实际控制人、董事、监事、高级管理人员或受其所控制的法人或自然人进行的关联交易，都应当被严令禁止。

第四节　房地产企业重整案件的监督方案

房地产企业破产是一类极为特殊的破产案件，案件是否能够重整成功，债务人是否可以顺利执行重整计划，都将影响众多购房消费者的切身权益，影响许多家庭的生存基础，进而造成大规模的社会不稳定风险。因此，对于房地产企业重整案件中重整计划的执行，管理人应当就其独特性进行额外的监督，而房地产企业经营中的两大独特领域就是工程的建设与房产的销售。

一、管理人对于房地产企业工程建设方面的监督

房地产企业在进入破产程序之时，其所开发的房地产项目工程建设往往处于停工烂尾状态，开始执行重整计划后，债务人首先需要解决的便是工程续建复工问题，而续建工程能否按时保质保量完成，直接影响房地产企业重整计划是否能够顺利执行。破产管理人团队一般是由律师、会计师等专业人员组成，他们对于房产建设施工的具体细节并不专业，无法从工程施工的专业角度对工程建设进行监督，但是管理人可以从程序合法性等方面对工程建设进行监督。

（一）工程施工单位优先通过招标方式选用

工程施工单位的好坏直接决定着工程建设的速度与质量，而选用一家优秀的施工单位则是一项优质工程的良好开端。要想公平公正选用一家资质高、能力强、价格优的施工单位，最好是通过招标的方式。管理人应当与债务人提前就其工程种类进行区分，共同确定哪些合同需要通过招标的形式来选用。对工程施工进度和质量起到决定性作用的施工项目应当优先采取招标形式（如工程建设总包）。管理人通过参与监督招标过程的公正性与合法性来完成管理人的监督职责。

虽然通过招标方式可以公平公正地选用施工单位，但在债务人执行重整计划的续建工程复工建设中，并不能简单机械地将所有施工项目都以招标的形式选用，也应当综合考虑债务人破产前后工程建设的客观情况，采用对工程复工建设最优的方案。比如，在债务人破产之时，原施工单位并未撤场或合同需要施工单位在相关部门进行报备，此时优先选用原施工单位继续施工

自然更有利于工程快速复工建设。再如，重整方系自带建设单位参与重整并已在重整计划中明确了施工单位与施工方案，自然直接以重整方自带施工单位进行施工建设为最佳方案。

（二）通过监理、造价审计等第三方机构实现对工程建设的间接监督

管理人虽然无法对工程建设直接进行监督，但我国工程建设领域相关法律法规关于工程建设有着一套十分完备的第三方监管体系，管理人完全可以通过第三方监管体系实现对债务人工程建设的间接监督。首先，工程监理单位和工程造价审计单位必须经公开招标选用，以确保工程监理单位和工程造价审计单位的独立性；其次，管理人应当全程保持与工程监理单位和工程造价审计单位的沟通，并要求工程监理单位和工程造价审计单位在关键节点应当将其履行监理与审计的情况向管理人进行书面报备；最后，管理人应当明确要求工程监理单位和工程造价审计单位在其履职过程中若发现债务人或施工单位存在违规或违法问题，应当及时向管理人作书面报告，管理人在接到工程监理单位或工程造价单位的书面报告后，应及时主动介入并纠错。

（三）与辖区主管部门保持沟通，共同做好工程建设监督工作

房地产工程建设项目本身要受当地辖区政府主管部门的监管。对于房地产企业破产项目而言，不仅涉及诸多需要相关主管部门协调的问题（如复工施工许可的办理、相关工程资料的备案、可能涉及的规划调整等），更涉及烂尾楼盘的盘活以及大量购房户的维稳工作，因此对于房地产破产重整案件的续建工程的复工建设，辖区政府相关主管部门也必定会格外关注。管理人应当与辖区政府相关主管部门保持顺畅的沟通，互通有无。管理人在发现建设工程方面存在问题时应当及时向主管部门反馈，主管部门在进行行业监管时若发现疑问，管理人应当及时配合调查解决。

二、管理人对于房地产企业在房产销售方面的监督

房地产企业的核心资产就是其所开发建设的房产，核心业务和全部收益就是房产销售。房产销售环节交易人数众多、交易环节复杂、交易形式多样，也是最容易出现问题的环节。因此，在房地产企业执行重整计划的过程中，管理人应当着重对债务人房产销售环节进行监督。

（一）债务人整体销售方案应提前报管理人审批

债务人执行重整计划后，首先应对可售房产情况进行全面梳理，对市场

销售前景进行全面调研，拟定全面的销售方案后报管理人进行审批。债务人的销售方案应当包括该方案囊括的待售房产范围、每套房产对外宣传定价与销售底价、特价房产的范围和特价优惠幅度、中介代理模式及中介代理费比例、债务人销售人员销售提成比例等。管理人应当全面审核债务人销售方案的合理性，以确保债务人房产销售工作既能符合市场定位，尽快实现债务人资产的变现，又确保不会因为房产销售而造成债务人资产的不当流失。

（二）监督债务人房产销售宣传的正确导向

债务人在执行重整计划过程中虽然恢复正常经营，正常对外销售房产，但毕竟处于破产程序之中，其经营仍需受《企业破产法》及重整计划草案的诸多限制。债务人在对外宣传时既不能刻意误导规避企业破产的相关事实，也要正确引导清晰阐述破产程序中合法经营合规销售。既让购房人享有破产程序的知情权，又让购房人充分了解法律法规及重整计划对其购房权利的充分保障。具体而言，一方面，管理人应当不定期查阅债务人在各个宣传渠道（包括各种媒体、中介机构、实体广告位等）进行推广宣传的内容，若推广宣传的内容有不当之处，应当及时要求债务人进行撤销或修改。另一方面，在售楼现场，除按照房地产主管部门公示的内容之外，还应当公示重整程序中必要的法律文书、重整计划中涉及房产续建方面的内容、禁止债务人与购房人进行账外交易的公示、管理人的监督电话等。

（三）严格监督债务人销售房产网签与房款收取环节

房地产企业在房产销售过程中最为关键的环节就是商品房买卖合同的网签备案以及购房款的收取。房地产企业与购房者签订商品房买卖合同并进行网签备案，既是对双方之间买卖合同权利义务最为直接的确认和公示，也是对购房者权利最为有效的保护。对于执行重整计划的房地产企业而言，只有正规合法对外销售的房产才能进行商品房买卖合同网签备案，同理，凡是正规合法对外销售的房产也必须进行商品房买卖合同网签备案，严禁债务人与购房人签订非网签备案的购房合同、严禁关联公司或销售中介等第三方代签购房合同、严禁债务人与购房人签订与真实交易不符的网签备案阴阳合同。管理人必须对债务人所销售房产的网签备案进行严格审查，确保网签备案合同交易的真实性。考虑各地政府主管部门网签备案系统的不同，如有些是可以在网签系统里设置独立的复核端口，有些则只设置唯一操作端口。若可以设置复核端口，则由债务人负责商品房买卖合同网签备案信息录入，由管理人负责复核，管理人对买卖合同进行审查同意后方可最终进行网签备案。若无法设置复核端口，考虑客户办理网签备案的时效性，由管理人负责唯一的网签备案操作也不现实。管理人可以要求债务人每月定期向管理人报备网签备案合同情况，再由管理人对债务人所报备的网签备案合同进行审查。为了确保债务人报备信息的完整性，管理人可以不定期去房管部门查询债务人商品房买卖合同网签备案信息，以便和债务人的报备信息进行比对。

购房款的收取是房地产企业经营中最容易出现问题的环节，管理人应当严格监督每一笔购房款的收取，只允许债务人以受管理人监督的银行账户收取购房款，并将该收款账户在售楼处以醒目方式向购房人予以公示，严禁以现金方式以监督账户之外的银行账户收取购房款、严禁以他人名义代收购房款。管理人在对商品房买卖合同网签备案进行审查时，应重点审查购房人是否按照合同约定向债务人支付了相应的购房款，若有房款付款人与合同购房人不一致的情况（如父母付款，子女签订合同），双方为直系亲属的，应出具户口簿等能够证明直系亲属关系的相关证据，双方为非直系亲属关系的，应由付款人出具代合同购房人支付购房款的证明。为了确保债务人报备信息的真实性，管理人可以不定期地从已报备网签备案的商品房买卖合同中随机抽选，由管理人直接向购房人核实了解网签备案合同内容是否为双方真实交易内容。

三、管理人监督职责权限的突破

《企业破产法》及相关司法解释并未明确规定管理人对债务人执行重整计划的具体监督内容及监督方式，这就需要管理人与重整方在法院批准重整计划之后正式移交债务人经营权之前，就债务人执行重整计划期间管理人的监督职责进行书面约定。原则上，债务人在执行重整计划期间，债务人与管理人都应当严格遵守双方确认的监督方案，各自履行监督方案中确定的各自职责，但在特殊情况下，管理人应当突破监督方案中监督职责权限的限制。

（一）管理人突破监督职责权限的缘由

管理人监督债务人执行重整计划的目的是确保债务人能够按照重整计划顺利执行完毕，但管理人监督债务人执行重整计划的底线是确保债务人财产的不受减损。一种情况是，债务人在执行重整计划的过程中，可能会因为市场经营环境变化、房产价格的大幅波动、其他合同履行异常等不利因素导致重整计划执行不利，但没有达到重整计划执行失败的程度。虽然债务人还没有因重整失败而转破产清算，但债务人面临执行重整计划失败而转破产清算的风险。此时，管理人对债务人监督的重点要从随时可能转破产清算的角度出发，确保债务人转入破产清算后不致债权人利益受损。另一种情况是，管理人在对债务人进行日常监督过程中，若发现债务人股东、实际控制人、董事、监事、高级管理人员利用其控制债务人经营决策权的便利、利用关联交易的形式谋求不正当利益，甚至是可能涉嫌挪用资金、职务侵占等刑事犯罪的，管理人绝不能再循规蹈矩地对债务人的经营进行监督，否则极有可能造成债务人财产的进一步减损，致使广大债权人的权益受损。

（二）管理人突破监督职责的实施方式

管理人突破监督职责的目的是保护债务人资产不受减损，而实施方式则是在一定程度上剥夺债务人某些方面的自主经营权。具体包括：

（1）收管、共管债务人公章。债务人自由使用印章本是其自主经营的直接体现，但若债务人已经出现了不能按照重整计划的规定清偿破产债权的情形或者在经营过程中出现了严重减损债务人财产甚至是涉嫌挪用资金、职务侵占等刑事犯罪的情形，继续放任债务人自由使用债务人印章则有可能出现更多的非正常业务加盖印章，给后续可能的转破产清算程序带来诸多不确定的风险。因此，管理人应当全面收管债务人的公章，根据情况决定由管理人和债务人双方进行共管。需要注意的是，此时管理人虽然收管了债务人的公章，但并非直接收管了债务人的经营决策权。债务人日常经营的决策权仍为债务人管理层，只是在相关决策作出后加盖公章前由管理人进行审查。经管理人审查确认为正常经营业务或有益于债务人财产保值增值的，再正常加盖公章。

（2）全面控制债务人资金进出。在债务人正常执行重整计划而管理人进行常规监督的情形下，管理人仅对在管理人账户中的重整履约保证金进行全面监督。为了便利债务人日常业务经营，管理人通常对债务人自己的账户及日常经营款项进出采取一般性监督，但当管理人需要突破监督职责权限加强监督之时，应当对债务人所有的银行账户进行全面监督，债务人每一笔支出必须经管理人审查同意后方可对外支出，债务人所有银行账户、网银复核盘均应由管理人管控，债务人财务对外付款时应先行经债务人内部审批流程通过后报管理人审查。

（3）全面控制债务人房产销售网签备案系统。对于房地产企业而言，其资产流出的主要方式就是房产销售，而控制房产销售的关键环节就是房产网签备案系统。在需要突破监督职责权限加强监督之时，管理人必须直接控制债务人房产网签备案系统，能单独设置复核端口的，控制网签复核，不能设置复核端口的，则直接控制网签系统，每笔房产销售必须经管理人审查合法性及购房款收取情况后方可复核同意网签备案。

（4）监督债务人清偿破产债权的公平性。债务人积极清偿破产债权本是债务人执行重整计划应尽之义务，但当债务人出现不能按期正常清偿破产债权或者因债务人主观或客观原因导致债务人财产有所减损的情况下，此时清偿破产债权应当考虑的是同类破产债权清偿的公平性，不能再简单地随意清偿破产债权。在此情况下，重整程序面临随时转破产清算的可能性，管理人必须考虑万一重整程序转破产清算，同一顺位债权清偿是否差距过大的问题。一方面，若重整程序转为破产清算程序，无财产担保债权清偿率极大可能会低于重整计划所确定的清偿率，若此时债务人对个别无财产担保债权人进行全额清偿，在转破产清算后，该获得全额清偿的个别债权人实质上获得了超额清偿，这对其他债权人显然不公平。另一方面，在管理人拟定重整计划时已将相关优先债权人的权利予以确认，但因重整计划执行失败而转入破产清算程序后，要将剩余债务人财产进行变价后向未清偿的债权人进行清偿。因此，在债务人出现不能清偿破产债权的情况时，管理人就应当考虑若转破产清算后剩余债务人财产变价是否能够完全清偿优先债权人未清偿的债权。

四、管理人突破监督职责的注意事项

管理人突破监督职责全面加强对债务人的监督，系在债务人执行重整计划不利但没有转破产清算程序情况下，为了保障全体债权人的权益而采取的无奈选择。因此，管理人在采取此行动时应当谨慎并注意以下几个问题：

（1）前提条件。债务人不能按照重整计划所规定的条件执行，这并非严格考量债务人有任何的重整计划违约行为，而是任何重整计划在执行过程中都有可能出现个别无法履行的情形，这里是指债务人已经严重无法履行重整计划，并且从债务人现状来看客观上已经很难继续履行。

（2）充分监督。管理人在对债务人执行重整计划进行日常监督时，若发现债务人有不能正常履行重整计划的苗头，应当及时进行监督，督促债务人尽快解决或纠正导致债务人无法履行重整计划的问题。只有管理人在尽其所能地对债务人进行监督但仍无法取得明显效果的情况下，管理人才能采取突破性加强监督措施。

（3）汇报法院。债务人不能履行重整计划属于重整计划执行期间的重大风险，管理人应当及时向破产受案法院进行汇报，采取突破性加强监督措施并征得法院同意后再行实施。

（4）通报债权人。管理人在采取突破性加强监督措施后，虽然破产程序仍处于重整计划执行阶段，但此时债务人随时可能转入破产清算程序，日常经营中每一项重大事项都可能会影响债权人破产债权的清偿。因此，对于债务人可能影响重整计划执行的重大事项，管理人应当及时通报全体债权人。如有必要，在请示法院同意后，管理人可以召开债权人会议对涉及债务人重整计划程序的重整问题进行表决。

后附管理人监督方案示例（详见附录五：管理人监督方案示例）。

第十二章
重整计划无法顺利执行的应对措施

第一节　重整计划无法顺利执行的几类情形

对于房地产企业重整案件，重整计划执行的核心内容是按照重整计划规定完成破产债权的清偿及房产项目的工程建设，但在债务人执行重整计划过程中，总会出现各种原因导致重整计划执行出现困难或障碍，甚至无法继续执行下去。重整计划无法顺利执行的情况主要包括以下几种：

一、出现影响重整计划执行的重大事件

进入破产程序之前，债务人往往在一个较长时间内处于管理混乱、经营混乱、资产混乱的状态，管理人在接管债务人后仅能根据能够调查到的书面证据、债权人申报资料、审计评估报告、债务人留守人员的配合等途径对债务人的资产价值及破产债权进行调查认定，并基于此拟定重整计划的内容，管理人在起草重整计划草案时，一些影响债务人重大资产变动的事件或诉讼有可能被遗漏，在重整计划执行过程中出现或发生此类事件，将会影响原重整计划规定内容的顺利执行。即便没有重大事件遗漏，部分已知的影响债务人重大资产变动的事件或诉讼尚在处理中，而《企业破产法》对提交重整计划草案表决有着明确的时间限制，管理人不可能等待其处理结束后再拟定重整计划，只能依据最大可能性为前提或设置兜底变动条款来拟定重整计划的内容，这些重大事件或诉讼若长时间处于不确定状态，重整计划就会面临执

行的困境。

二、债务人受主观经营决策或市场客观经营环境影响

重整计划虽然包含债务人的经营方案，但这仅是设想和可行性论证，在实际操作过程中，经营活动高度依赖债务人管理层的主观决策，管理层的敬业精神、决断力、执行力等都会影响经营活动，进而影响重整计划的执行。

房地产企业重整不同于其他类型的企业重整，工业企业重整时，不会主要考量其存货而决定其重整价值，对现有存货的评估价和重整后对外销售价出现一定差额也不会对重整计划执行带来实质性的重大影响，但房地产企业的特点是企业的房产就是债务人的存货，几乎是债务人的所有财产。房地产企业重整计划执行的主要内容是将债务人所有存货即所有房产建成变现后用以清偿破产债权，重整计划能否顺利执行关键在于债务人的房产能否以理想的价格及时变现。管理人在拟定重整计划时，是以评估机构对所有债务人财产的评估值计算出破产清算状态下的清偿率，重整计划执行时，债务人只有以不低于重整计划所确定的评估价值处置房产，理论上才能满足重整计划所确定的破产债权清偿方案。债务人若以低于重整计划所确定的价格处置债务人所有房产，除非重整投资人在重整计划之外额外补足债务人收益，否则债务人就无法顺利执行重整计划。2019 年到 2021 年的房产市场处于上行阶段，当时进入破产程序的房地产企业制定的重整计划，用于清偿的债务人资产（所有房产）评估价值相对来说都比较高，而重整计划执行期一般是三年，在重整计划被裁定批准通过后，全国范围内房产市场逐渐低迷，房价持续走低，交易萎缩，重整后的企业对外销售的房产价格远低于重整计划所确定的评估价值，在此情况下很多房地产企业重整计划执行也会出现困难。

三、重整方不想或不能继续执行重整计划

种种客观原因对债务人执行重整计划造成不利影响的同时，重整方若在主观上不想或不能继续执行重整计划，同样会导致重整计划无法执行。重整方不想执行重整计划除了自身经营问题导致资金链断裂，无资金投入后续重整外，还有可能是在参与重整时缺少相关专业知识，对经营成本或者可能导致重整计划不能顺利执行的事项预判不足，执行阶段出现了一些解决不了的

问题，重整计划又没有对相关问题设计相对应的处理规则和对策。比如，房地产企业重整对后续未完工程造价没有专业预估，执行当中对具体投入预计不到位，执行过程中发现所有工程完工达到竣工验收条件的工程造价远高于预期，继续投入会造成亏损，此时重整方自然不想再继续执行重整计划。再如，重整方拟定重整计划之时和政府谈就的提高容积率、商业改商住等优惠政策不能落实，也会导致重整方不愿继续执行重整计划。

第二节　应对措施之一：重整计划的变更和执行期限的延长

依据《企业破产法》第九十三条之规定，债务人在执行重整计划过程中若出现不能执行重整计划的情形，法院应当裁定终止重整计划并宣告债务人破产。若债务人转入破产清算，则无法回转成重整，无法再保留债务人主体经营资质继续经营来挽救企业，只能处置全部债务人财产后注销债务人法人人格。对于房地产企业破产案件而言，只有在破产重整程序中保留房地产企业开发资质才能保障其房地产项目完成开发建设并顺利销售，为购房业主办理网签和不动产登记等手续，最终保障其能履行房地产企业应负的责任和义务，因此，即便是在执行重整计划过程中出现了不能顺利执行的情形，不到万不得已不宜直接将债务人转入破产清算程序，除非所有工程全部竣工验收并达到办证条件。面对债务人无法顺利执行重整计划又不宜转入破产清算程序的局面，就要考虑对重整计划进行变更或延长执行期限。

一、重整计划变更和执行期限延长的法律规定

《企业破产法》和相关司法解释中都没有重整计划可以变更的规定。2018年颁布的《破产审判会议纪要》第19条规定，债务人应严格执行重整计划，但因出现国家政策调整、法律修改变化等特殊情况，导致原重整计划无法执行的，债务人或管理人可以申请变更重整计划一次。债权人会议决议同意变更重整计划的，应自决议通过之日起十日内提请人民法院批准。债权人会议决议不同意或者人民法院不批准变更申请的，人民法院经管理人或者利害关系人请求，应当裁定终止重整计划的执行，并宣告债务人破产。第20条规定，人民法院裁定同意变更重整计划的，债务人或者管理人应当在六个月内提出新的重整计划。变更后的重整计划应提交给因重整计划变更而遭受不利

影响的债权人组和出资人组进行表决。表决、申请人民法院批准以及人民法院裁定是否批准的程序与原重整计划的相同。

《企业破产法》中也未明文规定重整计划执行期限的延长，但《企业破产法》第九十一条第三款规定："经管理人申请，人民法院可以裁定延长重整计划执行的监督期限。"第九十条第一款则规定："自人民法院裁定批准重整计划之日起，在重整计划规定的监督期内，由管理人监督重整计划的执行。"管理人监督的就是债务人对重整计划的执行，管理人的监督期限自然应与债务人执行重整计划期限相一致。两者既然是一致关系，管理人的监督期限可以延长，债务人执行重整计划的期限自然也可以延长。对该条的理解与应用在实践中并没有太多的争议，即重整计划的执行期限可以延长。另外，上述《破产审判会议纪要》）第19条、第20条规定了重整计划的变更，执行期限作为重整计划的内容之一，重整计划变更后，执行期限必然随之变更，这种变更可以视为一种广义的延长。目前在《企业破产法》的规范文件体系中，直接明确重整计划执行期限延长问题的只有《涉疫情民事案件指导意见（二）》第二十条规定，"对于重整计划或者和解协议已经进入执行阶段，但债务人因疫情或者疫情防控措施影响而难以执行的，人民法院要积极引导当事人充分协商予以变更。协商变更重整计划或者和解协议的，按照《全国法院破产审判工作会议纪要》第19条、第20条的规定进行表决并提交法院批准。但是，仅涉及执行期限变更的，人民法院可以依债务人或债权人的申请直接作出裁定，延长的期限一般不得超过六个月"。

二、全国各地法院关于重整计划变更和执行期限延长的规定

在2018年《破产审判会议纪要》公布之后，很多省高级人民法院陆续公布的破产审判指引或规程中作出了重整计划变更和执行期限延长的相关规定，以下是笔者梳理的各高院关于重整计划可变更或执行期限延长的具体规定（表内资料均来源于各法院官网）。

发布时间	发布主体	规范性文件	具体规定
2019-05-20	云南省高级人民法院	云南省高级人民法院破产案件审判指引	第一百二十二条　重整计划执行期间，债务人或管理人申请延长重整计划执行监督期限的，人民法院应在重整计划监督期届满前作出是否同意延长的裁定，并予公告。 第一百二十三条　重整计划执行期间，债务人应当严格执行重整计划，因出现国家政策调整、法律修订变化等特殊情形，导致重整计划无法执行的，管理人或债务人可以申请变更重整计划一次。 管理人或债务人申请变更重整计划的，应先提交债权人会议表决。债权人会议决议同意变更重整计划的，应当自决议通过之日起十日内申请人民法院批准。人民法院经评议认为重整计划确有必要变更的，且债权人会议决议真实、合法的，应当重新编立破产案件案号，并自收到申请后三十日内裁定同意变更重整计划，同时明确债务人和管理人应于收到裁定之日起六个月内提交新的重整计划。 第一百二十四条　重整计划变更草案应提交因重整计划变更而遭受不利影响的债权人组和出资人组进行表决。表决及人民法院批准程序与之前表决及批准原重整计划程序相同。 第一百二十五条　重整计划执行期间，债务人不能执行或不执行重整计划，或变更重整计划的申请未经债权人会议同意或者人民法院不批准变更申请的，管理人或者利害关系人请求裁定终止重整计划的执行并宣告债务人破产的，人民法院应在收到申请后十五日内裁定终止重整计划的执行，宣告债务人破产，并予公告
2019-09-26	山东省高级人民法院	山东省高级人民法院企业破产案件审理规范指引（试行）	第一百四十六条　债务人或者管理人应当在自人民法院裁定债务人重整之日起六个月内提交重整计划草案。 债务人或者管理人申请延长重整计划草案提交期限的，应当在期限届满十五日前提出。 第一百五十六条　重整计划因客观原因未能在规定期限内执行完毕，债务人申请延长重整计划执行期限的，人民法院可以裁定准许。

发布时间	发布主体	规范性文件	具体规定
			管理人同时申请延长监督期限至重整计划执行期限届满的，人民法院应当一并裁定准许
2019-11-29	广东省高级人民法院	广东省高级人民法院关于审理企业破产案件若干问题的指引	第一百条【重整计划、投资人的变更】因出现国家政策调整、法律修改等特殊情况，债务人无法执行原重整计划的，债务人或管理人可以申请变更重整计划一次。变更后的重整计划，应经因重整计划变更而遭受不利影响的债权人组、出资人组进行表决，并经人民法院裁定批准。 重整计划执行过程中，重整投资人不履行重整计划的，经债权人会议同意，管理人可以向人民法院申请由新的投资人承接原投资人的权利义务
2020-12-31	陕西省高级人民法院	陕西省高级人民法院破产案件审理规程（试行）	第一百八十五条【重整计划执行延期】重整计划因客观原因未能在规定期限内执行完毕，债务人申请延长重整计划执行期限的，人民法院应当在听取管理人的意见后决定是否准许延期。 管理人同时申请延长监督期限至重整计划执行期限届满的，人民法院应当一并裁定准许。 第一百八十八条【重整计划执行中的变更条件】因出现国家政策调整、法律修改变化等特殊情况，导致原重整计划无法执行的，债务人或管理人可以申请变更重整计划一次。 第一百八十九条【重整计划执行中的变更程序】债务人或者管理人申请对重整计划予以变更的，应当经债权人会议表决同意。债权人会议的表决规则适用企业破产法第六十四条第一款的规定。 债权人会议同意变更重整计划的，债务人或者管理人应当自决议作出之日起十日内向人民法院提交《批准变更重整计划申请书》，并附债权人会议决议以及变更重整计划的说明。 债权人会议决议不同意或者人民法院不批准变更申请的，人民法院经管理人或者利害关系人请求，应当裁定终止重整计划的执行，并宣告债务人破产。

发布时间	发布主体	规范性文件	具体规定
			第一百九十条【重整计划变更后的重新表决与裁定批准】人民法院裁定同意变更重整计划的，债务人或者管理人应当在六个月内提出新的重整计划。变更后的重整计划应提交给因重整计划变更而遭受不利影响的债权人组和出资人组进行表决。表决、申请人民法院批准以及人民法院裁定是否批准的程序与原重整计划的程序相同
2021-05-20	贵州省高级人民法院	贵州省高级人民法院破产审判工作实务操作指引（试行）	134.【延长监督期限】管理人可以申请人民法院裁定延长重整计划执行的监督期限。人民法院同意延长重整计划执行期限和监督期限申请的，应当自收到申请书之日起十五日内裁定批准。人民法院收到申请书之日起十五日内未明确回复或者未裁定批准的，视为不同意延长申请。申请延长重整计划执行的监督期限以一次为限。 135.【重整计划的变更】债务人应严格执行重整计划，但因出现国家政策调整、法律修改变化等特殊情况，导致原重整计划无法执行的，债务人或管理人可以申请变更重整计划一次。债权人会议决议同意变更重整计划的，应自决议通过之日起十日内提请人民法院批准。债权人会议决议不同意或者人民法院不批准变更申请的，人民法院经管理人或者利害关系人请求，应当裁定终止重整计划的执行，并宣告债务人破产。 人民法院裁定同意变更重整计划的，债务人或者管理人应当在六个月内提出新的重整计划。变更后的重整计划应提交给因重整计划变更而遭受不利影响的债权人组和出资人组进行表决。表决、申请人民法院批准以及人民法院裁定是否批准的程序与原重整计划的相同

续表

发布时间	发布主体	规范性文件	具体规定
2021-07-05	上海市高级人民法院	上海市高级人民法院破产审判工作规范指引（2021）	169. 重整计划执行中的变更 确因出现国家政策调整、法律修改等特殊情势而导致重整计划无法执行的，债务人或管理人可以申请变更重整计划一次。变更申请应提交债权人会议表决同意，并在决议后十日内提请人民法院裁定批准。债权人会议不同意或人民法院不批准变更的，经管理人或其他利害关系人请求，应当裁定终止重整计划的执行，并宣告债务人破产清算。 人民法院裁定批准变更重整计划的，债务人或管理人应在六个月内提出新的重整计划，并交由因重整计划而遭受不利影响的债权人组和出资人组进行表决。对变更后的重整计划的表决与批准程序与原重整计划相同
2021-10-23	河南省高级人民法院	河南省高级人民法院审理企业重整案件的工作指引	64. 重整计划确因国家政策调整、法律修改变化等特殊情况，导致无法执行的，债务人或管理人可以申请变更重整计划，并且经债权人会议决议同意后，提请人民法院批准。 65. 批准变更重整计划的，变更后的重整计划应提交给因重整计划变更而遭受不利影响的债权人组和出资人组进行表决。 对变更后的重整计划进行表决、申请人民法院批准以及人民法院裁定是否批准的程序仍应当按照企业破产法的规定及本指引的要求进行。 66. 债务人不执行重整计划、债权人会议决议不同意变更重整计划或者人民法院不批准变更申请的，经管理人或者利害关系人请求，人民法院应当裁定终止重整计划的执行，并宣告债务人破产
2024-03-18	河北省高级人民法院	河北省高级人民法院破产案件审理规程	83. 重整计划因特殊情况确实无法执行的，可以由负责制定重整计划的债务人或管理人申请变更重整计划一次。 债权人会议通过变更重整计划决议的，应当自通过之日起十日内提请人民法院批准。人民法院裁定同意变更重整计划的，债务人或者管理人应当在六个月内提出新的重整计划

续表

发布时间	发布主体	规范性文件	具体规定
			提交给因重整计划变更而受到不利影响的债权人组和出资人组进行表决。 重整计划变更后的表决程序、申请人民法院批准以及人民法院裁定是否批准的程序与原重整计划的相同

三、重整计划变更的相关条件

通过对上述《破产审判会议纪要》以及全国各高院关于重整计划可以变更的规定的梳理，本书简要总结关于重整计划可变更的条件如下，同时提出本书的管见。

（一）苛刻的前提条件

重整计划在执行过程中可以变更必须以特殊情况出现为前提，而此特殊情况必须是国家政策调整、法律修改变化等不可抗力因素，这些因素能够从根本上影响原重整计划继续执行。除《破产审判会议纪要》所列举的国家政策调整和法律修改变化两类外，对兜底的"等"特殊情况如何拓展理解，如市场发生变化是否也属于特殊情况？目前实务中比较普遍的情况是，房地产企业原重整计划规定全部现金清偿，但由于重整计划执行过程中房地产市场交易持续低迷，此情况下可否变更重整计划为以资产清偿？笔者认为，不必对重整计划的变更设置过于苛刻的前提条件，也不一定非要国家政策调整和法律发生变化，应当充分遵守债权人意思自治原则，只要债权人会议决定变更即可变更。对于变更事项仅设定禁止条款，除了明文禁止的，其他的变更事由由债权人会议决议即可。

（二）两段式的复杂表决程序

根据《破产审判会议纪要》规定，如果需要变更重整计划（包括清偿率），需要遵循以下程序：债务人或管理人提出变更申请→债权人会议通过→法院批准→制定变更后的重整计划→因重整计划变更而遭受不利影响的债权人组和出资人组进行表决→法院再次批准。

《破产审判会议纪要》和各高院破产审理规范指引对于变更重整计划的程序都设置为前后两段，即是否可以对重整计划进行变更及变更后的重整计划是否通过，并且这两段程序均须经债权人会议表决和法院裁定批准。对于前一段的程序需要注意的是，《破产审判会议纪要》只要求应当经债权人会议表决，未说明是按一般表决程序进行表决还是按照重整计划分组表决，笔者认为此处应采用的是一般表决程序即所谓的"双过半"程序进行表决。理由有二，一是此表决事项的结果虽然是对重整计划的变更，但未涉及重整计划变更的实质内容，还未对原重整计划所设定的债权人权利产生影响；二是《破产审判会议纪要》第20条明确了对变更后的重整计划为分组表决，若该纪要本意是对前一程序也是分组表决，文本表述时就应当与第20条一样予以明确。对于后一段程序需要注意的是，"变更后的重整计划应提交给因重整计划变更而遭受不利影响的债权人组和出资人组进行表决"，此处的出资人并非债务人破产之前的出资人，应为原重整计划对债务人出资人权益调整后的出资人。在原重整计划经债权人会议表决和法院批准后生效，包括重整计划中对于债务人出资人权益的调整，债务人原出资人便丧失了其对于债务人的出资人地位与权利。修改后的重整计划可能会影响债务人出资人的权益，自然应由此时的出资人进行表决。

（三）严苛的不利法律后果

执行过程中的重整计划需要通过对其内容的变更来继续实施时，说明重整计划本身到了无法继续执行的地步。对于变更后的重整计划若未能获得债权人会议表决通过或未能获得法院批准，其不利的法律后果自然就是法院裁定终止重整计划的执行并宣告债务人破产清算。《破产审判会议纪要》将债权人会议不同意对重整计划变更的不利法律后果进一步明确为终止重整计划的执行并宣告债务人破产。也就是说，只要启动了对重整计划的变更程序，原重整计划就不存在继续执行之可能，若最终无法成功变更重整计划，则中途任何节点的失败都将导致重整失败而转入破产清算程序。需要特别注意的是，只有在债权人会议表决同意后方可申请法院裁定批准，对于债权人会议表决未通过的，不能直接申请法院强制裁定批准对重整计划的变更，重整计划的变更不适用强裁。

四、重整计划执行期限延长的有关问题

（一）重整计划执行期限届满前，某一债权清偿期到期不能清偿，是否可以延长执行期限

每个破产案件的重整计划都会明确规定一个执行期限，若在重整计划规定的执行期限届满前，债务人确定无法执行完毕且仅限于变更执行期限的，参照《涉疫情民事案件指导意见（二）》第二十条的规定，可以启动重整计划执行期限延长程序，即法院可以直接裁定延长重整计划执行期限。这是实践中法院延长重整计划执行期限时扩张适用上述第二十条的常见情形，但若在重整计划执行过程中某一债权清偿期到期，债务人认为其执行重整计划出现困难，是否可以直接申请法院延长重整计划执行期限呢？有观点认为，对于重整计划所确定的每一个债权清偿期均为一个独立的执行期限，在某一个执行期限受阻无法顺利执行之时便可以适用重整计划执行期限的延长规则，同时，其后每一节点执行期限（债权清偿期）均作相应顺延。本书认为这种观点不当，一是上述观点实际上是将重整计划所确定的破产债权的分期清偿期限理解为重整计划的分期执行，但重整计划不存在所谓的分期执行问题，重整计划只有一个执行期限，如重整计划执行期限为3年，3年期限届满即为执行期限届满，期限届满前出现不能执行事由才存在延长问题，而债权的分期清偿只是重整计划执行过程中的一个债务履行期限，可以根据个案具体情况分为3期或5期等。二是债务人在执行重整计划过程中，部分时间节点未能按照重整计划的规定履行，并不直接意味着其无法通过后续对重整计划的执行而弥补前期缺失，进而在原定的重整计划执行期限内执行完毕。因此，在债务人刚刚出现执行问题之时便直接推定其后的期限全部延后，并不利于督促债务人积极执行重整计划。

（二）如何区分重整计划执行期限的延长与重整计划内容的变更

《涉疫情民事案件指导意见（二）》关于重整计划执行期限延长的规定是在重整计划变更程序中加入的一个例外规定[1]，从上述司法指导性文件和《破产审判会议纪要》的相关规定中可以看出，单纯地对重整计划执行期限的

---

[1] 该司法指导性文件本身是针对新冠疫情作出的指导性意见，但实践中被扩张适用为重整计划执行期限延长的依据。本书认为，这种扩张适用也是实践中的探索和尝试，客观上有利于解决实务中的问题。

延长与对重整计划内容的变更在程序要求上截然不同，两者对于破产程序及债权人权益的影响也天差地别，二者应当进行严格区分。

对于广大债权人而言，在整个重整计划之中，对债权人权益影响最大，也是债权人在表决重整计划之时最为关注的考量因素就是破产债权的调整方案与破产债权的清偿方案。前者关系到广大债权人自身债权通过重整计划所能获得清偿的数额，后者关系到广大债权人自身债权通过重整计划获得清偿的方式与期限。通常状况下，重整计划所确定的破产债权都是分期清偿，最后一期破产债权清偿期限一般就是重整计划执行期限的截止时间。法院若按照重整计划执行期限延长程序直接裁定批准重整计划执行期限延长六个月，是否意味着破产债权的清偿期限也同样延长六个月？笔者对此持否定态度。首先，虽然大多数情况下重整计划中规定的最后一期破产债权的清偿期限与重整计划的执行期限相同，但不能直接将二者等同视之，二者在法理上没有任何直接关联性，重整计划执行期限的延长不应当然导致破产债权清偿期限的延长。对于很多重整案件，重整计划中除了规定破产债权的清偿内容，还会规定涉及企业经营方面的要求，司法文件本意是指对于重整计划中不涉及债权人实体权益的经营事项，确有需要时可以由法院直接裁定变更重整计划执行期限。例如房地产企业重整案件，在重整计划中除规定各类债权的清偿方案之外，还规定了债务人在重整计划执行期限内应当完成烂尾楼盘的续建和交房工作，但在债务人执行重整计划期间确因不可抗力（如新冠疫情等）致使其经营遇到困难，此时在不改变原重整计划中对于破产债权清偿方案的情况下，法院可以依申请直接裁定将重整计划执行期限延长六个月，以确保债务人不会仅因为工程建设期限问题而导致重整计划执行失败，这也能最高效、最大化地保障破产程序所有关联方的合法权益。破产债权清偿期限是重整计划中直接影响债权人切身权益的核心事项，对于破产债权清偿期限的变更，应按照重整计划变更程序实施，即应由受到影响的债权人组进行表决。

但鉴于重整计划变更不通过就要转入破产清算的严重法律后果，尤其是房地产企业重整，在涉及工程未完工、房屋还没有交付购房户的情况下，法院从民生、稳定以及全体债权人利益最大化方面考量，在延长重整计划执行期限的同时都明确债权清偿期也相应顺延。

第三节　应对措施之二：变更重整投资人或采取"重整式清算"

重整计划内容的变更与执行期限的延长都是在重整计划无法正常执行，而债务人即重整方还有意愿与能力继续执行且管理人、债权人、法院也相信其能够继续执行的情况下的挽救措施。但若原重整方没有意愿、没有能力也不受信任继续执行重整计划，重整计划是否就必须因无法执行而转入破产清算程序，还有无其他灵活性的挽救措施来解决此时重整计划执行不能的困境呢？笔者根据办理的破产案件实务经验提供两种思路。

一、变更重整计划更换重整方或在投资方案中明确更换条件

前文已述，债务人执行重整计划期间符合一定的条件时，可以通过特定的程序对重整计划的内容进行变更，因此，在重整计划执行过程中，若重整计划的执行遇到困难且重整方确实无法继续完成重整计划而又确有必要继续执行的情况下，可以依据《破产审判会议纪要》第19条、第20条的规定，启动重整计划变更程序，更换新的重整方继续执行重整计划。广东省高级人民法院《关于审理企业破产案件若干问题指引》第一百条第二款规定，重整计划执行过程中，重整投资人不履行重整计划的，经债权人会议同意，管理人可以向人民法院申请由新的投资人承接原投资人的权利义务。

笔者办理的一起房地产企业重整案件中，在与重整方签订投资方案时明确约定，如因重整方原因导致不能执行重整计划的，管理人可以不予返还保证金、直接更换重整投资人。在该案重整计划执行过程中出现了重整方的股东职务侵占导致重整计划不能按期执行的情况，法院认可并依据管理人与原重整方签订的投资方案中的约定清退了原重整投资人。

二、以"重整式清算"化解重整计划不能执行的风险

在企业破产案件中，破产重整程序与破产清算程序都是解决企业破产矛盾的途径。破产重整程序与破产清算程序最终的法律结果是完全不同的，破产清算是将债务人全部破产财产变现清偿破产债权后注销企业，破产重整是保留债务人主体资格并能开展正常经营业务。依据《企业破产法》的相关规定，在债务人不能执行重整计划之时，法院应当终止重整程序并宣告债务人破产，而有些破产企业的业务，只有在企业正常经营状态下才能将资产价值最大化，若走破产清算程序，债务人资产反而会极大幅度地减损，房地产企业破产案件就是其中最为典型的例子。房地产企业在重整计划不能顺利执行时，一般还会有未建设完毕的烂尾楼盘，该楼盘尚属于一个整体的在建工程，若重整计划不能执行直接转入破产清算，则只能将在建工程作为一个整体物权出售，但缺点有三：其一，单一资产价值过大难以成功出售；其二，作为一个烂尾楼盘，并不能体现出其完整的市场价值，无法最大化实现其价值；其三，烂尾楼盘出售后与原审批的相关开发施工资质相剥离，极大地增加了烂尾楼盘复工盘活的难度。关键是如果确认的消费性购房户房屋尚未建成或者在重整计划执行过程中又对外进行了销售，那转入破产清算可能会导致新老购房户集体维权，会引起极大的社会不稳定。

此时最好的办法就是努力促使重整计划继续执行。这也是《破产审判会议纪要》增加了对重整计划内容变更的原因。但是对重整计划的变更不会轻易得到广大债权人的认可。凡是对重整计划进行的变更，必然会对债权人产生不利的影响，而债权人并不愿意接受这种不利的改变。在新冠疫情暴发之前，全国房地产市场普遍处于上行之势，当时对房地产市场行情还是普遍看好。当时通过重整计划的房地产破产案件，重整投资人对于重整后房产续建及销售抱有极大的信心，因此，重整计划中也基本承诺将以现金方式清偿破产债权，但这些案件在重整计划执行过程中受到新冠疫情的巨大冲击，工程续建成本大幅增加，而房产销售市场也急剧下滑，市场房价大幅下降。债务人若随市场大幅降价销售房产，则回笼资金将远不足以清偿重整计划所确定的破产债权，而债务人若不降价销售房产，则其将无资金用于支付续建工程款及清偿破产债权。在此情况下，债务人都希望启动重整计划变更程序以求继续完成对重整计划的执行。实践中最常见的就是将破产债权的清偿方式由原重整计划的现金清偿变更为以房产按照重整计划中确定的价格抵顶清偿破产债权，而对于债权人而言，原重整计划确定的是现金清偿，在房地产市场行情并不理想的情况下，其自然不会轻易同意改为以房产按原重整计划中的价格进行清偿。在重整计划变更程序中，若变更后受不利影响的债权人组始终无法表决通过变更后的重整计划，法院也难以直接裁定批准。这样就极易导致重整计划变更程序陷入僵局。对于此种情况，以"重整式清算"的方式处理可以为破解此僵局提供新的思路。

所谓"重整式清算"，本质上仍是走的破产清算程序，但其不是简单地将破产财产进行变价后分配，而是将债务人有清算价值的破产财产与有重整价值或重整必要的破产财产进行区分处置，最终保留债务人企业主体资格的一种清算方式。

有清算价值的破产财产，是指可以直接变现或以其他方式处分（如将房产过户给债权人或以实物方式分配）的独立财产。有重整价值或重整必要的破产财产，是指该部分财产必须以债务人得以继续经营为前提方可获得价值最大化或完成向购房户的交付，房地产企业尚未竣工验收的在建房产、尚未开发建设的空置土地若通过破产清算程序进行资产变价，不但可能导致资产的大幅贬损，而且可能无法完成向购房户的交付，进而引发其他社会问题，此时便可以将其他资产剥离后将此类资产单独留存于债务人名下，在对该资产进行评估后，以该评估价作为债务人股权价值直接出售债务人的全部股权。这样一来，既最大化地实现了债务人财产价值，使债权人最大化地获得清偿，又能将需要继续经营的资产摆脱破产程序的束缚，同时保留了债务人主体资格，使债务人以原通过行政许可取得的各种资质健康有序地开展经营，完成保交房，既履行了法定程序，又化解了矛盾。

但需要特别注意的是，由于这种清算方式保留了债务人的主体资格，与一般的破产清算不同，为避免债务人在破产程序终结后陷入债权人追索未清偿债权的漩涡，需要在破产财产分配方案中明确：①可供分配的破产财产数额包括有清算价值的财产变现数额和有重整价值的财产以股权方式变现的数额；②债务人对股权购买人仅负有支付股权对价的义务，对债务人原债务不承担清偿责任。

三、更换重整方应注意的相关事项

（一）提前做好原重整方有序退出重整程序的准备工作

任何一起破产重整案件中，重整方从参与重整直至开始重整计划的执行，都必然在重整程序中投入了大量的人力与物力。而在重整计划执行出现困难无法继续执行时，重整方基本没有从参与重整程序中获得经营收益，重整方自然不愿意轻易退出重整程序。对此，管理人应当提前通过在程序上设置合理的规则，在符合条件之时合理合法地将原重整方清退出重整程序。例如，在重整方正式参与重整程序并与管理人签订《重整投资协议》之时，管理人可以明确约定重整方在无法按照重整计划执行完毕重整计划之时，管理人可以提请债权人会议将重整方清退出重整程序并更换新的重整方。管理人与投资方也可以同时约定，若重整方无法执行重整计划而被清退出重整程序时其已交纳的保证金和其他投入重整的资金定性及处置方式（如双方约定视为投资失败而由管理人直接作为损失赔偿）等。

（二）做好新旧重整方之间衔接阶段的债务人的经营活动

《破产审判会议纪要》所规定的重整计划变更程序分为前后两个表决程序。在重整计划执行遇到困难，而重整方自身又没有意愿、没有能力或不被信任继续执行重整计划的情况下，在债权人会议表决通过可以对重整计划进行修改之时，实际上便已经否认了重整计划中所赋予原重整方的地位与权利。但是选定新的重整方以及通过债权人会议表决程序完成对重整计划的变更还需要一定的时间（最长不得超过六个月），在此期间内债务人还应当继续维持基本且必要的经营活动。但此时，原重整方若再继续负责债务人的经营业务，则可能给债务人带来极为不利的影响。因此，原重整方此时已经不能也不适宜再继续负责债务人的经营事务，但在债务人仍未正式转入破产清算程序的情况下，管理人承担的是对债务人的监督职责，并不宜直接以管理人的身份全面接管债务人的经营。对此，笔者的建议是，在此期间，可以由债权人委员会临时替代债务人董事会的职责，由债权人委员会对债务人在此过渡阶段的重大经营事务作出决策，既能维持债务人必要的经营业务，也能最大限度地维护全体债权人的权益。

（三）更换重整方仍应当以原重整计划为基础

在重整计划执行过程中更换重整方，其本质上是对原重整计划的变更，在变更前后都应当视为执行同一个重整计划，新的重整方自然也应当认可原重整计划的规定以及此前重整方已经完成的重整计划部分。当然，此时引入新的重整方是按原重整计划变更程序，新重整方可以向债权人会议提交其对原有重整计划未执行部分的修改意见，与是否更换新的重整方同时作为对原重整计划的变更内容而由债权人会议进行表决。此时新的重整方所提出的对原重整计划的修改，仍应以原重整计划的内容为基础，并且不应否认原重整方已经执行完毕的部分。另外，《破产审判会议纪要》中对于重整计划变更的表决程序要求由"因重整计划变更而遭受不利影响的债权人组和出资人组进行表决"，但若重整计划的变更包含了更换新的重整方，因涉及重整计划是否能够顺利执行，债权人也会考虑重整方的实力与能力，所以即便是变更后的重整计划未受不利影响的债权人组，也应当对此类变更进行表决。

（四）转入破产清算程序后，重整计划执行期间相关债权债务性质的确定

在债务人因无法执行重整计划而转入破产清算程序后，对于债务人因执行重整计划而产生的债权债务及重整方为执行重整计划而进行的投资应如何定性？应当认定为共益债务还是普通债权？重整计划执行过程中新产生的债务与原重整计划所确定的债务在清算程序中应当如何清偿？对此，我国《企业破产法》及相关司法解释中并没有明确的规定，从《企业破产法》概括的公平清偿基本原理分析中可知，法院受理债务人破产之时，债务人在这一时间节点的所有财产用以清偿同一时间节点所有债权人对债务人所享有的破产债权，这是《企业破产法》最基本的原则，不因破产程序是破产清算还是重整而有所不同。即破产案件自破产重整程序转入破产清算程序后，尽管重整方在重整计划中对于债权人所作的提高清偿率的承诺失败，但债权人对于债务人所享有的基本权利应当是一致的。至于在法院裁定批准重整计划至法院裁定终止重整计划期间，即债务人执行重整计划期间，可以视为一个"准正常企业"的经营过程，该经营过程最终转入破产清算程序也可以视为此经营阶段的独立小破产程序，并在这个独立小破产程序中考量其资产与债权债务关系。再以最具代表性的房地产企业破产重整案件为例，在债务人执行重整计划期间，债务人通过资金投入对烂尾在建工程的复工续建，必然会对债务人的资产带来增值，至债务人因无法执行重整程序而转入破产清算之时，债务人资产增值部分即为重整计划执行阶段这一独立小破产程序的债务人财产，该部分财产用以关联重整计划执行阶段新产生的债务，而重整方为执行重整计划而进行的额外资金投入，则应视为此阶段出资人对企业的出资。资产与债务关系按照一般破产程序加以认定，如建设工程施工单位对其所施工的工程价值享有建设工程价款优先受偿权。若此阶段之内的资产与债务进行匹配后的结果为资产大于负债，则剩余的资产部分应作为重整方出资人权益。而若此阶段之内的资产与债务进行匹配后的结果为资产小于负债，所负债务无法全部清偿，应按照破产法对破产债权清偿顺位的相关规定独立核算此阶段

新产生的各类破产债权的清偿顺位与清偿率。此时，一般破产债权都无法得到全额清偿，作为投资人的投资款项，其权益参照破产程序出资人权益调整自然应归为零。当然，在实践操作中，若债务人的经营已经到了无法继续执行重整计划的困难程度，其自然不会还有经营盈余。

第十三章
重整程序中未依法申报债权的处理问题

第一节 《企业破产法》第九十二条的理解争议

一、《企业破产法》有关债权申报的规定

《企业破产法》第五十九条第一款、第二款规定，"依法申报债权的债权人为债权人会议的成员，有权参加债权人会议，享有表决权。债权尚未确定的债权人，除人民法院能够为其行使表决权而临时确定债权额的外，不得行使表决权"。依据该条规定，只有依法向管理人申报债权并且经管理人确认债权成立的债权人方为债权人会议成员，该条第二款是对于正在审查中尚无定论的债权给予临时表决权，但若最终经审查确认债权不成立，其对债务人不享有债权，当然不能成为债权人会议成员，而该条中所称的"依法申报"，自然是指符合《企业破产法》关于债权申报的相关规定。

《企业破产法》第四十五条规定，"人民法院受理破产申请后，应当确定债权人申报债权的期限。债权申报期限自人民法院发布受理破产申请公告之日起计算，最短不得少于三十日，最长不得超过三个月"。第四十八条第一款规定："债权人应当在人民法院确定的债权申报期限内向管理人申报债权。"通过以上条文可以看出，《企业破产法》对于债权申报有着明确的期限要求，即债权人应当在法院确定的债权申报期限内向管理人申报债权，但实践中总会有债权人因为各种原因未按期申报债权，对于未按期依法申报的债权如何处理，《企业破产法》第五十六条规定，"在人民法院确定的债权申报期限内，

债权人未申报债权的，可以在破产财产最后分配前补充申报；但是，此前已进行的分配，不再对其补充分配。为审查和确认补充申报债权的费用，由补充申报人承担。债权人未依照本法规定申报债权的，不得依照本法规定的程序行使权利"。对于该条逾期补充申报债权规定的理解与适用，在破产清算程序中并无争议，但在破产重整程序中，该条与第九十二条的规定有所争议。

二、如何理解和适用《企业破产法》第九十二条

《企业破产法》第九十二条第二款规定，"债权人未依照本法规定申报债权的，在重整计划执行期间不得行使权利；在重整计划执行完毕后，可以按照重整计划规定的同类债权的清偿条件行使权利"。该规定无论从条文理解还是实务操作，均存在很大争议。

理论上，"债权人未依照本法规定申报债权的"包括哪些情形？"在重整计划执行期间不得行使权利"的权利具体指向是什么？"同类债权的清偿条件"是何种"条件"？等等，以上问题均有不同理解。

实务中，在工业企业破产程序中，因企业账目、合同等档案资料大多比较健全，可以根据账目、合同档案等的记载向债权人发出申报通知，债权人基本能在规定的债权申报期内向管理人申报，但在房地产企业破产程序中，由于企业账目混乱甚至多年不建账，档案资料不全甚至根本未保存，无法根据已知信息通知所有的债权人申报债权，仅有部分债权人因收到申报债权通知、看到法院公告、从债务人处了解等渠道得知债务人破产的事实而申报，由此导致管理人向法院提交重整计划后仍有债权人断断续续地向管理人申报债权。因债务人账目不全、债权人未按期申报、债务人也未提供其他信息（或债务人已经"跑路"），管理人在制作重整计划时也无法查清所有债权人及其债权数额，根本无法在重整计划中预留未按期申报债权的清偿额，对该类未依法按期申报、重整计划也未预留清偿额的债权究竟如何处理？如果重整计划执行完毕再清偿无疑会加大重整人的投资风险，进一步加大招募重整投资人的难度，但在重整计划中载明账目未记载且未在管理人提交重整计划前申报的债权，重整计划批准后不再接受申报也不再清偿究竟是否有效？价值取向上是鼓励投资、保护重整后的企业正常经营，还是重在保护债权人利益？

实务中以上问题亟须理论和立法支撑。但在法律尚未明确规定的情况下，

基于破产实务的迫切需要，针对以上问题，本书给出了如下答案：

（一）如何界定条文中"债权人未依照本法规定申报债权的"具体内涵

《企业破产法》第五十六条第一款规定："在人民法院确定的债权申报期限内，债权人未申报债权的，可以在破产财产最后分配前补充申报；但是，此前已进行的分配，不再对其补充分配。为审查和确认补充申报债权的费用，由补充申报人承担。"第二款规定："债权人未依照本法规定申报债权的，不得依照本法规定的程序行使权利。"该条第二款规定的"债权人未依照本法规定申报债权的"与第九十二条中的"债权人未依照本法规定申报债权的"文字完全一致，既然在同一部法律中且均为规范债权申报问题，其内涵亦应当一致。同时，从《企业破产法》的章节结构看，第一章为总则，第八至第十章规定了重整、和解、破产清算三个子程序，第二至第七章为一般规定，服务于这三个子程序，第十一章为法律责任，第十二章为附则，即《企业破产法》的结构可以分为五个部分：总则、一般规定、子程序、法律责任、附则。第五十六条在一般规定中，可以适用于三个子程序，但问题是，"补充申报"的时间截止点在子程序中如何确定。

清算程序中，存在多次分配的情形，"可以在破产财产最后分配前补充申报"，实务操作相对比较简单，但近年来情况发生了变化，由于破产财产变现周期长、变现难，以及法院简易化审理需求、考核要求等因素，实际操作中存在将分配方案的法院裁定认可与管理人执行分配方案分为两个阶段，即所谓破产程序中的"审执分离"。管理人拟定的分配方案中明确载明因破产财产无法分割分配且多次拍卖或变卖无法变现，待适当时机变现后再按方案进行货币分配，在债权人会议表决通过，法院裁定认可分配方案后，管理人提请终结破产程序[1]，在此模式下"最后分配"并未现实支付，而类似于动产"占有改定"，那么"最后分配"的含义就发生了变化，由此推出，该模式下"补充申报"的时间截止点应当在破产财产分配方案经法院裁定认可之时，此后，由于破产程序已经终结，也就不存在"补充申报"问题。该模式的合法性在于：一是"分配"既包含权利或权益的界分，也包括权利或利益的现实交付，司法实践根据案件具体情况，从有利于债权人、有利于社会经济秩序

---

[1] 参见林阳、余晓懿：《破产财产未处置完毕时能否终结破产程序？》，载http://cqgy.cqfygzfw.gov.cn/article/detail/2021/10/id/6303527.shtml，最后访问日期：2024年11月4日。

稳定、有利于审判效率、有利于营商环境角度出发，在尊重债权人会议意思自治的情况下，将"分配"含义确定为权利或利益的界分，亦符合条文规定；二是过度保护个别债权人的利益将导致大多数按期申报债权人的不利益，如乘坐飞机出行，如果过度等候误机乘客，将导致大多数乘客的时间损失和航司的经济补偿；三是可以充分发挥裁判的引导功能，促使债权人及时申报债权。该模式的合理性在于：一是除个别有正当事由的债权人外，其他未按期申报债权人属于权利的"睡眠者"，不可过度纵容；二是破产程序是概括清偿程序，债权人会议是债权人自治机构，重整计划、破产财产分配方案等重要决议均需债权人会议作出，虽然债权人会议的多数决不能否定其他债权人的实体权利，但债权人会议决议是债权人意思自治的结果，未按期申报债权人实际上放弃了申报前的会议参与权和表决权，其对之前的会议决议自然无权更改；三是"补充申报"时间点的尽早截止有利于节省司法资源，使"僵尸企业"快速出清。

重整程序中，未按期申报债权的情形可以界定在四个时间节点内：一是申报期限届满至管理人向法院和债权人会议提交重整计划草案时；二是管理人提交重整计划草案后至法院批准重整计划草案时；三是重整计划被法院裁定批准后的重整计划执行期间；四是重整计划执行完毕后。房地产企业重整程序中，重整计划的拟定主要是以债权人所申报并予以认定的债权性质与债权数额以及债务人账目和档案资料为基础起草，如前所述，实践中大多数房地产企业账目不全、资料缺失，若债权人未按期申报债权，债权数额处于完全不确定状态，则会极大地影响重整计划数据的稳定性，动摇重整计划执行的基础。因此，结合前面关于《企业破产法》第五十六条系一般规定且均适用于三个子程序的论述，为保持与清算程序的一致性，补充申报债权的截止点应当界定为在法院裁定批准重整计划草案时（与前述清算程序中补充申报时间截止点确定在破产财产分配方案经法院裁定认可之时保持一致），即前面提到的四个时间节点中前两个时间节点均属于可以补充申报的时间范围。本书之所以主张该观点，除保持与清算程序一致性的理由外，还考虑到在普通民事诉讼中，根据《民事诉讼法解释》第二百三十二条的规定，原告增加诉讼请求最晚应在法庭辩论结束前提出。也就是说，在普通民事诉讼中，对原告增加诉讼请求的截止时间点也需要进行限制。否则，如果允许法庭辩论之后还可以增加诉讼请求，那么法庭只能再次恢复法庭调查，案件事实处于变化不定状态，当庭宣判的案件也无法宣判，定期宣判的案件，法官也无法起草裁判文书，合议庭也无锁定的事实和请求可以合议。该司法解释的规定也佐证了本书关于补充申报债权的截止点界定在法院裁定批准重整计划草案时的合理性。

实践中，如果重整计划草案已经提交法院或债权人会议且尚未表决，或者债权人会议决议后尚在等待法院批准期间，债权人补充申报债权，是否调整重整计划草案，则根据申报和确认的债权额是否实质影响重整计划的执行而确定。如果不影响重整计划的执行，则重整计划不予调整，根据《企业破产法》第九十二条规定，该部分补充申报的债权在重整计划执行期间不得行使权利，在重整计划执行完毕后，可以按照重整计划规定的同类债权的清偿条件行使权利。至于第四个时间节点，因重整计划执行完毕后，该重整企业恢复为正常企业，根据《企业破产法》第九十四条的规定，原企业债务属于破产免责的范畴，原企业债权人当然不能行使破产法上的权利。

鉴于《企业破产法》第九十二条的不同理解给实践带来的困扰，期待《企业破产法》的修改能够明确补充申报债权的时间截止点，或者根据《民事诉讼法》的规定将补充申报期间规定为法院指定期间，授权法院根据具体案件的情况指定一个期间。有些大型企业重整，其重整计划执行期间往往达到五年甚至更长[1]，远远超过诉讼时效期间，如果允许未按期申报债权的债权人在整个重整计划执行期间甚至重整计划执行完毕后都可以补充申报债权的话，与诉讼时效制度也是不符的。试想，一个重整计划执行期限为 12 年的案件，如果一个债权人在重整计划执行 3 年后补充申报债权，且不说在重整计划执行开始前的重整程序流转时间，仅重整计划执行的 3 年期间就超过了诉讼时效期间，若允许此类债权人补充申报债权，则不但给予了该债权人超过诉讼时效利益保护的特权，而且无限放大了重整投资人的风险敞口。所以，明确补充申报债权的时间节点也是民事法律体系统一性的内在要求。

（二）"在重整计划执行期间不得行使权利"，具体包括哪些权利

根据《企业破产法》的规定，本书梳理了债权人在破产法上的权利并列

---

〔1〕 例如，贵州福平能源集团投资有限公司重整计划执行期限为 12 年，来源于全国企业破产重整案件信息网。

表如下：

序号	条文	权利内容	权利属性	分类〔1〕
1	第七条第二款	对债务人申请重整或破产清算	申请权	程序性共益权
2	第十五条第一款第三项	向债务人有关人员询问	知情权	程序性共益权
3	第四十条	在破产申请受理前对债务人负有债务的，可以主张抵销	抵销权	实体性自益权
4	第四十八条	向管理人申报债权	债权申报权	程序性自益权
5	第五十八条第三款	对债权表记载债权有异议的，可以提起诉讼	异议权和诉权	程序性共益权（他债权异议）、程序性自益权（自债权异议）
6	第五十七条第二款	查阅债权表和债权申报资料	知情权	程序性共益权
7	第五十九条	参加债权人会议、享有表决权	参会权和表决权	程序性共益权
8	第八十七条、第九十二条、第一百条、第一百一十三条	在重整、和解、清算程序中受偿	债权清偿权	实体性自益权

由于重整计划已经开始执行，前期的法定流程（程序）已经走完，逾期补充申报的债权人即使享有上述法定权利，由于相关程序已经结束，有些权利事实上已无法行使或已经行使，具体包括申请权（已无必要）、债权申报权（补充申报已行使）。其余5项权利（第2与第6均为知情权），从保护补充申报债权人的合法权益、保障重整计划顺利执行、不损害其他债权人合法权益、不违反《企业破产法》规定等要素考量，只有债权清偿权不符合《企业破产法》的规定，不能行使；因重整计划执行期间一般不会召开会议和表决，参

---

〔1〕　本书根据行使权利的不同目的，分为自益权和共益权，根据权利内容属性分为程序性权利和实体性权利，分类未必合理，仅为便于表达。

会权和表决权基本不能行使，即使个案需要召开会议，补充申报债权人参加会议也会受到其债权性质和数额是否已经确认等条件的限制；其他几项权利（知情权、抵销权、异议权和诉权）并不能妨碍重整计划的执行，也不会损害其他债权人的利益，自然可以行使，甚至有些权利的行使可能增益，如补充申报债权人对他人债权的异议如果能够成立，还可能增加可分配财产。

需要强调一下，本书的观点是，此处所讲的诉权是指补充申报债权的截止时间点前补充申报债权的债权人的诉权，若超过补充申报债权截止时间点，管理人不再接受申报，债权人也不再享有破产法上的权利。但实务中，各地法院对于未依法申报债权的债权人的诉权，有截然不同的理解和判决，本章第二节将对此进行介绍。

（三）"在重整计划执行完毕后"，债权人可以向哪个主体行使权利

如前所述，此处所指的行使权利，主要是指债权人获得债权清偿的权利。前面已经论述，补充申报债权的截止时间点为法院裁定批准重整计划草案时，在该时间点，有些补充申报的债权对重整计划的影响微乎其微，有些则是管理人来不及审查，这些未经审查的债权，在重整计划执行期间，管理人应当继续审查，以便补充申报的债权人在重整计划执行完毕后获得清偿。清偿主体仍为债务人（重整企业），但实务中可能出现的问题是，重整计划预留的用于清偿补充申报债权的清偿额不足时，应该如何处理？有观点认为，可以向重整方主张清偿其债权。本书认为该观点不成立，清偿主体还应是债务人（重整企业），预留的用于清偿补充申报债权的清偿额不足的，应以债务人其他资产清偿，理由如下：①重整计划中债务人的财产数据系基于债务人账目和中介机构的审计评估得出，管理人根据这些数据进行清算分析，在此基础上形成重整计划，该过程中，评估结论、清算分析本身具有很大的主观性，属于可预见的投资风险，重整方应以其投入和后续经营所得以债务人主体身份向债权人清偿。②如果补充申报债权的时间节点未明确锁定，在重整计划执行期间仍可以申报的话，因债务人账目不全、资料缺失导致部分债权人未能及时申报债权，或者存在大量或有债务，无疑大幅增加重整的风险敞口，但正如前文所述，本书已经将补充申报债权的时间节点锁定为法院批准重整计划之时，在此之前补充申报的债权即使未全部审查确认，但仍可预期，债权人、重整投资人完全可以对此风险进行评估和预见。③无论债务人股权如

何调整，债务人仍为企业法人，承担有限责任，该责任不因预留的用于清偿补充申报债权的清偿额不足而溢出至投资的新股东，因此，由债务人（重整企业）作为清偿主体也是法人制度的应有之义，也符合破产重整制度的立法目的。

以上论述的是锁定补充申报时间节点之前的补充申报债权人的清偿主体。那么在锁定的时间节点之后，即重整计划被法院裁定批准后的重整计划执行期间和重整计划执行完毕后，管理人不再接受补充申报，其权利如何救济？《企业破产法》第一百二十五条第一款规定："企业董事、监事或者高级管理人员违反忠实义务、勤勉义务，致使所在企业破产的，依法承担民事责任。"如果债务人董事、监事、高级管理人员违反忠实义务、勤勉义务，导致账目不全或没有账目、合同档案资料缺失，债权人可以要求其承担相应民事责任。另外，因债权人怠于行权，该债务将成为自然债务，债务人自愿清偿的，应遵从其意愿。

（四）"重整计划规定的同类债权的清偿条件"，具体如何理解

在重整计划中，对于债权的清偿条件，一般分为清偿比例、清偿期限与清偿方式，该条文中的清偿条件是否需要严格遵从重整计划中关于上述三个清偿条件的规定？

（1）清偿比例：重整计划中所规定的各类债权的清偿比例是根据拟定重整计划之时债务人所有财产价值数额以及所有破产债权的性质与数额，按照《企业破产法》关于债权清偿顺位的相关规定进行测算的，而其中的债权数额并不包括本章所讨论的补充申报的债权数额。也就是说，在拟定重整计划之时，若将该笔债权数额考量进债权清偿率测算中，清偿率可能会低于已执行重整计划中所确定的债权清偿比例。若该补充申报的债权数额较大，甚至可能会较大幅度地影响债权清偿比例，极端情况下，可能会有债权人故意隐瞒不申报债权，以此提高重整计划的清偿比例，待重整计划执行完毕后，再要求债务人按照重整计划所确定的同类债权清偿比例向其清偿债权，因此，若按重整计划规定的清偿比例对补充申报的债权进行清偿，其实际上是获得了超过其应得比例的清偿。这也是本书将补充申报债权的时间节点锁定在法院批准重整计划之时的考量因素之一，可以杜绝这种情形的发生。锁定补充申报债权时间点后，前面已经提到，补充申报的债权额足以影响重整计划时，

可以对重整计划予以调整，反之，可以不予调整，在重整计划执行完毕后，按重整计划的同等比例予以清偿。

（2）清偿期限：重整计划中对于各类破产债权的清偿都会确定一个清偿期限，如总共分几期清偿，每期清偿期限多长时间，每一期清偿占应清偿总数额的比例等。重整计划中之所以确定一个较长的清偿期限，一般是结合债务人的后续经营及资产变现计划，而到重整计划执行完毕时，计划所规定的期限已经经过，此时按照重整计划所确定的清偿期限进行清偿事实上不可能，所以重整计划执行完毕后，债务人可以在合理期限内予以清偿。

（3）清偿方式：清偿方式主要分为以货币进行清偿或以物抵债进行清偿。若重整计划本身就规定了以货币方式清偿此类债权的，在重整计划执行完毕后对补充申报的债权默认仍应以货币方式进行清偿。但若重整计划规定的是以实物抵顶清偿此类债权，尤其是原确定的用于清偿债权的实物已分配完毕的情况下，债务人是否仍可以其他实物进行清偿。比如，债务人是房地产企业，重整计划中确定的是以债务人开发建设的房产用以清偿某类破产债权，在重整计划执行完毕时，用以清偿破产债权的房产已全部按照重整计划分配给了债权人。在重整计划执行完毕后，债务人所开发的小区已无剩余房产用以清偿补充申报的债权，此时，债务人是否可以以其他房产进行清偿？抑或在没有重整计划确定用于清偿的房产的情况下，债权人是否可以主张债务人以货币方式向其清偿？笔者认为，以货币方式清偿和以实物抵顶方式清偿有着很大区别，二者在运营成本上有着很大的差异。甚至有的重整投资人在出具重整方案时明确说明若选择以实物抵顶清偿的，其清偿率要远高于以货币方式清偿。因此，若重整计划本身就确定的是以实物抵顶方式清偿破产债权，相较于以货币方式清偿就是重整计划给予了重整方一定权益让渡，即便重整计划所确定的用以清偿破产债权的实物资产已分配完毕，债务人仍有权以其他同类型的实物资产清偿补充申报的债权，或者确定货币和实物的比例，按相应比例以货币清偿。

第二节　未依法申报债权的债权人的诉权

本章第一节已经提到，各地法院对于未依法申报的债权人如何行使诉权有不同的理解和裁判，本书对中国裁判文书网检索到的案例进行了归纳，下面重点介绍三起案例[1]，供读者共同讨论。

一、重整计划执行期间申报的债权不可以提起债权确认之诉

实务中，重整计划执行期间，有的管理人拒绝接受申报，有的管理人可以接受申报并给予审查结果，债权人对于管理人债权审查结果或对于管理人不予审查有异议的，债权人是否可以向破产受案法院提起债权确认之诉呢？对此，多数法院的观点认为，《企业破产法》第九十二条规定的"不得行使权利"包括不得行使债权人向法院提起债权确认之诉的权利，债权人若提起诉讼，法院应当裁定驳回债权人的起诉。

参考案例：厦门市同安区人民法院（2022）闽 0212 民初 447 号　厦门迈城环保科技有限公司、厦门联华食品有限公司服务合同纠纷案

【基本案情】

厦门市中级人民法院于 2020 年 5 月 13 日作出（2020）闽 02 破申 91 号民事裁定书，裁定受理申请人张××对厦门联华食品有限公司的破产清算申请；并于 6 月 4 日作出（2020）闽 02 破 83 号《决定书》，指定福建兴世通律所事务所担任管理人。2021 年 7 月 2 日厦门市中级人民法院作出（2020）闽 02 破 83 号之二民事裁定书，裁定：（1）批准厦门联华食品有限公司《重整计划草案》（修订版）；（2）终止厦门联华食品有限公司重整程序。裁定书后附《重整计划草案》（修订版），第六节第一项规定，"重整计划执行监督期限自厦门市中级人民法院批准重整计划之日起二十四个月止。监督期满后，如有必要，管理人可向厦门市中级人民法院申请延长"。因此厦门联华食品有限公司的重整计划执行监督期限尚未到期。

【裁判理由】

《企业破产法》第九十二条规定，"经人民法院裁定批准的重整计划，对债务人和全体债权人均有约束力。债权人未依照本法规定申报债权的，在重整计划执行期间不得行使权利；在重整计划执行完毕后，可以按照重整计划

---

〔1〕　本节三起案例均来源于中国裁判文书网，检索日期：2024 年 11 月 2 日。

规定的同类债权的清偿条件行使权利。债权人对债务人的保证人和其他连带债务人所享有的权利，不受重整计划的影响"。被告厦门联华食品有限公司的重整计划执行监督期限尚未到期，原告厦门迈城环保科技有限公司未按法律规定申报债权，在厦门联华食品有限公司重整计划执行期间内原告不得行使权利。因此，应当裁定驳回原告的起诉。原告可以在重整计划执行完毕后，按照重整计划规定的同类债权的清偿条件行使权利。

依照《企业破产法》第九十二条之规定，裁定：驳回原告厦门迈城环保科技有限公司的起诉。

【裁判要旨】

债权人未按法律规定申报债权，在重整计划执行期间不得行使权利，债权人提起诉讼应当裁定驳回起诉。

二、可以提起债权确认之诉但不能在重整计划执行期间获得分配

有少部分法院认为，未依法申报债权的债权人，其有权就其债权数额与性质得到确认，但其在重整计划执行期间不得获得其他债权人应获债权分配的权利。

参考案例： 威海市中级人民法院（2018）鲁 10 民终 2887 号　郑××、威海中天房地产有限公司破产债权确认纠纷案[1]

【基本案情】

2014 年 5 月 20 日，郑××与中天公司签订《商品房买卖合同》，约定中天公司将其开发的文登龙都丽景小区 9-2 号房产，以商品房预售的方式卖与郑××，该商品房的用途为非住宅，仅作经商使用。合同同时约定：出卖人（中天公司）应于 2015 年 9 月 30 日前交付房屋，因出卖人原因逾期交房，在逾期 90 日内，双方互不追究责任。逾期超过 90 日，出卖人每日按已付房款的万分之零点五向买受人郑××支付赔偿金。

郑××于 2014 年 5 月 21 日通过建设银行云霄将军山支行向中天公司账户汇款 1 552 824 元，该房产在不动产登记部门办理了备案登记，因该房产未完工验收，故一直未交付，郑××亦未占有使用。

---

[1] 本案为笔者团队代理案件。

2017 年 6 月 6 日，一审法院以（2017）鲁 1003 民破（预）2-1 号民事裁定书，裁定对中天公司进行重整并指定利得公司作为管理人接管财产，并于 2017 年 7 月 12 日在《人民法院报》发出债权申报公告，通知债权人在法定期限内向管理人申报债权。

2018 年 6 月 12 日，一审法院以（2017）鲁 1003 民破 2-2 号裁定批准了中天公司重整计划草案，并终止中天公司重整程序。2018 年 6 月 29 日，郑××向中天公司管理人申报债权，要求管理人向其交付涉案房产并赔偿损失，管理人未予回复确认。

【裁判理由】

郑××主张债权权利的时限效力问题，根据《企业破产法》的规定，经人民法院裁定批准的重整计划，对债务人和全体债权人均有约束力。债权人未依照本法规定申报债权的，在重整计划执行期间不得行使权利；在重整计划执行完毕后，可以按照重整计划规定的同类债权的清偿条件行使权利。郑××在重整计划执行期间主张债权权利亦不符合该规定。

综上所述，在一审法院受理中天公司破产案件后，管理人可以依据《企业破产法》的规定解除双方签订的房屋买卖合同，郑××应在法定期限内申报债权。郑××诉讼请求与《企业破产法》规定相悖，于法无据，一审法院不予支持。依照《物权法》第九条、第十条，《企业破产法》第十八条、第三十条、第五十三条、第九十二条，《破产法司法解释二》第一条规定，判决如下：一、确认郑××对中天公司享有普通债权 1 593 430.34 元。郑××可在重整计划执行完毕后，按照重整计划规定的同类债权的清偿条件行使权利。二、驳回郑××要求中天公司立即交付龙都丽景居民小区 9-2 号房产，将案涉房产办理权属登记于郑××名下，中天公司向郑××支付逾期交付房产的赔偿金人民币 77 874.10 元，之后继续按标准计至实际交付房产之日止的诉讼请求。

二审判决驳回上诉，维持原判。

【裁判要旨】

债权人未依法申报债权的，在重整计划执行期间不得行使权利；债权人提起诉讼的，法院虽然判决确认其债权数额与性质，但明确说明债权人应在重整计划执行完毕后根据重整计划规定的同类债权的清偿条件行使权利。

不同法院对此理解虽有分歧，但多数法院持直接驳回起诉的观点。即大多数法院认为，在重整计划执行期间，未依法申报债权的债权人，不得向法院提起债权确认之诉。若从多数法院这一观点来反推，此类债权人在重整计划执行期间也不应当向管理人申报债权并要求管理人给予债权确认。

三、在重整计划执行完毕后，未依法申报债权的债权人是否可以向法院提起诉讼

法院认可未依法申报债权的债权人在重整计划执行完毕后就其未申报的债权可向法院提起诉讼，并判决重整后企业按重整计划同类债权清偿比例向债权人清偿。

参考案例： 广德市人民法院（2017）皖 1822 民初 3940 号　安徽直立曲轴股份有限公司与直立汽配有限公司追偿权纠纷案[1]

【基本案情】

2011 年 12 月至 2012 年 3 月，直立汽配公司在浙江德清农村商业银行股份有限公司处多次借款，借款本金共计 4660 万元，直立曲轴公司以土地使用权提供了抵押担保。因直立汽配公司未能按约偿还借款利息，浙江德清农村商业银行股份有限公司于 2012 年 9 月 6 日起诉，2012 年 12 月 17 日，浙江省德清县人民法院作出（2012）湖德商初字第 377 号、378 号、379 号、380 号四案民事判决书，判决直立汽配公司向浙江德清农村商业银行股份有限公司偿还借款本息，并判令浙江德清农村商业银行股份有限公司对直立曲轴公司提供的抵押物享有优先受偿权。2014 年 5 月 20 日，直立曲轴公司向本院申请破产清算，2014 年 6 月 4 日，本院（2014）广民破字第 00001-1 号民事裁定书裁定受理，同时指定安徽同盛会计师事务所为管理人。2014 年 6 月，浙江德清农村商业银行股份有限公司申报债权，2014 年 8 月及 2015 年 2 月，经直立曲轴公司管理人委托，本院分两笔将合计 22 331 273.92 元具有优先权的债权金额支付给浙江德清农村商业银行股份有限公司。2012 年 3 月 30 日，浙江省德清县人民法院受理直立汽配公司破产重整一案，同时指定直立汽配公司清算组为临时管理人。2013 年 4 月 27 日，直立汽配公司制作重整计划，计划

---

〔1〕　本案例来源于中国裁判文书网，2018 年 3 月 5 日发布。

概要部分对普通债权清偿计划如下：债权额中 5 万元以下部分（包括 5 万元）将全额清偿，自重整计划批准之日起 60 日内清偿完成；债权额中 5 万元以上部分债权，债权人可选择一次性清偿方案或分期清偿方案，如选择一次性清偿方案，则按 7% 的固定比例清偿，定于 2013 年 9 月底前清偿，至迟不超过 2013 年 12 月底，如选择分期清偿方案，预计清偿率略高于 10%，第一期定于 2013 年 10 月底前清偿 4%，第二期、第三期分别定于 2014 年 10 月底前、2015 年 10 月底前清偿，第二期、第三期的清偿比例要根据选择分期清偿的债权数额和资产变现等情况最终确定；重整计划第七部分关于执行期限与监督期限确定：重整计划的执行期为重整计划获得人民法院裁定批准之日起至 2015 年 10 月底。直立汽配公司重整计划通过并执行完毕后，2016 年 2 月，直立曲轴公司向直立汽配公司管理人申报债权，但管理人未能出具书面意见。2017 年 8 月，直立曲轴公司管理人通过快递的方式催促直立汽配公司履行债务，直立汽配公司未能履行，直立曲轴公司遂提起本案诉讼。

【裁判理由】

债务人的保证人已经代替债务人清偿债务的，以其对债务人的求偿权申报债权。债权人未依照本法规定申报债权的，在重整计划执行期间不得行使权利，在重整计划执行完毕后，可以按照重整计划规定的同类债权的清偿条件行使权利。直立曲轴公司已经代替直立汽配公司清偿了债务 22 331 273.92 元，可以其对直立汽配公司的求偿权申报债权。虽直立曲轴公司未依规定申报债权，但在直立汽配公司重整计划执行完毕后，直立曲轴公司可以按照重整计划规定的同类债权的清偿条件行使权利。直立曲轴公司诉请直立汽配公司根据重整计划确定的分配方案清偿债务 1 609 689.17 元并从起诉之日起支付利息，本院予以支持。

综上所述，依照《企业破产法》第五十一条、第七十二条、第九十二条，《民事诉讼法》（2017 年修正）第一百四十四条的规定，判决：被告直立汽配有限公司于本判决生效之日起七日内支付原告安徽直立曲轴股份有限公司代偿款 1 609 689.17 元及利息（利息自起诉之日起按中国人民银行同期贷款利率计算至本判决确定的给付之日止）。

【裁判要旨】

债权人未依法申报债权的，在重整计划执行期间不得行使权利，在重整计划执行完毕后，债权人可以依据《企业破产法》第九十二条之规定提起诉讼，法院依据债务人重整计划中所规定的同类债权的清偿条件判决债务人向债权人清偿。

就该判决而言，仍有值得探讨商榷之处。例如，在该案件中，法院除判决破产企业应按重整计划确定的清偿比例支付债权人欠款外，也支持了债权人所提出的自其向法院起诉之日起算的利息。但笔者认为，《企业破产法》第九十二条虽规定了未依法申报的债权需要在重整计划执行完毕后再行使权利，但依据该条确认债权人的债权仍应属于《企业破产法》所规范的范畴内，即对于此类债权的认定仍应符合《企业破产法》对于破产债权的相关规定。而《企业破产法》第四十六条第二款规定，"附利息的债权自破产申请受理时起停止计息"，所有破产债权所附的利息或违约金等，均计算至法院受理债务人破产之日止。而在重整计划执行完毕后依据《企业破产法》第九十二条所确定的债权，本质上仍应属于破产债权，故其利息也应根据上述规定计算至法院受理债务人破产之日，更遑论重整计划执行完毕后的利息。至于重整计划执行完毕后，债权人是否可以申报债权及提起诉讼，本书的观点一如既往。

第三节　重整计划中规定未依法申报债权不再清偿的效力

实践中，为规避《企业破产法》第九十二条规定对于重整投资人存在的潜在风险，很多管理人和重整方在制定重整计划的时候就约定，除对能查清的未依法申报的债权进行预留清偿额外，对于其他在重整计划提交前未依法申报债权也未预留清偿额的不再进行清偿。笔者团队制作的很多重整计划就有相关内容，如博达公司重整案件重整计划第五条债权受偿方案第二款预计债权的受偿方案规定，"已向管理人申报，但因诉讼未决、需要补充证据材料、债权人或债务人提出异议等原因暂缓确定的债权，以及博达公司已知悉但债权人未依法申报的债权，本重整计划按照其申报金额或账面记载金额进行相应预留，其债权经审查确定后按照本重整计划规定的同类债权的受偿方案受偿。除上述预留债权之外，在本次重整计划草案向法院提交前没有向管理人申报债权的其他债权人，此后管理人将不接受债权申报，重整计划执行完毕后所有没有申报的债权视为放弃，将不再清偿"。类似上述重整计划中对于没有申报的债权不再清偿条款的效力问题，实践中存在争议。

一、债权人会议决议的效力应及于没有申报债权的债权人

依据《企业破产法》第六十四条的规定，债权人会议的决议，对于全体债权人均有约束力，而破产法上的债权人，是指人民法院受理破产申请时对债务人享有债权的债权人。破产程序启动后，债务人财产权利的实际权利人就成了全体债权人，这既包括依法申报的债权人，也应当包括未申报的债权人。从《企业破产法》法律条文来理解，对于债权人会议决议，全体债权人均应遵守，无论是否出席会议，是否有表决权，是否赞成该决议，是否依法申报均不能例外，债权人会议决议的效力应及于没有进行申报的债权人。

债权人会议决议是债权人在破产程序中通过表决形成债权人的团体意思，包含了对弃权、反对债权人的强制拟制同意。未申报的债权人不享有表决权并非债权人会议的成员，但不申报债权不导致实体权利的消失，仍属于债权人范畴，且未申报而无法行使表决权应与放弃表决权的行为效力相一致，均应受债权人会议决议的约束。如果未申报的债权人不受债权人会议决议的约束，将导致未申报的债权人可以分别向债务人提出要求，不仅使已达成的决议无法执行，也与破产法程序的概括清偿法理相悖。

二、法院裁定批准的重整计划效力应当及于没有申报的债权人

《企业破产法》第九十二条规定，经人民法院裁定批准的重整计划，对债务人和全体债权人均有约束力。笔者认为，这里所说的全体债权人既包括依破产法申报的债权人，也包括未向管理人申报的债权人，这样理解更符合企业破产法的初衷。有观点认为，未申报的债权人并未参与重整计划的表决不应受重整计划的约束，尤其是重整计划中关于未申报债权不予清偿的内容，因违反了《企业破产法》第九十二条的规定而无效，更不能约束未申报的债权人。但主流观点认为，重整计划对未申报债权的调整有效，包括德国破产法也有类似规定，（重整）计划确认发生法律效力后，所规定的事项无论利弊对所有参与人发生效力（第254条第1款），包括破产债权的免除。（重整）计划对反对该计划的参与人及未申报债权的债权人也发生效力（第254b条）。[1]笔

---

〔1〕［德］乌尔里希·福尔斯特：《德国破产法》，张宇辉译，《中国法制出版社》2020年版，第278页。

者也同意该观点，理由在于：

第一，《企业破产法》第九十二条规定，未依法申报债权的债权人在重整计划执行完毕后，可以按照重整计划规定的同类债权的清偿条件行使权利。该规定使用"可以"而非"应当"或"必须"，属于任意性规范，具有一定选择空间，使得重整计划中对未依法申报债权免除的内容具有一定合法性和合理性。

第二，债权人会议表决通过的重整计划，与债权人会议一样反映的是债权人的团体意思，并不会因有弃权或有异议而影响效力。重整程序对债权人具有共同清偿效力。与执行程序相比，破产程序能够保护那些姗姗来迟的债权人利益，防止过分"积极"的债权人向法院主张个人权利并通过强制执行程序获得清偿。在重整程序中，所有债权人获得清偿的依据是重整计划，对于所有在重整申请受理前成立的债权，理应服从这一概括性清偿的目的，否则破产程序将失去其应有的功能和意义。[1]

第三，经人民法院裁定批准的重整计划具有既判力，且为终局性裁判。《企业破产法》没有任何条文规定利害关系人可以对法院批准的重整计划本身提出上诉，仅设置了重整计划表决过程中的反对规则，以及重整计划批准后债务人不能执行或不执行重整计划时，法院径直宣告债务人破产清算的制度。这也说明，经批准后的重整计划对利害关系人具有终局效力。[2]终局性裁判的重整计划，当然对包括未依法申报债权人在内的全体债权人产生效力。

第四，结合《企业破产法》第九十四条，按照重整计划减免的债务，自重整计划执行完毕时起，债务人不再承担清偿责任。而在重整计划中对于未依法申报债权清偿责任的免除也属于债务的减免，应属有效。

尽管在重整计划中规定未依法申报债权不再清偿，最大程度地保护了重整债务人的再生机会，维护了债务人的利益，但仍未能有力地解释《企业破产法》第九十二条因怠于申报债权而实体权利丧失的理论依据，在基础理论的论证上还有改进空间，笔者查询到，有法院对于未依法申报债权主观上判断明显怠于行使的，就作出了丧失实体权利的判决，支持了管理人在重整计划中关于未依法申报债权不再清偿的规定的效力。

---

〔1〕 韩长印、张旭东：《重整程序中未申报债权的清偿规则研究》，载《法律适用》2021年第9期。

〔2〕 邹海林：《重整程序未申报债权的救济问题研究》，载《法律适用》2022年第8期。

参考案例：衢州乾达科技有限公司诉浙江海蓝化工集团有限公司租赁合同纠纷案[1]

【基本案情】

原告：衢州乾达科技有限公司（以下简称乾达公司）。

被告：浙江海蓝化工集团有限公司（以下简称海蓝公司）。

2015年7月10日，原告的前身衢州海蓝科技有限公司与被告签订一份协议，约定由原告租赁被告车间、仓库和办公场所等，租赁期限为20年，自2015年7月10日至2035年7月10日止，租赁费用每年25万元。第一次预付两年租赁费用50万元，第三年开始每年7月预付下一年租赁费用。原告按协议约定预付了租赁费用后，对租用场地进行了翻修和维修，共花费维修费用74 419.70元。

2016年4月22日，法院裁定受理被告重整申请，公告中债权申报的期限为2016年6月15日前。6月24日召开了第一次债权人会议。8月10日，被告管理人书面通知原告解除2015年7月10日原、被告双方签订的协议。9月27日，法院裁定被告、衢州海蓝氟化学有限公司（以下简称海蓝氟公司）、衢州市荣康氟材料有限公司（以下简称荣康氟公司）进行合并破产重整。11月25日，召开第二次债权人会议表决重整计划草案。2017年2月23日，法院裁定批准海蓝公司、海蓝氟公司、荣康氟公司重整计划。重整计划第二部分债务人重整经营方案包括以下内容：原海蓝公司（被告）的债权人（包括但不限于对债务人特定财产享有担保权的债权人、职工、普通债权人及共益债权人等）均无权向重整投资人以及新海蓝公司（被告）主张权利，如有债权人主张权利，均应按破产程序向荣康氟材料公司管理人申报债权，并按重整计划规定行使相关权利。第四部分债权受偿方案包括以下内容：如有债权人在本次债权人会议召开之日后再申报或主张债权的（以下简称会后申报债权），如有债权人在本次债权人会议后改变申报债权性质，即之前申报为普通债权，本次会议后要求更改为优先债权，对其改变申报债权性质部分债权，也按会后申报债权认定，应通过荣康氟公司、海蓝氟公司破产清算程序主张债权，不得向新海蓝公司主张债权。2017年3月10日，原、被告就搬离问题

---

[1]　本案例来源于法信网。

进行协商。3月23日，原告进行了企业名称变更，公司名称变更为乾达公司。3月31日，原告搬离。5月上旬，重整计划执行完毕。5月20日，原告向被告管理人申报债权74 419.70元，但管理人审核后认为原告申报的债权不属于破产债权，对原告申报的债权审查结果为0元。另外，原告法定代表人应亚斐个人是被告重整程序中的债权人，参加了两次债权人会议。

2017年10月9日，原告诉至法院，请求确认原告乾达公司对被告海蓝公司享有74 419.70元的债权，并作为破产共益债务优先受偿。

【裁判理由】

一审法院认为，案件争议焦点之一为原告在重整计划通过后仍向被告主张权利是否得当。原告在被告厂区内租赁部分厂房，长期生产经营，且其法定代表人个人亦系被告重整债权人，参加了两次债权人会议，应当对被告整个重整程序知情且有高于一般债权人的了解程度。在管理人自破产申请受理之日起2个月内未通知解除租赁协议的情况下，既未向管理人发出催告，也未在合理期限内申报债权，甚至在管理人发出书面解除合同通知、知晓拟表决重整计划草案的情况下亦怠于行使权利。原告主张，对于《企业破产法》第十八条第一款应理解为，管理人自破产申请受理之日起2个月内未通知对方当事人的，管理人失去单方合同解除权。具体到本案，原、被告双方于2017年3月10日达成解除协议，此时债权方形成。一审法院认为，管理人自破产申请受理之日起2个月内未通知对方当事人的，视为合同解除，除非管理人与对方当事人就继续履行合同另行协商一致。法律明确规定了合同解除的后果，此时债权人就具有申报相应债权的权利，即自2016年6月23日起，原告与被告的租赁协议应视为解除，不论被告管理人于2016年8月才通知原告解除租赁协议，也无论原告实际占用被告案涉厂房直至2017年3月31日，自2016年6月23日起，原告就应向被告管理人申报债权。然而原告在明知被告进行重整，重整计划拟定中不包括继续履行租赁协议的情形下仍不申报债权，可能影响重整程序的整体推进。企业破产法的立法本意是鼓励对企业进行重整挽救，债权人应妥善行使申报债权的权利。企业破产法赋予管理人解除双方均未履行完毕的合同的权利，目的在于使债务人财产最大化甚至使债务人更生。债权人未依照企业破产法规定申报债权的，在重整计划执行期间不得行使权利；在重整计划执行完毕后，可以按照重整计划规定的同类债权的清偿条件行使权利。经人民法院裁定批准的重整计划，对债务人和全体债权人均有约束力。具体到本案，原告非因不知晓重整程序等客观原因不申报债权，而是怠于申报债权，可视为放弃了申报债权、表决重整计划草案等相应的权利，重整计划对原告具有约束力。即使原告的维修费用属于必要或有益费用，也因受重整计划的约束，不得向被告主张权利。一审法院遂判决驳回原告的诉讼请求。

原告不服，提起上诉。二审法院驳回上诉，维持原判。

【裁判要旨】

重整计划中包括逾期申报的债权人不得向重整后的企业主张权利的内容，该重整计划经债权人会议表决通过和法院裁定批准，对全体债权人具有约束力。重整计划执行完毕后，逾期申报的债权人依据《企业破产法》第九十二条第二款的规定请求人民法院支持其清偿债权的主张，人民法院不予支持。

不难看出，在案涉的重整计划中设置了规避《企业破产法》第九十二条第二款的内容，重整计划经债权人会议表决通过，且经过了法院裁定批准，本文重点关注的是该类规避条款的效力问题。笔者认为，该类条款应为有效，理由如下：

一、企业破产法的重要立法宗旨之一是通过重整程序拯救企业

1986 年颁布的《企业破产法（试行）》中未规定重整程序，我国新的企业破产法借鉴国外经验设置了重整程序。重整目前已经被世界各国公认为是防范破产、挽救企业最为有效的法律制度。《企业破产法》自 2007 年生效实施后，各地法院已经审理了很多重整案件，重整制度对困境企业的挽救发挥了重要的积极示范效应。[1] 企业破产法总结国内外的经验，为陷入困境的企业提供了以变价分配为目标的清算程序和以企业再建为目标的重整程序、和解程序。[2] 2015 年 12 月召开的中央经济工作会议提出"多兼并重组、少破产清算"的僵尸企业处置思路，更是明确了司法处置僵尸企业中重整制度的定位。2018 年 3 月出台的《破产审判会议纪要》规定，重整制度集中体现了破产法的拯救功能，代表了现代破产法的发展趋势，全国各级法院要高度重视重整工作，妥善审理企业重整案件，通过市场化、法治化途径挽救困境企业，不断完善社会主义市场主体救治机制。因此，在供给侧结构性改革深入推进的大背景下，为确保重整企业能够拯救成功，应认定规避《企业破产法》第九十二条第二款的重整计划条款有效。

二、我国民营企业存续型重整的特点决定了该类条款应为有效

来自浙江温州法院的调研表明，我国民营企业重整绝大多数需要引入战略投资人。民营企业重整有以下几个特点：[3] 第一，民营企业财务不规范，普遍存在内外账之分，企业财产与股东、实际控制人资产混同，加之很多民营企业在进入破产程序之际股东或实际控制人已经失联，管理人难以接管到真实有效的财务账册和相关凭证。如果债权人因各种原因未申报债权，就无法向战略投资人披露重整企业的债务全貌。第二，民营企业普遍融资难，民间借贷债权人出于风险控制考虑，倾向于采取由股东或实际控制人作为借款人，企业作为担保人的操作模式，而担保之债又是或有之债，即使按照规范财务制度的要求，也无须反映在公司财务会计报告之中，更不必说还存在着虚构债务的道德风险。第三，大部分具有重整价值的中小企业，核心价值在于和企业唯一的统一社会信用代码紧密捆绑的特殊资质，无法通过出售式重整获得。第四，在战略投资人偿债资金确定的情况下，《企业破产法》第九十二条第二款实际上对债权人不申报债权的行为进行了激励（前提是确保重整期间以及重整计划执行期间不罹于诉讼时效）：不申报债权，已申报的债权清偿率提高，到头来自己也能获益。这样一来就对债务人产生了反向的"公共池塘"效应，债权人在重整程序中争相不申报债权，但对于战略投资人而言无疑是精心策划的掠夺。综上，如果不认可规避《企业破产法》第九十二条第二款的重整计划条款的效力，会使战略投资人无法锁定出资风险，使其承担远超预期的未申报债务，对企业存续型重整往往会产生致命的打击，甚至使重整计划成功执行完毕的企业再度陷于破产境地。[4]

三、包含该类条款的重整计划经债权人会议表决通过且经法院裁定批准，应为有效

（1）包含规避《企业破产法》第九十二条第二款的重整计划经债权人会议表决通过

理论上说，破产程序启动后，债务人财产的实际权利人就变成了全体债

权人。为了实现破产程序公平和集体清偿债务的立法目的，债权人会议采取了"人数+债权额"的双重多数决议制，异议债权人同样受经过批准的重整计划的约束，这就解决了适用普通民商事法律的法庭外重组可能遭遇的"钳制观望"问题。根据债权人自治原则，有关债权人权利行使和权利处分的一切事项，均应由债权人会议独立地作出决议。[5] 认可包含该类条款的重整计划的效力，是尊重债权人自治原则的体现。

（2）包含规避《企业破产法》第九十二条第二款的条款的重整计划经法院裁定批准

人民法院对于重整计划的合法性应进行审查，规避条款是否因与《企业破产法》第九十二条第二款冲突而无效？笔者认为合法性审查可关注以下三个方面：

一是《企业破产法》第九十二条第二款并非禁止性规定。法谚有云，"法无禁止皆可为"。当然该法谚应在民商法语境下适用，就企业破产法的性质而言，很难说其不具有经济法的属性，带有国家管控经济的色彩。但是企业破产法终究是一部程序法，企业破产法没有规定的，还应适用民事诉讼法的有关规定。尽管有一些实体规定，如破产债权计算至破产裁定受理之日，破产撤销权、抵销权等，但终究是在基础的民商事法律体系框架下作出的有限突破，这种突破应具有谦抑性。企业破产法本质上还是商法。从法条表述来看，关键的第二句"在重整计划执行完毕后，可以按照重整计划规定的同类债权的清偿条件行使权利"，未采用不得、禁止等字眼。综上，本条并非法律效力的禁止性规定。

二是经多数表决通过的集体性协议（重整计划）优先于法定。合同法语境下有约定从约定，无约定从法定。在破产原因具备之际，达成全体债权人集体协商一致几乎是不可能实现的目标，因此企业破产法才设置了多数决原则，并且规定决议对全体债权人均有约束力。

三是该决议未损害未申报债权人的权益。有观点认为，我国《企业破产法》第九十二条第二款的义务人主体是法定的债务人，参与重整计划草案表决的债权人不能慷他人之慨，免除债务人义务、损害未申报债权人的权利。笔者认为，具体到本案，该决议并未损害申报债权人的权益。原告非因不知晓重整程序等客观原因不申报债权，而是怠于申报债权。这里又引申出另一问题，如果债权人并不知晓应申报债权，这种决议是否损害债权人的利益？"当事人可以通过重整程序获得免责"这一要求，与"重整信息应当充分披露信息以利重整各方当事人作出合理决策"这一要求之间，存在相当的关联。重整计划必须能约束所有债权人，而要求一名对重整计划内容毫不知情的债权人受其约束，显然有违正当程序的要求。[6] 即使美国破产法的成文法作出了几乎绝对免责的规定，但"在有些案件中，看似绝对的免责规则也须受正当程序这一宪法原则的限制。若债权人未获得任何有关破产程序的通知，则对其债权的免除就是违宪的"。[7] 需要指出的是，也有观点认为正当程序要求债务人对其已经知悉的债权人进行实际通知，即使这些债权人已明知破产程序启动的案例，已经招致了多方面的批评。[8] 不难看出，要使重整计划对于未申报的债权人也有约束力，必然要求对债权人尽到尽可能多的通知义务。幸运的是，在当前通信技术高度发达的时代，互联网公告的即时性和广泛性已经越来越被人们认同，最高人民法院《关于企业破产案件信息公开的规定（试行）》第七条就明确规定，法院和管理人在破产重整案件信息网发布的公告具有法律效力，但是对于已知债权人应否实际通知才产生免责的效力，争议较大。

综上，包含规避《企业破产法》第九十二条第二款的条款的重整计划，经债权人会议表决通过又获得法院批准的重整计划，既是一项拟制的集体协商一致的合同，又具有法律确认的效力，不存在合法性阻碍。

四、比较法分析支持该类条款的效力

有观点认为，《企业破产法》第九十二条第二款主要是借鉴了国外重整制度设计。国外破产重整较为常见的一种形式是削债式重整，其特点是债务人自行管理、自行经营，因为重整前债务人对企业的负债情况了解，重整后又是由债务人自行经营，加之国外公司治理结构完备，经营规范，因此企业重整后继续按同等标准清偿补充申报的债权完全是合理的。[9] 笔者认为，削债式重整的概念并不明确，通过对该地区破产审判经验的学习，这一概念与其他概念内涵得以区分的特有属性可能是用于偿还重整企业债务的资金的来源，削债式重整强调主要由企业重整后持续经营产生的利润偿还，而非来自重整企业外部战略投资人的偿债资金。债务人自行管理，《美国破产法》第 11 章下的"经管债务人"（debtor in possession）模式，常被简称为 DIP 模式，强调的是重整案件的控制与管理。笔者不否认这种推论的逻辑自洽性，但是有两点疑惑：一是削债式重整与 DIP 并不是同一概念，采取 DIP 模式重整的案件未必没有外部偿债资金。二是无论是削债式重整或 DIP 模式，比较法并不支持这种推论。

比较法分析反而支持未申报债权不得向重整后企业主张的观点。美国破产法成文法 § 1141（d）（1）规定，"债务人在批准之前所负的所有债务都将全部免除，重整计划所规定的股权人或普通合伙人的所有权利与权益均将终止。债权人是否提交债权证明、其债权是否获得确认及其是否表决接受重整计划，皆不影响免责的效果"。我国台湾地区"公司法"第 311 条第 1 款第（1）项亦规定，"公司重整完成后，有下列效力：一、已申报之债权未受清偿部分，除依重整计划处理，移转重整后之公司承受者外，其请求权消灭；未申报之债权亦同"。重整程序中担保人承担了担保责任以后向重整成功的债务人企业进行追偿，可以被看作未申报债权的一种特殊形式。按照英国法律，担保人在承担担保责任以后是不能向重整成功的企业进行追偿的。重整成功的企业虽然在法律意义上与重整前的企业是同一个法律主体，但是一旦重整成功，在法律上就如同一个"新生婴儿"，这是关乎重整制度意义的一项核心内容。综上，部分国家和地区的成文法直接规定未申报债权不得向重整后企业主张，为确保重整成功，我国企业破产法修改时可予借鉴。

原文注释：

[1] 王欣新：《重整制度理论与实务新论》，载《法律适用》2012 年第 11 期。

[2] 王卫国：《破产法精义》，法律出版社 2007 年版，第 2 页。

[3] 潘光林、方飞潮、叶希希：《破产重整若干实务问题探析——以温州法院破产审判实践为立足点》，载中国人民大学法学院等：《第九届中国破产法论坛暨改革开放四十周年纪念研讨会论文集（上）》，中国人民大学出版社 2018 年版，第 41 页。

[4] 王欣新：《重整制度理论与实务新论》，载《法律适用》2012 年第 11 期。

[5] 王卫国：《破产法精义》，法律出版社 2007 年版，第 168 页。

[6] ［美］杰伊·劳伦斯·韦斯特布鲁克、［美］查尔斯·布斯、［德］

克里斯托弗·保勒斯、[英] 哈里·拉贾克：《商事破产全球视野下的比较分析》，王之洲译，中国政法大学出版社2018年版，第131~132页。

[7] [美] 查尔斯·J.泰步：《美国破产法新论》（第3版）（下册），韩长印、何欢、王之洲译，中国政法大学出版社2017年版，第1308页。

[8] [美] 查尔斯·J.泰步：《美国破产法新论》（第3版）（下册），韩长印、何欢、王之洲译，中国政法大学出版社2017年版，第1309页。

[9] 潘光林、方飞潮、叶希希：《破产重整若干实务问题探析——以温州法院破产审判实践为立足点》，载中国人民大学法学院等：《第九届中国破产法论坛暨改革开放四十周年纪念研讨会论文集（上）》，中国人民大学出版社2018年版，第41页。

三、承认重整计划中未依法申报债权不再清偿规定的效力有利于鼓励投资

管理人在接管破产企业后，仅能从财务账簿、裁判文书网及债务人主要负责人员等渠道获取债权人信息，而进入破产程序的企业往往内部管理制度混乱，内账外账同时存在，有的甚至多年不记账，裁判文书网也具有一定局限性（有些文书未上网），不能及时掌握未进入诉讼程序的债务。因此，管理人通过各种途径获得的破产企业债权人信息是十分有限的，在重整计划表决通过后仍有不少债权人未申报债权，如对《企业破产法》第九十二条的理解为重整计划执行期间和执行完毕后仍可申报债权，对重整计划的执行有较大风险。在有效的偿债资产确定的情况下，按期申报的债权人越少，债权总额就越少，从而清偿率越高，而未按期申报的债权人在重整计划执行完毕后按同类债权清偿就可获得更多的清偿，这将变相鼓励债权人不按期申报而嗣后主张权利。重整的目的是拯救企业，但第九十二条赋予未申报的债权人在重整计划执行完毕后可以向债务人主张按同类债权进行清偿，无疑增加了企业负担，在重整计划执行完毕后可能面临大量诉讼或执行案件。对于投资人而言，企业隐性债务越多，投资的风险就越大，在重整计划执行完毕后企业可能面临再次破产的风险。一方面，意向重整投资人在决定是否投资时，其最大的顾虑就是投资安全，这就要求管理人尽可能披露债务人的资产负债信息，锁定负债总额，通过重整程序一揽子解决，而第九十二条第二款的规定会导

致意向投资人无法判断债务人的真实债务状况，从而打击投资人的投资信心，降低债务人引入重整投资人的成功率。另一方面，投资人的交易对价是通过市场化方式确定的公平合理价格，而意向投资人通常不会因申报债权金额的增加而提高交易对价，但第九十二条第二款如果不锁定补充申报的截止时间点将加重债务人的偿债负担，实际上使背后的重整投资人付出了更多的交易成本，这明显违背了公平交易和等价交换的市场原则。[1]因此，承认重整计划不再清偿未申报债权的有效性有利于鼓励投资，主要体现在：

（一）债务总额的确定有利于投资人作出决策

重整计划中规定不再对未申报债权进行清偿，就相当于将偿债资金总额限于债务人有效资产，并对此进行清偿率的预测。投资人据此可以预测资金需求及作出投资计划。

（二）对未申报债权的免除可以保护重整后的企业并使其恢复持续经营

虽然重整后的企业与原破产企业属于同一主体，但破产程序对于余债的免除使得企业涅槃重生。如果重整后的企业因重整前的债务而陷入诉讼或被恢复执行，不仅增加企业经营成本，对刚恢复信誉的企业也会造成不良影响。

（三）可以鼓励债权人尽快申报债权，以便于管理人对破产企业的资产及债务情况全面了解，从而制定出更具有可行性的重整计划草案

实践中，法院在裁定批准重整计划时对排除未申报债权效力的认可，将导致未申报的债权人实体权利的丧失，重整计划执行完毕后余债免除。债权人考虑到利害关系，会更积极地申报债权主张权利，在此基础上形成的具体可行的重整计划是重整方投资成功的重要保障。

四、承认重整计划中未依法申报债权不再清偿规定的效力是救助性重整的现实需求

按照重整的目的划分，房地产企业重整类型可以分为经营性重整和救助

---

[1]　张善斌、翟宇翔：《破产重整程序中未按期申报债权处理方式的选择与构建》，载《河南财经政法大学学报》2020年第4期；赵国滨、胡祥英、郭月：《重整程序中逾期申报债权处理制度的完善——以重整计划执行期新发现债权处理为切入点》，载《人民司法》2022年第1期；向佳佳：《论重整程序中逾期未申报债权的失权制度》，载淄博市破产管理人协会微信公众号，最后访问日期：2024年9月24日。

性重整[1]。经营性重整是指从经济利益和价值上判断，债务人重整能够给投资人带来经济利益的回报，重整后的债务人可以持续经营。救助性重整是指债务人濒临破产时已经带来了严重社会问题，如地产项目烂尾，被拆迁（征收）人不能回迁，购房消费者不能取得房屋，权利人频繁信访，等等，重整可以以债务人的名义一揽子解决遗留问题，化解社会矛盾，重整计划执行完毕后，债务人主体注销，不再继续经营也无继续经营价值，即实务中"救地产项目不救企业"的重整方式。这种重整方式的特点是：①政府主导或参与；②重整投资人是国企或有强烈社会责任感的民企；③重整以解决社会矛盾为主要目标，投资人很少盈利或不盈利；④重整价值不在于经济利益，而是社会关系（法律关系）修复价值；⑤重整救助的对象是社会弱势群体，保障民生；⑥重整计划执行完毕，遗留问题解决后，债务人主体资格注销。

在当前房地产行业不振的情况下，问题项目和僵尸企业亟须通过法律渠道处理，救助性重整也应运而生。对于这种重整方式，如果允许未依法申报债权的债权人在法院批准重整计划之后还可以申报债权，将会拖延整个重整程序，对化解主要矛盾极为不利，在化解主要矛盾和保护个别权利"睡眠者""迟到者"之间衡量，"两害相权取其轻"，无疑要选择前者，因此，承认重整计划中未依法申报债权不再清偿规定的效力也是救助性重整的现实抉择。

第四节　房地产企业破产重整案件中的特殊问题

房地产企业破产重整案件是破产企业中较为特殊的类型，那么在房地产企业破产重整案件中，拆迁户或消费性购房户未依法申报破产债权的，其权益应当如何处理？

一、拆迁户或消费性购房户是否需要向管理人申报债权

在房地产企业破产重整案件中，实践中存在很多房地产企业作为事实上的拆迁主体，截至法院受理案件时，回迁安置房尚未建成或建成后尚未交付，也有大量的消费性购房户房屋未建成或建成后已交付但尚未办理产权证的情况，有的法院和管理人认为拆迁户或消费性购房户根本不需要申报债权，理

---

[1] 这是本书根据实操经验总结作出的分类，方便于表达本书的观点。

由是分配给拆迁户或消费性购房户的房产可以不作为破产财产，所以拆迁户和消费性购房户不需要申报债权。笔者认为，如果房屋已经建成交付但尚未办证的，剥离出去不作为破产财产具有一定的理论根据和可操作性，但是在拆迁安置户和消费性购房户的房屋尚未建成的情况下，将拆迁户的安置房和消费性购房户的商品房直接从可供清偿的破产财产中剥离的话，重整计划制定时该部分房产的续建费用将无法作出安排。所以，笔者认为拆迁户和消费性购房户都应当申报债权，况且谁是拆迁户谁是消费性购房户也不由管理人最终裁决，依《企业破产法》规定，应当经债权人会议核查，如果允许该两类债权人不申报债权，那就相当于剥夺了全体债权人依据《企业破产法》核查债权的权利，会导致债权确认出现程序瑕疵。再者，房地产企业破产之时，拆迁户或消费性购房户对于债务人所享有的是物权抑或债权？消费性购房人所购买的商品房是否属于破产企业的债务人财产？这些问题都需要明确。《民法典》第二百零九条第一款规定，"不动产物权的设立、变更、转让和消灭，经依法登记，发生效力；未经登记，不发生效力，但是法律另有规定的除外"。消费性购房户向房地产企业所购买的商品房在办理不动产物权登记之前，即便办理了预售合同网签备案，不动产物权尚未经登记而发生物权变动的法律效力。因此，在房地产企业破产重整案件中，只要尚未办理建筑物区分所有权物权登记的商品房，其物权仍属于房地产企业，所以不论拆迁户还是消费性购房户均应向管理人申报债权。

二、消费性购房户债权人未依法申报债权的，应如何处理

《企业破产法》第九十二条规定了未依法申报债权的法律后果，但该条没有区分不同性质破产债权。也就是说，所有的破产债权若未依法申报债权，都应依照《企业破产法》第九十二条的规定执行，在重整计划执行期间不得参与债权分配。但消费性购房户的债权有着自身的独特性，不能简单地与一般的破产债权一概论之。首先，一般老百姓购买一套房产耗尽了一家人一辈子的积蓄，是为了满足一家人生活居住所需，若失去了所购房产，整个家庭生活都可能面临巨大的冲击；其次，消费性购房户所购商品房虽然未达到办理不动产登记的条件，但因商品房具有一定的特定性，在一定程度上可以将其在债务人全部财产中加以特定指向，具备一定的物权期待权；最后，在规范的房地产企业中，根据楼盘网签记录、销售台账、财务收款记录，即便消

费性购房户未向管理人申报债权，其所购房产情况及所支付房款情况，管理人仍然可以比较清晰明确地查清。

综上述房地产企业破产重整案件中的特殊性，笔者建议，即便消费性购房户债权人未能依法向管理人申报债权，在管理人拟定重整计划草案之时，对于房产本身符合继续履行条件的，可以将房产予以预留，待消费性购房户债权人补充申报并审查后，再按继续履行合同予以执行，这样可以最大程度地化解房地产企业破产重整中的社会矛盾，促进破产重整的成功。

三、对于无购房记录的房产，消费性购房户是否可以补充申报

按照上述思路，管理人可以对虽未申报但从债务人书面资料可以查证的已售房产予以预留，那么对于无购房记录且管理人未曾预留的房产，消费性购房户债权人是否可以补充申报并主张房产权利呢？笔者对此持否定态度。一方面，既然管理人无法从债务人现有书面证据中查证房产销售情况，说明其购房手续不规范，即未签订正式商品房预售合同并进行备案登记、未向开发商对公账户支付购房款、未通过开发商财务开出正规房款收据。此类所谓的购房行为，既缺失对内的真实性又缺失对外的公示性，甚至其本质上是否属于真实的房屋买卖合同关系尚且存疑。退一步讲，即使其补充申报，也无相关证据证明其主张。对于此类所谓消费性购房户，若仍给予认定其对房产的主张，则相当于给予其优先于其他普通债权的权益保护，对其他债权人并不公平。另一方面，对于管理人在重整计划草案中未作预留的房产，应列为债务人可供处置的资产，在重整计划执行过程中，债务人应当将此部分房产全部处置后予以清偿其他债权人的债权。若因未作预留的所谓消费性购房户提出主张就将房产从可处置的资产中剥离出来，将直接影响整个重整计划执行的基础。

第五节　结论和建议

在现行《企业破产法》及其相关司法解释的框架下，通过上述对于在重整程序中未依法申报债权问题的全方位分析，笔者简要总结并提出处理此问题的相关建议如下：

第一，在重整程序中，向管理人补充申报债权的截止时间点为法院裁定批准重整计划之日。

第二，补充申报债权截止日前，未补充申报的债权人，在重整计划执行期间，既不能获得重整计划所规定的债权分配，亦不得享有并行使债权人的其他权利，包括债权申报与确认、向法院提起债权确认之诉、参加债权人会议并表决等。

第三，对于有特殊权利属性的债权（如消费性购房户），在重整计划执行过程中，债权人补充申报并查证属实后，可以按照重整计划相应债权清偿原则执行。

第四，对于未向管理人申报的普通债权，若通过债务人现有的书面证据（财务账簿、合同等）可以查证其真实性的，进行如下处理：

（1）在拟定重整计划草案时，管理人应将其纳入破产债权清偿率测算，但在重整计划草案中列明为预留。

（2）在重整计划执行期间，对于预留的普通债权，即便债权人提出补充申报的主张，管理人亦不予认定和分配，但管理人予以记录和统计。

（3）在重整计划执行完毕后，对于仍无人提出补充申报的债权，相应预留份额直接按照重整计划确定的分配方案向其他债权人进行补充分配；对于在重整计划执行期间已明确提出补充申报主张且管理人予以记录统计的，通知其自重整计划执行完毕之日起限期向法院提起诉讼，按照法院裁判结果向其清偿；对于法院未支持的部分或限期内未向法院提起诉讼的，按照重整计划向其他债权人补充分配。[1]

举例：

管理人拟定重整计划时，发现现有书面证据可以证实甲和乙2笔共计100万元的普通债权，但甲和乙未申报，管理人在重整计划中将该2笔共计100万元纳入全部应清偿破产债权并计算普通债权清偿率为50%，管理人在重整计划中明确列明该2笔共计100万元普通债权（应清偿债权额50万元）为预留，不参与重整计划执行中的分配。

---

〔1〕　笔者对于补充申报债权问题的观点还是本章第一节和第三节提出的观点，但在实务中，因各地法院对《企业破产法》第九十二条的理解不一致，对于重整计划批准之后申报的债权，笔者只能交由法院裁决，最终根据法院的裁判结果处理。

在重整计划执行过程中，其中1笔债权甲（债权额为30万元，按重整计划应受偿额为15万元）向管理人申报债权，管理人对甲的债权申报不予认定和分配。

在重整计划执行完毕后，通知甲限期向法院提起诉讼，对甲的债权应受偿额15万元待法院判决后按判决清偿。

对于始终未申报的乙的债权应受偿额35万元，在重整计划执行完毕后直接向其他债权人补充分配。

（4）对于未向管理人申报且因债务人书面证据无法证明导致管理人未作预留的普通债权，笔者认为应当属于《企业破产法》第九十四条规定的重整计划免除的债务，如果该债权人在重整计划执行期间或执行完毕后坚持提出补充申报债权的主张，管理人可以告知其在重整计划执行完毕后向法院提起诉讼，但该诉讼不影响已经执行完毕的重整计划，管理人最终按法院裁判处理。

附　录

附录一
清算组管理人内部分工及职责划分

沧州市×××房地产开发有限公司
管理人职责分工及工作流程

河北省沧州市中级人民法院于____年____月____日裁定受理×××等对×××有限公司的重整申请。沧州市新华区人民法院于____年____月____日指定×××有限公司清算组担任×××有限公司管理人。为明确清算组成员责任，更好地履行×××公司管理人职责，制定以下职责分工以及相关流程：

一、管理人的法定职责以及依法履职

（一）《企业破产法》规定的管理人职责

1. 接管债务人的财产、印章和账簿、文书等资料；

2. 调查债务人财产状况，制作财产状况报告；

3. 决定债务人的内部管理事务；

4. 管理和处分债务人财产；

5. 决定债务人的日常开支和其他必要开支；

6. 在第一次债权人会议召开之前，决定继续或者停止债务人的营业；

7. 接受债权申报并对债权进行初步审查，编制债权表供债权人会议核查；

8. 接受债权人提出的债权异议并出具债权异议复核意见；

9. 代表债务人参加诉讼、仲裁或者其他法律程序；

10. 编制重整计划草案；

11. 提议召开债权人会议；

12. 参加×××公司政府工作专班召开的调度会并撰写各类汇报材料；

13. 负责与破产法院对接，负责撰写需要向法院提交的各类请示、报告，积极高效地履行法院认为需要履行的各种职责；

14. 全面参与接访以及所有维稳工作。

（二）清算组成员依法履职

清算组成员应当根据确定的职责范围履行职责，应当忠于职守，依法履行清算义务。清算组成员不得利用职权收受贿赂或者获取其他非法收入，不得侵占×××公司财产。清算组成员因故意或者重大过失给债权人造成损失的，应当承担赔偿责任。清算组成员在实施财产管理、债权审查、制作重整计划草案、变价方案等工作中要严格依据《企业破产法》和相关法律履行职责。

二、清算组内部分工

（一）清算组成员内部分工以"专业化分工、对口化衔接"为原则

×××公司清算组重整程序中专业化的事务由清算组中相关专业中介机构×××律师事务所完成，涉及对×××公司清产核资、债权确认、衍生诉讼、重整计划的制定、表决、执行等破产重整法律工作由×××律师事务所以管理人的名义对外实施。项目推进过程中，需要与政府各职能部门进行协调的工作由清算组其他成员负责。

（二）分工调整

清算组内部的分工随破产程序的推进及情况变化可以进行调整，如需对清算组内部分工进行调整，需经清算组组长召集清算组会议决定，并以会议纪要的形式作为本规定的附件。

（三）其他清算组成员

清算组组长负责统筹协调并最终决定清算组内部成员的分工、决定清算组内部工作机制与业务流程、负责与上级党委政府的沟通与汇报、负责与清算组成员之外的相关职能部门的沟通与协调、负责对×××公司破产重整程序进展关键环节作最终决策。除×××律师事务所之外的其他清算组成员根据各自职务负责与相应政府职能部门的沟通与衔接。

三、律师事务所的职责

×××公司破产重整程序相关法律工作由×××律师事务所负责，×××律师事

务所承担管理人因故意或者重大过失给×××公司和债权人造成损失的赔偿责任，具体职责如下：

（一）×××律师事务所在清算组的负责事项

破产重整过程中的一般性法律事务（如破产债权审查、破产衍生诉讼应诉、管理人相关法律文件起草、管理人工作报告等），由×××律师事务所根据分工自行以管理人的名义对外实施，相关债权审查复核均由×××律师事务所进行，法律文件、工作报告、重整计划以及相关实施方案等向清算组组长或副组长报告。

（二）破产债权的审查

消费性购房债权、建设工程优先债权、抵押债权、税款债权及普通债权的初审、复核以及相应衍生诉讼的应诉等由×××律师事务所负责。债权审核标准由×××律师事务所制定并报法院同意后实施。每笔债权的初审、复审和复查等分别由负责的律师签字确认后方可发出。

（三）重整计划草案的编制

重整计划草案的起草工作由×××律师事务所负责，与审计、工程造价机构以及评估机构对接，由×××律师事务所派驻现场的负责人全面沟通并提出相关评估要求等。

（四）召开债权人会议

无论以现场或非现场方式召开债权人会议，均由×××律师事务所组织，相关会议材料的准备、具体实施流程以及风险预案均由×××律师事务所负责。

（五）维稳及协调工作

×××律师事务所负责重整中债权人、债务人的维稳工作。负责与法院沟通并提交各类请示、报告，以及参加政府专班调度会对维稳工作进行汇报总结。

四、印章的使用流程以及财务制度

（一）印章管理

管理人印章由×××律师事务所保管，实行印章使用审批制度，用印人经×××律师事务所负责人签字确认后方可用印。建立印章使用登记簿，每次用印的用印人、用印内容和数量、审批人均应进行登记。

（二）印章的交接以及印章使用档案的管理

债务人×××公司印章在交接后由×××律师事务所在原债务人的监督下封

存，由原债务人与管理人共管，启用时需要原债务人留守负责人和管理人共同签字使用。

（三）财务管理制度

为确保管理人内部良好的财务内控，管理人账户网银实行录入与复核分开管理制度，录入盘由×××律师事务所负责保管，复核盘由×××负责保管进行复核，管理人银行账户短信通知要预留清算组中一名副组长电话号码。在重整计划通过之前×××公司由管理人聘请或由原留守财务人员进行记账、报税等工作，企业办理交接后×××律师事务所要将企业财务情况形成专门报告报工作专班。

管理人执行职务的费用严格按×××公司管理人报销制度执行，所有破产费用由经办人报项目负责人汇总签字，最终清算组长和副组长签字后方能报销入账。

五、清算组与法院的对接

（一）重整案件中的法律问题接受法院的监督

对×××公司重整中房产审核标准、债权审核标准以及重要法律问题等形成书面汇报材料，以管理人名义上报法院并接受法院指导。对于破产重整中关系破产重整进程或结果的重要法律问题，以管理人名义报告法院。

（二）清算组与法院的对接

×××公司清算组不负责直接面向全体债权人发布信息以及以清算组名义向债权人发文发函等，清算组的工作对内实行组长负责制，对外以×××公司管理人名义履行职责。清算组委派×××律师与法院进行对接，如有必要，由清算组组长进行协调。

清算组重要成员如有变更调整，应及时书面报告法院备案，由法院根据需要自行决定是否对外公开。如法院认为清算组成员有不符合破产法以及最高人民法院关于担任清算组成员的具体规定的，应当及时书面告知清算组组长。

六、不稳定风险的预判与维稳工作

（一）×××律师所根据破产重整工作中的情况对不稳定风险进行预判，针对潜在不稳定风险拟定对应的初步维稳预案，报清算组组长同意后以管理人名义分步实施。

（二）对外信息发布。以管理人名义对外公开与破产重整相关的、依据破产法应当告知全体债权人的相关通知函件，均由撰稿人提报×××律师所负责人进行审阅后，再报清算组组长批准后方可正式对外发布。

×××有限公司清算组

附录二
管理人与购房户对分担共益
债务（土地出让金费用）的问答录

    在安居公司第二次债权人会议召开前，管理人除提前向购房类债权人邮寄信函之外，并将有关商铺和住宅类购房户重整计划草案简版予以公布，住宅类购房户代表对管理人的信函和重整计划关于住宅类购房户的调整方案产生了大量疑问，并向管理人递交了书面反对意见，管理人依法进行了答复。为了更好地描述购房户的疑问和管理人的答疑解释，本书以问答录的方式作为第二编第四章附录向读者呈现（为了保持原汁原味，存在一些口语化表达，请读者谅解）。具体如下：

    一、业主：开发商破产，楼盘烂尾，业主承担后续建设成本是否合法？部分法院、法官认为后续建设成本属于共益债务，业主是共同受益人，所以应当分担后续建设成本，不能以开发商的现有资产承担后续建设成本，否则将会导致现有资产减少，从而损害其他债权人的利益。这是既不合理也无法律依据的。

    管理人：每个破产案件都有其自己的特点，本案中分担的是购地成本加上达到竣工验收需交纳的城市配套费和税费，安居公司破产案每一类债权人都分担了自己应当承担的购地成本、城市配套费和税费。本案中，非业主债权人已经承担了自己应当承担部分的购地成本和城市配套费、税费。拿3#商业楼来说，现状评估值是2400万元，全部用于普通债权人的清偿，购地和交纳城市配套费、税费需要1600万元，交纳上述费用后，3#商业楼的价值就变成 4000 万元了，这 4000 万元就全部用于普通债权人进行清偿，同时普通债权人还要承担购地和缴配套费的 1600 万元，因此普通债权人可供清偿资产在购地后会增加，同时他也要承担购地的这部分费用，最终其清偿率没有变化。同样的道理，5#、7#楼的现状价值全部给了业主，购地、交纳城市配套费后住宅楼价值增加也都给了业主，而业主没有承担全部购地的费用和城市配套费，仅承担了自己应承担部分中的一部分（即由每平方米 1162.20 元降为每平方米 690 元），剩余部分是由重整方承担的。因此在重整成功后，业主最终所获得清偿的资产价值由法院受理破产之日不包括土地价值的状态，变成包含土地价值且配套齐全的房产。目前，不是其他债权人让购房户债权人承担费用，事实上是购房户债权人的购地成本、城市配套费和税费想让其他债权人分担。

二、业主：什么是共益债务？共益债务是指在人民法院受理破产申请后，为全体债权人的共同利益而管理、变价和分配破产财产而负担的债务，共益债务由债务人财产随时清偿。根据破产法解释，凭什么把开发商的债务风险转移到业主身上？法理依据何在？

管理人：什么是共益债务，大家已经回答了，不再赘述。现在回答凭什么把开发商的债务风险转移到业主身上。安居公司破产案，普通债权人债权额为 5.27 亿元，可供普通债权人清偿的债务人财产仅剩下 9155 万元，即用这 9155 万元来清偿 5.27 亿元巨额负债。安居公司的债务风险，是由普通债权人来承担的。到底转移在谁身上，购房户分担了一毛钱吗？没有！

三、业主：烂尾楼盘的后续建设究竟是为了谁的"利益"？表面上来看后续建设是为了金钱债权人，同时也是为了能够给业主交房，但这种交房的结果只是其他债权人利益的自然附带的中间结果，并不是后续建设主动追求的最终目的和结果。最终来讲，后续建设主要是为了全体债权人（业主除外）的利益，业主受益只是无法避免的情形。

管理人：金钱债权人暂理解为普通债权人吧，这种交房的结果只是为实现金钱债权人利益的自然附带的中间结果？那安居公司进入破产程序后金钱债权人的利益在哪里？按重整计划草案，法院受理破产日可供普通债权人清偿的全部财产，算出来的普通债权人的清偿率只有 17.36%。请问金钱债权人受益了吗？业主受益怎么就无法避免了？购房户业主债权人应当分担的土地、城市建设配套费和税费三项费用合计为 7484.28 万元从哪里来？

四、业主：开发商完成建设并向业主交房是其合同义务，业主作为债权人当然有权要求开发商无论在什么情况下都应完成交房的义务，假设开发商没有进入破产清算程序，即使开发商自身没有资金，也需要外筹资金完成建设并交付房屋。此时的后续建设并不能要求业主来分担成本，仍然是开发商的义务。而开发商的此项义务，并不能因其进入破产清算程序而当然地转移给业主，否则将会引起更深层次的社会问题，开发商完全可以在达到预售标准时申请破产，而后续建设由已经购买房屋的业主来承担。这在法律上和情理上显然是没有依据的，也是违反逻辑的。那么业主的权利和利益在哪？

管理人：安居公司已经进入破产程序 10 个多月了。如果安居公司没有进入破产程序，那么上述观点是正确的，没有问题。但答复的开篇管理人已经声明，这是破产程序，我们所有的问题都离不开这个基本事实。首先大家在买房时，安居公司没有取得项下的土地使用权，具体来说，大家买房时项下的土地属于十三化建公司所有，直至法院受理安居公司破产之日安居公司仍然没有取得开发项目的土地使用权。安居公司进入破产程序后，管理人已经对大家所购房屋在法院受理破产时的状态给予了 100% 的保护，如果大家想要退款的话，也是 100% 的退款。现在问题是大家要房屋，要的是房屋的所有权，现在把大家的房子该给的都给了，剩下的 9155 万元的债务人资产，给全体普通债权人清偿。9155 万元资产给全体普通债权人清偿后，管理人已经没有任何资产可供支配了，就是手里一毛钱也没有。在这个基础和前提下，管理人要解决大家的办证问题，要去借款取得土地使用权。购地的钱是 1.76 亿元，办证之前还要缴城市配套费 2404 万，还有 700 多万的税款。再次强调安居公司收取的是购地成本费、配套费和税费。至于大家说的每个开发商都可以在预售时申请破产，管理人认为申请破产要符合企业破产法的立案条件，虚假破产是严重违法行为，要承担相应的刑事责任。大家一直强调说开发商应当自担，那是在安居公司没有进入破产程序时的合同义务，但我们开篇就强调了安居公司已进入破产程序。给大家打个形象的比喻，企业进入破产程序跟一个自然人死亡了是一个道理，按照《民法典》，一个自然人死亡了只能用其遗产来偿还债务，以其所有的遗产为限偿还所有的负债，还完为止，遗产不足偿还的，剩余债务就不能还了。企业破产也是一个道理，请大家仔细看重整计划草案，现在仅剩下 9155 万元资产供普通债权人清偿，其他的房产该给大家的已经给了。第一，管理人没有权利拿仅剩下 9155 万元资产去给大家购地缴城市配套费，再说 9155 万元也不够用啊！这 9155 万元债务人资产也只是理论上的评估数额，购地的钱和要交纳的城市配套费、税费都是要真金白银的。况且管理人没有权利拿 9155 万元资产去购地，在致全体购房户的一封信中已经论述得很清楚了。

五、业主：以开发商现有资产完成后续建设是否损害了债权人的利益呢？没有，开发商以现有资产完成后续建设没有损害债权人的利益！部分法院或管理人要求业主承担后续建设成本的逻辑出发点为：债权人的债权已经无法全部实现，开发商的资产有限且主要是未建设完成的房屋，如果继续由开发商现有资产承担后续建设成本，则势必导致可以用来偿还债权的财产大幅减少，从而使债权人可以实现的债权进一步减少甚至完全无法清偿。因此要求业主来承担后续建设成本。这种逻辑是错误的、没有法律依据的。首先，完成建设并交付房屋本身就是开发商在业主已经支付了全部或大部分购房款后的主要义务，该义务并不因开发商破产而消灭或转移。而要求业主自己承担该义务缺乏法律依据。其次，为什么说逻辑是错误的呢？后续建设的成本是共益债务，根据法律规定共益债务是由债务人财产随时清偿的。假设由业主承担了后续建设成本，则建成后或在建过程中，业主是有权要求以开发商现有财产随时清偿的，也就是说，建设完成后应当将销售房屋的款项直接用来清偿业主支付的建设成本，而不能用以清偿其他债权人的债权。由此可以看出，兜兜转转到最后，实际承担后续建设成本的仍然是开发商现有财产，因此，直接以开发商现有财产承担后续建设成本并不损害债权人的利益，同时还避免了业主不满情绪的发泄，进一步减少了社会不稳定因素。

管理人：如上所述，把大家的房子现状已经都给你们购房户了。按你们的逻辑，剩下可供普通债权人清偿的 9155 万资产，管理人都得拿过来给大家承担后续购地成本、城市配套费和税费。这个问题在致债权人一封信中已经论述得非常明白了。依据破产法规定，共益债务以债务人资产随时清偿，这句话没有毛病。请问债务人资产总共剩余 9155 万元，买地 1.76 亿元、城市配套费 2404 万元及税费 700 万元，三项共计超出 2 亿元，1.1 亿元差额管理人找谁要？

　　另外，大家提到的"完成建设并交付房屋本身就是开发商在业主已经支付了全部或大部分购房款后的主要义务，该义务并不因开发商破产而消灭或转移"，这句话本身没问题，但问题是开发商进入了破产程序，一个正常合同义务的履行在遭遇破产程序时其履行方式依法必然发生变化，就像一个人开车遇到"断头路"时只能掉头，绕道而行。破产程序就是这样，原合同义务不能按照原合同约定继续履行，只能"绕道"破产程序，而破产程序是一个概括清偿程序，开发商、债权人均需按该程序处理债权债务。

附录三
对消费性购房户所提诉求的答复

尊敬的九乐公司消费性购房债权人:

近日,针对大家对九乐公司重整计划草案反映的各类问题和诉求,在正式召开会议前,进一步解释如下:

一、对于按原合同价格要房子的答复

经管理人初步核查,认定九乐公司共有 778 户消费性购房人,涉及房屋 778 套,建筑面积约 8.58 万平方米,原合同房屋总价款约为 4.99 亿元,已交房款约 2.06 亿元,房屋尾款约为 2.93 亿元。

上述房屋中包括尚未开工建设北区 6/7/8/9/11/14/18 号的房屋,面积为 2.48 万平方米,按照每平方米 9500 元计算,续建成本为 2.36 亿元;包括南区 1/2/3/4/5/17/19 和北区已封顶的 10/12/13/15/16 五栋楼的消费性购房面积为 6.10 万平方米,经评估测算续建成本为 3.33 亿元,消费性购房续建费用合计为 5.99 亿元。3 个亿的巨额资金缺口没有一个企业能够拿出钱来白建,大家想原价要房子现在是任何人无法做到的。

二、对要求按安置房价格来补交房款的答复

如果所有购房人均按照安置房价格每平方米 8000 元购买所购房产,建筑面积约 8.58 万平方米的房产总价款约为 6.86 亿元,扣减已经交纳的 2.06 亿元房款,尚需交纳 4.8 亿元尾款,此方案也比按照 9500 元补交未交款部分面积 4.88 万平方米所交纳的 4.64 亿余元。

三、对为什么不能短时间退还房款的答复

因九乐公司严重资不抵债（巨亏 5 个亿），管理人接收九乐公司时，所有账户合计只有 6000 余元，俗话说巧妇难为无米之炊。本案中绝大部分交款不足 50% 的购房户依法只能退还房款，如果选择要房，这个不是管理人能做到的，管理人无权决定。如果推进"永泰华都"项目合法合规复工建设，首先需要投入 4.9 亿元取得北区的土地，完善各类施工手续需要 5000 万元资金，顺利开工至房产达到预售条件，尚需建设资金 7000 万元，合计需要资金 6.1 亿元，这些资金均需要重整方进行筹集。如果购房人全部要求退款，退款金额高达 2 亿多元，而永泰华都项目在未取得预售许可证的情况下，尚不具备自身造血的能力，这么大的资金量，没有哪个投资人能够承担，因此如果债权人选择退款，短时间内无法支付。

四、对每平方米 9500 元补交房款价格能否再调整的答复

前面已经讲明，新接手的东塑公司在能保本经营的前提下，是在成本价的基础上优惠到每平方米 9500 元，让大家以此价格购买原合同没有交纳房款的对应面积，这每平方米 9500 元的成本价格是经专业评估公司评估出来的，如果低于每平方米 9500 元，东塑公司表示无法保本经营。如果所有消费性购房人都按照原合同价格履行，其所交的房屋尾款 2.93 亿元，覆盖不了续建成本 5.99 亿元，而重整计划草案中按照每平方米 9500 元补齐未交款部分的面积 4.88 万平方米，仅需交纳 4.64 亿元，差额部分实际上是由重整方自其他未销售部分可能产生的利润中进行了弥补，已经是对消费性购房进行了额外补偿。

大家最终的成交价远低于周边楼盘价格，"永泰华都"项目附近运河区在售楼盘，如荣盛锦秀书苑、颐和君悦府、荣盛尚府，经评估公司考察，其评估基准日售价情况如下表所示：

楼盘名称	位置	权属证件取得情况	总建筑面积	总占地面积	容积率	售价(平方米/元)
荣盛锦秀书苑	求是大道与熙平路交叉口	已取得土地使用证、用地规划证、建筑规划证、开工许可证、预售证	135 000 平方米	44 500 平方米	2.2	11 000
颐和君悦府	永安大道西侧、熙平路北侧	已取得土地使用证、用地规划证、建筑规划证、开工许可证、预售证	267 000 平方米	80 898.49 平方米	2.5	11 300
荣盛尚府	吉林大道与西宁路交汇处	已取得土地使用证、用地规划证、建筑规划证、开工许可证、预售证	159 000 平方米	75 500 平方米	2.2	11 200

而"永泰华都"项目的评估市场均价为每平方米 10 492 元，重整计划中按优惠价每平方米 9500 元出售给消费性购房人，合计原合同已购面积的价格，最终成交价所有消费购房户均价只在每平方米 7500~7600 元。

五、关于 100%退房款是对消费性购房户债权审查的最大保护

经管理人清产核资，九乐公司资产 8.6 亿元，负债 13.56 亿元，巨亏 5 亿元（相关资料之前已经邮寄），根据破产法规定，九乐公司目前所有资产全部用来偿债，且每组债权人都得到公平清偿是破产法的立法基石。

普通债权人破产清算状态下清偿率只有 6.5%，就是借款 1 万元只能拿回 650 元，如果重整成功 1 万元的债权才能拿回 1200 元，剩余可供普通债权人清偿的资产总计 3800 万。依据法律法规、司法解释的有关规定，制定本次重整计划草案，管理人为依法保护消费性购房户权益在债权审查方案上敢于担当，将本案所有消费性购房户全部列为优先债权（没有考虑购房时是否取得预售许可以及土地证等相关手续），都给予了 100%的全额清偿（详见重整计划第 8 页）。

破产程序各组债权人的利益就像跷跷板，一组受偿上升另一组必定下降，因最大化保障消费性购房债权人群体利益，南区抵押优先权人在抵押债权3.89亿清偿时只剩1.01亿元的优先权，北区三家建筑工程优先债权4800万元全部转为普通债权，在保护消费性购房群体利益上，管理人已经作出了最大的努力。

六、重整计划草案不通过的法律后果

已经给大家邮寄的材料能清楚地看到，九乐公司1.49亿巨额资金被挪用，4000万股本不到位，加上支付的各类利息总计接近3.5亿元根本没有用到盖房子中，造成今天资不抵债巨额亏损的局面，大家的心情万分理解，但是问题总得有解决的途径和方法，房子也不能一直停工、一直烂尾，如果大家能同意早日通过重整计划，可以马上开工建房子，要退还房款的也可以早点拿到钱，因为两年之内给50%和三年之内全部给齐，起算点都是从重整计划通过被法院裁定批准之日起开始计算。重整计划越久不能通过，大家的利益损失越大，毕竟最早的购房户已经交款10年了！

众所周知，三里家园重整案历时3年零8个多月，自2019年8月召开第二次债权人会议没有通过重整计划，直至2022年1月27日才重新召开第三次债权人会议，两次会议之间间隔1年半之久，我相信，大家一定不愿意让自己的权利再这样拖延。况且我们与三里家园最大的区别是，三里家园在进入重整之前已经开始进行工程续建，"永泰华都"如果持续停工，建筑质量下降等各项成本会持续增加，债权人的利益会进一步受损。

在破产程序中，每一类债权人都会受到损失，如果重整计划草案持续不能通过，最终必将转入破产清算程序，大家选择要房子将永远不能拿到房子，因为清算程序只能以现状拍卖，退还房款的也只能等全部资产拍卖完毕才能进行分配，届时各类债权人的清偿都将遥遥无期，而本次重整计划草案如果能顺利通过，两年之内大部分购房户就可以交付。

沧州九乐房地产开发有限公司管理人

2022年8月25日

附录四
北京博达房地产开发有限公司管理人关于解除
博达公司股权查封和质押的函

尊敬的×××董事长：

管理人对您及贵公司在博达公司重整案中给予的理解和支持深表感谢！目前博达公司重整案遇到难以逾越的障碍，导致重整计划有执行不能的风险，具体情况如下：

一、江铜公司对博达公司股权的查封已经对重整计划执行造成严重阻碍

沧州市新华区人民法院于2022年4月29日裁定批准了重整计划，目前该计划已进入执行阶段。依据重整计划的规定，博达公司的股权应当以零价转让给重整投资方东塑公司。管理人已经申请沧州市新华区人民法院出具协助过户的手续，但因博达公司原登记股东上海鹰悦投资集团有限公司所持有的股权上设有质押，质押权人为贵公司，且上海鹰悦投资集团有限公司所持有的股权因与贵公司的诉讼经江铜公司申请被上海某法院查封。沧州市新华区人民法院向××市××区市场监督管理局送达了股权过户协助执行通知书，但××市市场监督管理局拒绝协助办理股权过户手续。

二、上海鹰悦公司不是博达公司股东贵公司已经知情

管理人在博达公司重整计划中已经明确披露，依据相关案件的生效判决认定，博达公司登记股东上海鹰悦投资集团有限公司并非博达公司的真正股东，其所登记的股权系为让与担保及伪造股权转让协议而获得。贵公司作为博达公司的债权人对上述经法院生效判决所认定的事实是明确知悉的，且博达公司已严重资不抵债，原股东的权益价值为零，其上所设质押及对其进行的查封已无任何实际意义。

上海市某法院对博达公司股权查封期限截止时间为 2022 年 8 月 15 日。贵公司在明知沧州市新华区人民法院已经向××市××区市场监督管理局发出协助执行通知书要求其协助办理博达公司股权过户的情况下，仍然申请上海市某法院对博达公司的股权进行续封，致使博达公司股权至今无法过户至重整方名下。

三、因股权无法过户导致重整后企业不能正常经营

沧州市新华区人民法院批准重整计划已经过去 5 个月。博达公司的股权若无法转让给重整方，重整计划经法院裁定批准后，重整方无法以博达公司股东的身份行使诸如变更法定代表人、变更注册住所地、召开股东会形成必要的决议等相关权利，导致各家银行都不能给博达公司办理按揭贷款。博达公司大量新老购房户都在等待银行按揭贷款，因无法办理贷款，近期重整后新的购房户纷纷要求退还首付款和定金，原重整计划确认的消费性购房也有上百户在等贷款，因不能按揭贷款，无法补交剩余房款的购房户等待了 10 年的房子仍不能入住，必然会产生大量上访、群访事件发生，给社会带来极大的不稳定。

依据重整计划的规定，重整计划自法院裁定批准之日起 6 个月内应开始进行普通债权的清偿工作。但因股权迟迟无法过户，重整方无法有效执行重整计划。近期，重整方东塑公司拟向沧州市新华区人民法院和沧州市委、市政府提交报告，要求转入破产清算程序。贵公司在明知上海鹰悦投资集团有限公司并非博达公司真正股东且博达公司股权价值为零的情况下，拒不配合重整方办理股权过户，甚至申请法院对博达公司的股权进行续封，应视为故意阻碍和破坏博达公司重整计划的正常执行，严重损害了重整方和博达公司全体债权人的权益。

现管理人恳请您高度重视并切实解决这一重大问题。博达公司作为国务院督查和省委巡视要求整改且整个河北都高度关注的重点烂尾项目，能取得目前的进展实属不易。管理人始终认为，江铜公司作为每年为国家贡献几百亿收入的负有巨大社会责任感的国有企业，对博达公司重整案一定能一如既往地以大局为重给予管理人支持。在党的二十大即将召开的特殊历史时刻，

考虑到民生和各方利益稳定为先，请您支持管理人解除对博达公司股权的查封。

　　请您在收到本函之日起 15 日内申请法院解除对上海鹰悦投资集团有限公司所持有的博达公司股权的查封并注销其上的质押登记。若贵公司拒不配合办理，依据博达公司重整计划规定，将暂缓对贵公司所有破产债权的清偿，因博达公司股权无法过户所造成的全部损失将由贵公司全部承担。

北京博达房地产开发有限公司管理人

2022 年 9 月 26 日

附录五
关于××区市场监督管理局
拒不配合办理破产重整企业股权过户问题的反映信

尊敬的×××局长：

我公司来信向您反映××区市场监督管理局拒不执行法院协助执行通知书，拒不办理破产企业股权变更手续，进而严重阻碍企业破产重整的法定程序的问题。

一、问题的基本情况

博达公司系在××区市场监督管理局注册的企业，因其在沧州市开发的三里家园项目因资金链断裂而烂尾，沧州市新华区人民法院于2018年8月23日裁定受理博达公司破产重整一案。经博达公司管理人公开招募，东塑公司（以下简称我公司）报名参与博达公司重整。我公司与管理人共同起草了博达公司重整计划草案并提交第三次债权人会议表决，沧州市新华区人民法院于2022年4月29日裁定批准了博达公司重整计划草案。

依据法院批准的博达公司重整计划，博达公司原股东将其所持有的全部博达公司股权以零价格转让给我公司。沧州市新华区人民法院先后两次向××区市场监督管理局送达协助执行通知书，要求协助配合将博达公司股权过户给我公司，但××区市场监督管理局均以博达公司原股东股权被其他法院查封为由拒绝协助办理股权过户手续。

二、不予办理股权过户的严重后果

重整计划经法院裁定批准后，我公司作为重整投资人应当按照重整计划规定的内容执行。但因博达公司的股权至今无法过户给我公司，致使我公司无法以博达公司股东的身份行使博达公司的相关权利，如变更法定代表人、变更注册住所地、召开股东会形成必要的决议等，这已严重阻碍博达公司重整计划的正常执行。并且，博达公司的股权无法过户给我公司，我公司对博达公司的投入也将缺乏最基本的安全保障。为了保民生、保交房，我公司在没有得到博达公司股权的情况下已经向三里家园项目投入了大量的资金进行工程续建和交付，但依据重整计划的规定，在重整计划自法院裁定批准之日起六个月内便应开始进行普通债权的清偿工作。但在目前股权迟迟无法过户的情况下我公司再投入大量资金用于清偿普通债权，将给我公司带来巨大的风险，而若无法按照重整计划向普通债权人按时清偿债权，必将影响重整计划的继续执行，进而可能导致重整失败。届时必然会产生大量上访、群访事件，给社会带来极大的不稳定隐患。

三、在沧州市新华区人民法院送达协助执行通知书之后仍违规给申请人续封

1. 在破产程序中已经确认股权价值为零的查封应当失效

2022 年 6 月 24 日，沧州市新华区人民法院已经向 ×× 区市场监督管理局送达了办理过户的协助执行通知书，经破产程序已经确认破产企业的股权价值为零，但 ×× 区市场监督管理局在 2022 年 7 月 7 日仍然给申请人办理续封手续。司法查封的目的是防止标的物转让以供权利人将来对标的物的执行，但价值为零的物已经失去了交易的意义，自然失去了被查封的必要，其上的查封应自价值被生效法律文书确认为零之时自动失效。另一方面，法院查封的目的是防止被查封标的物未经法院允许而被权利人私自处置，其限制的应当是标的物原权利人对其的处置权，其不应当限制法院经法定程序出具的生效法律文书对标的物的处置权。在破产程序中，经法院裁定批准的重整计划视为生效的法律文书，重整计划所确定的将破产企业的股权以零价格转让给重整投资人应当能够对抗其他法院对原股东所持破产企业股权的查封。

从案例上来讲，在北京市房山区人民法院受理的北京五谷道场食品技术开发有限公司重整一案中，在重整计划经法院裁定批准后，法院发现破产企业的股权被多地多个法院查封而无法办理股权过户手续。北京市房山区人民

法院遂将该问题层报至最高人民法院，最高人民法院认为应当解除对破产企业股权的查封，后经最高人民法院协调各查封法院解除了对股权的查封，该案最终成功办理了股权过户手续。

2. 各地方法院的相关规定

（1）广东省高级人民法院

广东省高级人民法院于 2019 年 11 月 29 日印发的《关于审理企业破产案件若干问题的指引》第九十八条第二款规定，"人民法院批准重整计划时，应当结合债务人资产价值、负债情况、重整计划中债务人受偿比例、调整后原股东保留权益大小等进行审查。经审查批准的，应当按照重整计划的规定执行。对股权采取查封措施的人民法院或登记机关不予执行的，管理人可以向人民法院申请协助执行"。

（2）北京市第一中级人民法院破产法庭

北京市第一中级人民法院破产法庭于 2019 年 12 月 30 日公布的《北京破产法庭破产重整案件办理规范（试行）》第一百三十二条规定，"重整计划执行期间，出资人、债权人等无正当理由拒不配合办理出资权益变更手续的，人民法院可以根据管理人、利害关系人的申请向有关单位发出协助执行通知书"。

（3）广州市中级人民法院和广州市市场监督管理局

广州市中级人民法院与广州市市场监督管理局于 2020 年 5 月 26 日联合印发的《关于推进破产企业退出市场工作的实施意见》第十条第二款规定，"破产重整企业因出资人权益调整需要变更股东事项，但企业原股东持有的企业股权被质押或查封的，管理人可持案件受理裁定书、批准重整计划裁定书、指定管理人（清算组）决定书、协助执行通知书等材料到相应的市场监管部门办理股权变更登记"。

（4）深圳市中级人民法院和深圳市市场监督管理局

深圳市中级人民法院与深圳市市场监督管理局于 2020 年 9 月 25 日联合印发的《关于企业注销有关问题的会商纪要》第七条规定，"破产重整企业因出资人权益调整需要变更股东事项，但企业原股东持有的企业股权被质押或查封的，由人民法院出具协助执行通知书，管理人可持案件受理裁定书、批准重整计划裁定书、指定管理人（清算组）决定书以及人民法院出具的协助执行通知书等材料到商事登记机关办理股权变更登记"。

（5）江苏省高级人民法院和江苏省市场监督管理局

江苏省高级人民法院和江苏省市场监督管理局于 2021 年 11 月 16 日联合印发的《关于做好破产企业登记事项办理优化营商环境的实施意见》第五条规定，"依法办理破产企业股东变更登记。根据人民法院裁定批准的破产重整计划，需要办理破产重整企业股东登记事项变更，但因企业原股东持有的股权已被质押或被法院查封，管理人无法申请办理股东变更登记的，破产法院可以采取出具协助执行通知书的方式，通知市场监管部门协助解除查封、涤除质押，并办理股权变更登记。查封解除或者质押涤除后，破产法院应当及时将有关情况告知质押权人和原采取保全措施的法院"。

3. 专家观点

王欣新教授于 2016 年在《人民法院报》发表论文主张："经法院裁定批准的重整计划对出资人股权的变更具有强制性，而非所有当事人的完全自愿转让，属于股权的司法过户，所以法院应当按照该公司的申请出具协助执行通知书，保障经其批准的重整计划的实施。"并指出"在我国近年上市公司重整的实践中，涉及股东股权变更的案例很多，均采取由法院出具协助执行通知书的方式实施"。如果受理破产案件的法院出具协助执行通知书，要求商事登记机关将股权变更登记至指定主体名下，这是解决股权冻结问题的最直接有效的方式，登记机关应当依法给予办理。

综上，××区市场监督管理局理应配合，按照沧州市新华区人民法院协助执行通知书的要求将博达公司的股权过户至我公司名下。××区市场监督管理局不予办理股权过户的行为已经严重损害了我公司的合法权益，也严重阻碍了博达公司重整计划的顺利执行，并极有可能因此导致博达公司重整失败。希望领导能够关注此问题，纠正××区市场监督管理局的错误做法，避免我公司及博达公司全体债权人损失进一步扩大。

沧州东塑房地产开发有限公司

附录六
管理人监督方案示例

房地产开发有限公司管理人
监督执行重整计划的实施方案

第一章 总 则

第一条 根据《××××房地产开发有限公司重整计划》（以下简称重整计划）的规定，在重整计划规定的监督期限内，管理人对××××房地产开发有限公司（以下简称××××公司）执行重整计划的情况进行全面监督。为使管理人更好地履行监督职责，监督××××公司严格按照重整计划进行重整工作，积极实现重整目标，特制定本实施方案。

第二条 管理人按照我国《企业破产法》、重整计划和本实施方案的规定，依法全面地履行监督职责。在重整计划规定的监督期限内，管理人有权对××××公司执行重整计划的情况进行监督。

第三条 ××××公司应积极配合管理人履行监督职责，按照《企业破产法》、重整计划和本实施方案的要求履行其义务。

第二章 印章的管理

第四条 在人民法院裁定批准重整计划草案后，管理人将已接收的××××公司的印章、证照原件、财务账簿移交给××××公司，××××公司如需刻制新的印章，应报管理人备案后作废原印章，并将新刻制的印章在公安机关进行备案。

前款所称××××公司印章，包括××××公司公章、××××公司财务专用章、××××公司法人章以及××××公司合同专用章。

第五条 ××××公司印章由××××公司保管使用，××××公司应制定印章的保管、使用制度，并报管理人备案。

第六条 ××××公司应当设立印章使用登记与审批制度，并制作书面记录存档。

第七条 ××××公司印章保管人员因保管不当而造成印章灭失或毁损的，应当承担相应的法律责任。

第八条 任何人违反本实施方案的规定使用印章，给广大债权人造成损失的，应当承担相应的法律责任。

第三章 ××××公司人事任免

第九条 根据重整计划的规定，公司股权变更后，××××公司董事、监事、高级管理人员的任免、变动及公司章程的修改应提前向管理人备案。

第十条 ××××公司董事、监事、高级管理人员应当具备下列条件：

（一）有良好的品行；

（二）有符合职位要求的专业知识和工作能力；

（三）有能够正常履行职责的身体条件；

（四）法律、行政法规规定的其他条件。

第十一条 有下列情形之一的，不得担任公司董事、监事、高级管理人员：

（一）无民事行为能力或者限制民事行为能力；

（二）因贪污、贿赂、侵占财产、挪用财产或者破坏社会主义市场经济秩序，被判处刑罚，执行期满未逾五年，或者因犯罪被剥夺政治权利，执行期满未逾五年；

（三）担任破产清算的公司、企业的董事或者厂长、经理，对该公司、企业的破产负有个人责任的，自该公司、企业破产清算完结之日起未逾三年；

（四）担任因违法被吊销营业执照、责令关闭的公司、企业的法定代表人，并负有个人责任的，自该公司、企业被吊销营业执照之日起未逾三年；

（五）个人所负数额较大的债务到期未清偿；

（六）不能胜任该职务或其任职不利于重整计划的执行的。

××××公司违反前款规定选举、委派董事、监事或者聘任高级管理人员的，该选举、委派或者聘任无效。

董事、监事、高级管理人员在任职期间出现本条第一款所列情形的，××××公司应当解除其职务。

第十二条 ××××公司董事、监事、高级管理人员新任、变动时，须提前十五日将新任董事、监事、高级管理人员的基本情况报管理人备案。

第十三条 对××××公司人事任免审批形成的有关文件资料，××××公司应定期整理并加以归档。

第十四条 如××××公司高级管理人员违反有关法律、法规或在任职期间实行了不利于重整计划的行为，管理人有权建议取消其任职资格。给公司及广大债权人造成损失的，应当依法承担法律责任。

第十五条 在重整计划规定的监督期限内，如××××公司修改公司章程，应提前将修改后的公司章程报管理人备案。

第四章　资金监管

第十六条 在人民法院裁定批准重整计划后，××××公司的账户将恢复正常使用，管理人将依法对××××公司的日常业务进行监督。

第十七条 重整方根据重整计划所交纳××××万元履约保证金中的××××万元用于项目续建，××××万元用于重整计划所规定的破产债权、破产费用、共益债务的支付。

××××公司根据续建工程的建设进度情况，于每半年度初向管理人提报资金使用计划，该资金使用计划经管理人审查同意后，管理人将本半年度资金转至××××公司账户由其根据资金计划自行使用。

××××公司申请下一半年度资金计划时，应同时向管理人报送上一半年度资金实际使用情况说明。

破产费用与共益债务由管理人按照重整计划规定直接对外支付。

第十八条 ××××公司应遵守相关法律法规、财务纪律，不得使用个人卡、非××××公司的账户收支款项。

第十九条 对于管理人依法追收的××××公司的应收账款等，全部存入管理人账户，管理人不得擅自使用该资金。只能按照重整计划的规定用于××××公司的破产债权的清偿。

第二十一条 破产债权清偿由××××公司根据重整计划中的债权受偿方案、法院出具的无异议债权裁定及管理人确认的债权人账户信息直接按重整计划确定的时间期限向债权人进行清偿，清偿情况报管理人备案。

第二十二条 ××××公司的财务状况在监督期内，每年度由重整方和管理人共同指定的第三方审计单位进行审计，如果有违规使用资金情况并导致××××公司财产损失且经查实该等损失确系重整方违规使用资金所致的，由重整方补足××××公司相应财产损失。

第二十三条 ××××公司应根据重整计划的规定支出资金，不得将资金用于与重整计划或××××公司日常经营及管理运营无关的工作。

第二十四条 ××××公司具有下列行为之一的，管理人有权责令其限期整改，整改期间不得申请使用资金：

（一）未按重整计划的规定使用资金；

（二）未按规定将收入存入共管账户；

（三）转移、隐匿或以其他方式变相逃避资金监管的。

第二十五条 ××××公司须在每一季度终结之日起十日内将该季度公司资金收入、支出等情况报管理人备案。管理人有权随时抽查××××公司的财务管理和资金使用情况。

第五章 房屋销售监管

第二十六条 ××××公司所开发建设的房产应当优先按照重整计划的规定清偿破产债权。

第二十七条 ××××公司对外销售房产应严格遵守预售资金监管制度、预售网签备案制度的相关规定，并于每季度向管理人报备房产销售和资金收入情况。

第六章 重大事项的报告、审批与定期汇报

第二十八条 在重整计划执行期间，如果发生对重整计划的执行及债权

人利益有较大影响的重大事件，××××公司应及时报告管理人，管理人应在第一时间向法院及住建局报告，并说明事件的起因、目前的状态和可能产生的影响。

前款所称重大事件包括但不限于：

1. 公司发生重大债务和未能清偿到期重大债务的违约情况，或者发生大额赔偿责任；

2. 公司发生了新的重大亏损或者重大损失；

3. 公司生产经营的外部条件发生了重大变化；

4. 涉及公司的重大诉讼、仲裁，股东大会、董事会决议被依法撤销或者宣告无效；

5. 主要资产被查封、扣押、冻结或者被抵押、质押；

6. 主要或全部业务陷入停顿；

7. 可能对公司资产、负债、权益或者经营成果产生重大影响的额外收益；

8. 其他可能对××××公司有重大影响的情形。

第二十九条 在重整计划执行期间，××××公司实施对重整计划的执行及债权人利益有较大影响的重大行为时，应提前十日报管理人及法院并备案。

前款所称重大行为包括但不限于：

1. 公司的重大投资行为和重大购置资产的决定；

2. 公司非因日常生产经营需要而订立重要合同，可能对公司资产、负债、权益或者经营成果产生重大影响；

3. 涉及土地、房屋等不动产权益的转让（不含公司正常销售经营活动）；

4. 对外提供担保；

5. 放弃重大权利；

6. 销售方案制定；

7. 销售费用标准及拨付方式；

第三十条 对××××公司的报备事项，管理人从以下几个方面进行评价：

1. 是否符合我国法律、行政法规和国家政策的有关规定；

2. 是否有利于公司的重整和重整计划的执行；

3. 是否有利于公平维护广大债权人利益；

4. 交易价格是否合理，是否存在欺骗、双方恶意串通等损害债权人利益的行为。

　　第三十一条　××××公司的季度报告应当在每季度终结后十五日内向管理人提交，年度报告应当在每一会计年度终结后三十日内向管理人提交。

　　第三十二条　××××公司提交的报备事项和汇报材料如有不明确之处，管理人有权要求××××公司或者其董事、监事、高级管理人员对有关问题作出解释、说明或者提供相关资料。

　　第三十三条　××××公司及其董事、监事、高级管理人员违反本实施方案的，管理人有权责令改正。拒不改正致使重整计划不能执行或者不执行重整计划的，管理人有权根据《企业破产法》的规定，申请人民法院裁定终止重整计划的执行，并宣告××××公司破产。

第六章　附　　则

　　第三十四条　本实施方案自法院裁定批准重整计划草案之日起生效。

后　记

三年前的今天，缘于我们编写的《房地产企业破产重整操作指引》一书，沧州市新华区有关负责同志赴山东济南市，就三里家园项目重整与我们接洽商谈并对我们团队考察评估。

我们团队在沧州以异乡为家园，倾注了饱满的工作热情，克服了巨大的压力和困难，在地方党委政府领导的不懈努力以及法院的指导支持下，与同行通力合作，圆满完成了长期以来未能解决的四起房地产企业破产重整案。三年中，我们加强了合作，深结了友谊，也提高了团队的大局境界，提升了成员的业务能力，锻炼了处理应对复杂局面的本领和技巧，更在办理案件的基础上摸索出一些规律和经验做法。为了总结三年来的工作成果，在前期编撰《房地产企业破产重整操作指引》一书的基础上迈上新台阶，自2024年6月开始按团队分工动笔撰写此书，截至今天本书已经全部完稿。

此书在撰写过程中，一些点滴过往恍如昨日。我们忘不了三里家园重整计划通过批准前的那段时间，新华区领导和工作专班集中力量全力推进各项工作的日日夜夜；忘不了专题会议每每通宵达旦的工作常态；忘不了面对众多权利人苦口婆心的解释与劝阻；忘不了为了一个法律问题多方争论与配合协作。三里家园重整计划批准通过后，团队接着被沧州市运河区人民法院选聘担任九乐项目破产管理人，九乐项目疑难复杂程度不亚于三里家园。九乐项目工作专班与管理人合署办公，也是经历了与三里家园重整项目同样的轮回。

在每个重整方案通过的最艰难的时候，与专班领导共同面对购房户、债权人激烈诉求的情景总是历历在目。三年来，就重整中遇到的很多复杂问题经常各执己、见面红耳赤，但我们在工作上从未产生任何嫌隙，在此对各级领导和各部门的艰辛付出与大力支持深表感谢。众多的债权人以及购房户最终给予的理解和支持，也使我们充满温暖和感动，谨借此书表达我所有的感激。

2024 年 12 月 4 日

郑琳

作者简介与分工

一、作者简介

马树芳，烟台大学法学学士，南开大学法律硕士，退休法官，原威海市中级人民法院民二庭庭长、审判委员会委员、四级高级法官，从事破产案件及破产衍生诉讼审判工作二十一年。

郑琳，山东泰祥律师事务所主任，律师，担任十余起大型房地产企业破产重整案项目负责人以及博达公司、安居公司破产重整案清算组副组长。

孙建生，山东大学法律硕士，律师，注册会计师，税务师，造价师，承办近二十起大型房地产企业重整案以及企业集团合并重整案。

侯登辉，山东大学法学学士，律师，担任六起房地产重整案项目负责人，参与大型房地产企业破产及工业企业破产案件十余起。

邱彬，西南政法大学法学学士，律师，先后参与十余起房地产企业破产重整案件的办理。

二、写作分工

马树芳：撰写第二编第四章至第五章、第二编第九章、第三编第十三章

郑琳：撰写第一编第一章及第三章、第三编第十章

孙建生：撰写第二编第六章至第八章

侯登辉：撰写第一编第二章、第二编第九章、第三编第十二章至第十三章

邱彬：撰写第一编第一章及第三章、第三编第十章

马树芳对全书进行校阅。